Albert Schweitzer

索·恩·人物档案馆

010

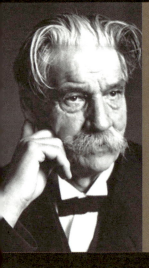

用笔和手术刀拯救万千生命

ALBERT SCHWEITZER
1875 – 1965 Eine Biographie

阿尔贝特·施韦泽
1875—1965

NILS OLE OERMANN

〔德〕尼尔斯·奥勒·厄尔曼 著　王 旭 译

社会科学文献出版社
SOCIAL SCIENCES ACADEMIC PRESS (CHINA)

人物档案馆丛书序

　　斑驳的旧物埋藏着祖先的英勇事迹，典礼仪式上演的英雄故事传颂着古老的荣光。从司马迁的《史记》、普鲁塔克的名人合传到莎士比亚的历史剧，乃至今天风靡世界的传记电影和历史同人小说创作——我们不断切换视角、变换笔触，力图真切地理解当事者的生活时代，想象其秉性和际遇，勾勒更丰满的人物形象。无限还原的愿望与同样无限的想象力激烈碰撞，传记的魅力正蕴藏在真实性与艺术性的无穷张力之中。

　　今天我们仍然喜欢描写和阅读伟人的故事，一方面是因为他们的存在和行为对社会发展起了关键作用，塑造着历史潮流，其人生值得在"作为艺术作品的传记"中延续下去并承载教化的功能；另一方面，人们的思想、情感、需求很大程度是相通的，传记从一些重要人物的人生际遇中折射普遍的人性，有让读者感同身受的能力。置身新时代，今人和故人面对着同样的问题：如何决定自己的命运，如何改变世界。过去与现在的鸿沟被不变的人之本性和深厚的思想传统跨越，这使历史可与当下类比。

　　索·恩人物档案馆丛书和已推出的历史图书馆丛书一道坚持深度阅读的理念，收录由权威研究者撰写的重要政治人物、思想家、艺术家传记。他们有的是叱咤风云的军事领袖、外交强人、科学奇才，有的则是悲情的君主，或与时代格格不入的哲学家……无论如何，他们都是各自领域的翘楚，不仅对所生活的社会，而且对后世及世界其他地方也造成了深远持久的影响。因而，关于他们的优秀的传记作品应当包含丰富而扎实的跨学科研究成果，帮助我们认识传主性格、功过的多面性和复杂性，客观地理解个体映射的时代特征，以及一个人在其社会背景下的生活和行为逻辑，理解人与社会结构是如何相互联系的。同时，这些作品当以前沿研究为基础，向读者介绍最新发现的档案、书信、日记等一手资料，且尤应善于审视不同阶段世人对传主的认识和评价，评述以往各种版本传记之优劣。这样的传记作品既能呈现过往时代的风貌，又见证着我们时代的认知和审美旨趣。人物档案馆丛书愿与读者共读人物传记，在历史书写中思考人类命运和当下现实。

社会科学文献出版社

索·恩编辑部

人物评价

施韦泽看上去就像是上帝的近亲。

——《阿尔贝特·施韦泽：20 世纪的神话》，载于
《明镜》周刊（*Der Spiegel*）1960 年第 52 期

他是近现代最非凡的人物之一。

——《时代杂志》（*Time Magazine*）
1949 年 7 月 11 日封面故事

本书获誉

厄尔曼将施韦泽这个"丛林中真正的世界公民"带回了我们这个时代。愿这本书能找到众多读者，并激励他们传承"敬畏生命"的精神。

——哈特穆特·克格勒（Hartmut Kegler），
《新德国报》（*Neues Deutschland*）

阿尔贝特·施韦泽的名字曾经比约翰·肯尼迪更家喻户晓，如今我们却需要重新讲述他的故事。（……）正因为有所批判，牛津大学历史研究者厄尔曼撰写的这部传记可谓相当出色。

——德特勒夫·哈特拉普（Detlef Hartlap），
《棱镜》（*Prisma*）

如今大概只有在作为一个"对照人物"时，施韦泽才会令人感兴趣吧。（……）博学与文才、音乐与丛林、医学与企业家精神、爱人与爱动物、政治与信仰。这一切交织成一个光芒四射的形象，恰恰反衬出当今没有令人印象深刻的人物，也反衬出当今的成功人生总是循规蹈矩的。

——约翰·欣里希·克劳森（Johann Hinrich Claussen），
《南德意志报》（*Süddeutsche Zeitung*）

　　通过审慎研究既有资料，并首次全面分析施韦泽的政治通信，作者厄尔曼不得不摒弃对天才的崇拜。在厄尔曼看来，施韦泽不是一个超人，而是一个勤奋的人。厄尔曼并不想贬低施韦泽的伟大功绩，也不想贬低他对和平与正义的不懈追求，而是更愿将他还原为一个普通人。（……）而且，海伦妮·布雷斯劳也绝不仅仅是施韦泽光环背后的女人。她在施韦泽的丛林医生生涯中发挥了不可或缺的作用。如果不去关注对这些"配角"的刻画，那么我们又该从哪里看出一位传记作家的深厚功力呢？

——伊娜·博施（Ina Boesch），《新苏黎世报》

（*Neue Zürcher Zeitung*）

纪念

蕾娜·施韦泽·米勒

（1919—2009）

目　录

前　言

人们赋予历史的职责是：评判过去，为这个世界的未来提供有益教材。目前的尝试并不受制于这种崇高的职责。它只想展示曾经真实的历史。

——利奥波德·冯·兰克

"展示曾经真实的历史"：阿尔贝特·施韦泽（Albert Schweitzer）岳父哈利·布雷斯劳（Harry Bresslau）的大学老师利奥波德·冯·兰克（Leopold von Ranke）曾经典地阐述了历史学家的使命[1]。一个历史学家是否能够找到这些曾经的"真实"，历来有诸多争议，但他至少应当往这个方向努力。一个历史学家，尤其是一个传记作者，既不是一个披露丑闻的记者，也不是一个撰写圣徒传的作者。他要做得更加谦逊，同时要求也更高：他应当追述这位人物的人生历程，清晰描述这个人的人生中所作出的基本决定以及他的价值观、动机和理念。阿尔贝特·施韦泽曾经拥有一种如此漫长、如此多面且在回顾时又非常迷人的人生历程，这就给历史学家撰写他的传记带来了特别的吸引力。《明镜》（Der Spiegel）周刊曾在 1960年圣诞节的版面中，指出施韦泽看上去"像上帝的近亲"[2]。这并不是仅仅就他的外表而言，但这一外表背后的施韦泽，究竟是谁？"真实的他，究竟是怎样的一个人？"这本传记就是想追寻这个问题。

10 　　早就应当出一本关于阿尔贝特·施韦泽的新传记了。自上次传记出版以来，他的大部分遗稿现在都已经出版。许多有启发性的文稿都在档案中出现了。谁如果恰好在考虑，该如何描述一种如此多面性人格的生活，阿尔贝特·施韦泽本人就为他指出了方向。他于1905年撰写了关于约翰·塞巴斯蒂安·巴赫（Johann Sebastian Bach）的传记，该传记因涵盖这位著名的圣托马斯教堂合唱团指挥①的生活、思想和影响而获得一致赞扬。与此相同，所有这三个方面——施韦泽的生活、思考和他产生的影响，也应当体现在他的生平传记中。

　　可以这么说，如果你想撰写他的传记，自然免不了用他的行动来衡量他的思想。这是因为他的道德标准和他的可信度是他真正的资本。施韦泽的所作所为，是否真正符合他所宣扬的"敬畏生命"这一价值观？与此同时，这本关于他的传记也想指出他所犯的确切的错误。因为这样一种尽可能清晰的刻画，肯定要比片面的成功故事更能体现施韦泽的人性。

　　从阿尔萨斯（elsässisch）牧师公馆到斯特拉斯堡（Straßburg）大学、兰巴雷内（Lambarene）的丛林医院，再到获得诺贝尔和平奖，施韦泽的人生历程并不是一帆风顺的。如同每个人的人生那样，在施韦泽的人生历程中，有高低起伏，有胜利和失败。但是这些高潮和低谷，没有出现在他撰写于1931年的自传《我的生平和思想》（*Aus meinem Leben und Denken*）中。在他的自传中，他的人生似乎就如一个巨大、按目标设计的建筑物，其基石是他敬畏生命的原则，其结果（几乎必然）是诺贝尔奖。迄今为止已有的关于施韦泽的传记（有些甚至类似圣徒传），都相对不加批判地直线式地回顾

————————————

① Thomaskantor 是莱比锡托曼纳合唱团音乐总监的通用名称，该合唱团现在是国际知名的男孩合唱团，于1212年在莱比锡成立。——译者注

了施韦泽本人的成功故事。他们习惯强调博学者施韦泽的朴素和道德权威：他之所以乘坐三等位，只是因为没有更低的四等位；他的行为和感召力，甚至使他从同时代的政治和博学伟人中脱颖而出。他的崇拜者都认定，他有一种"建筑大师般规划自己人生的意志，有一种熊一般的力量，历经几十年"来实现自己的决定[3]。连通常不太喜欢过分赞誉他人的温斯顿·丘吉尔（Wiston Churchill）也认为，施韦泽是"人中翘楚"[4]。《时代周刊》（*Time Magazine*）在 1949 年的封面文章中称他是"近现代最非凡的人之一"[5]。但他自传中的内容，并不都能与他档案和遗著中的新发现相吻合。有鉴于此，这本传记就是想在历史资料和近期出版物的基础上，对阿尔贝特·施韦泽进行更真实的描述。

许多著作中关于施韦泽的描述，都只专注于他的一个方面。这类文章数量众多，如《那位医生》（*Der Arzt*）、《阿尔贝特·施韦泽如何减轻（他人）痛苦的》（*Wie Albert Schweitzer Not linderte*）、《作为神学家或生命伦理学家的阿尔贝特·施韦泽》（*Albert Schweitzer als Theologe oder Ethik des Lebens*）、《哲学家阿尔贝特·施韦泽》（*Albert Schweitzer als Philosoph*）[6]。与上述这些文章相反，呈现在读者面前的这本传记，出自一位非洲历史学家和神学家的手笔，他只想全面还原一个真实的阿尔贝特·施韦泽：他既是神学家和文化哲学家、乐师和医生，也是别人的丈夫和一个热带医院院长，更是非洲故事和通俗叙事[7]的畅销书作者，以及文化科学基础著作的作者。正是这些精神和完全脚踏实地的生活态度以及天分的综合，才使阿尔贝特·施韦泽如此特别。施韦泽的神学观决定了他的道德观，他在欧洲待过的时间影响了他对非洲的认知，非洲反过来又改变了他自己和他对欧洲的认知。

很难说，施韦泽的哪一点更令人惊奇些，是他一生中的长期稳定性，还是他巨大的可变性？有三个博士学位的他，为什么突然会在不稳定的地基上建造一个带有铁皮屋顶的丛林医院？施韦泽没有过多对自己大吹大擂，却总是一再作出一些令人惊讶的决定：本是年已 30 岁的家庭讲师，他又成了医学院的一年级学生；作为神学家，他同时也是一个受追捧的歌德专家；通过一段神学教条历史，他写出了一本著名的巴赫传记；作为《新约》学者，他又一跃成为一个文化哲学家。这位管风琴师同时也是一名建筑大师和热带农民，作为一个家庭的父亲，他几十年来在两大洲维持着一种并非没问题的"远程家庭关系"；作为仁慈的丛林医生，他走遍世界，会见各种各样的伟人和有权有势者。

关于施韦泽的许多问题，至今仍然没有相应的答案。他那世界性的成功和他的丛林医院的名声是如何产生的？毕竟在二战后，非洲已有数百家与此相似的热带医院。他的文化哲学是怎样融入他那个时代思想的？医学和自然科学在其中对他有些什么影响？在政治和策略上，施韦泽是怎样思考和行动的？他寄出了数万封信[8]，与那个时代的政治领导人物、知识分子和显贵们，从爱因斯坦（Einstein）、赫鲁晓夫（Chruschtschow）到约翰·F. 肯尼迪（John F. Kennedy），都有通信联系。也许，他其实"只是"个很好的自我推销者，懂得如何营销自己和他的医院？"他到底是一位害羞的谦谦君子，还是一个留有胡子的嘉宝（Garbo）呢？"《明镜》周刊在 1960 年的一篇报道中提到，《星期日快报》（*Sunday Express*）就曾提出这样一个问题。[9]

施韦泽是一位按策略行动的政治人物。他的这一面，长久以来一直被人忽略。他的那些值得关注的政治信件，至今几乎没有得到评估，很大部分也未发表。在二战和此后的冷战时期，施韦泽写了无数封信，寄给欧洲和美国的公众人物。他的这一行动有时也给他带来指责——甚至有人指责说，由于他对民主德国（DDR）的支持，或是因为他对美国武器装备和越南政策的批判，他已过于接近共产主义。但施韦泽没有被吓倒。这位生活在偏远地带的丛林医生非常看重每天阅读报纸，也非常看重政治中立性。他既愿意接受来自芝加哥的荣誉博士学位，也愿意接受来自东柏林的。

至今还没有一本用德语写成的有关阿尔贝特·施韦泽的全面而科学的传记。呈现在读者面前的这本书，就是想填补这一空缺。至于应当怎样在总体上评价施韦泽的生平和影响，最后还是要留给读者自己去思考。

1
对神圣事业的兴趣
——从牧师公馆到学习神学（1875—1905）

认为自己只要经常去教堂就自然是个基督徒了的想法是错误的。这就像你站在车库里，但你并不是辆车。

——阿尔贝特·施韦泽

阿尔萨斯牧师的儿子

诺贝尔奖委员会主席贡纳尔·雅恩（Gunnar Jahn）在对1952年诺贝尔和平奖获得者的赞赏中，详细介绍了获奖者的童年和青少年时代，因为雅恩相信："可以用这些来解释他后来从事的整个事业。"[1] 雅恩认为，阿尔贝特·施韦泽对管风琴，对神学，对医学或对非洲的热爱不只源于他阿尔萨斯京斯巴赫（Günsbach）的家庭根基，更重要的是，他青少年时代的生活经验决定性地塑造了他的品性特质和他寻找实际生活知识与真理的热情。如果你想了解施韦泽，就必须仔细研究他的家庭环境和他所生活过的地方。因为虽说施韦泽人生的极大部分时间是在远离欧洲的地方度过的，但他与他的阿尔萨斯家乡却始终有着最紧密的联系。

路德维希·菲利普·阿尔贝特·施韦泽（Ludwig Philipp Albert Schweitzer）是凯泽尔贝格（Kaysersberg）的牧师。路易斯·施韦泽（Louis Schweitzer）和他妻子阿黛尔［Adele，

娘家姓席林格（Schillinger）]的儿子，于 1875 年 1 月 14 日
在阿尔萨斯出生。他的父系家谱中有众多（中小学）教师和牧
师，母亲这一边的家族谱系中主要是牧师。他的父母给他取名　14
阿尔贝特，是为了纪念他那位在 1872 年去世的舅舅——阿尔
贝特·席林格（Albert Schillinger）。他曾经是斯特拉斯堡
圣尼古拉（St. Nicolai）教堂的牧师，施韦泽后来也曾担任这
个职位。施韦泽的家乡——阿尔萨斯，与洛林（Lothringen）
一起，曾经是德意志帝国与法国政治冲突的策源地之一。它
在 1870—1871 年的德法战争后被划分给了德国，并且到第
一次世界大战结束前一直是德国领土。在施韦泽出生不久后的
1875 年 7 月，他的父亲接管了明斯特塔尔（Münstertal）京
斯巴赫教区的牧师职位，直到他在 1925 年去世。施韦泽虽然
出生在凯泽尔贝格，但印刻在他童年记忆里的主要还是京斯巴

图 1　1880 年，阿尔贝特·施韦泽入学。

15　赫，后来在学生时代他又在斯特拉斯堡学习。不过有一点，对他来说是始终如一的——他是个阿尔萨斯人。直到今天，德国人和法国人都赞誉这位著名的阿尔萨斯人为他们民族的伟大人物。在向阿尔贝特·施韦泽颁发诺贝尔和平奖时，这两个国家都把他说成自己国家的一位伟大的儿子——

当这位"德国学者"在1953年被授予诺贝尔和平奖时，曾在第一次世界大战期间拘禁他的法国，在斯德哥尔摩①提出抗议，声称：施韦泽是法国人。对于这个问题，我们的这位丛林医生坚守了他的中立性。他说：我是一个人（Homo sum）。[2]

图2　1890年前后，施韦泽父母在京斯巴赫的牧师公馆。

---

①　正确的应当是在奥斯陆。——作者注

　　根据国际法，施韦泽是作为德意志帝国公民出生的，持有德国护照。但是按 1920 年生效的《凡尔赛和约》，他又是一个隶属于法国的阿尔萨斯人。那么他自己是怎么想的呢？究竟是德国人还是法国人？在他父亲路易斯的上阿尔萨斯牧师公馆中，这类政治问题，究竟有着怎样的影响呢？施韦泽如同无数其他阿尔萨斯人和洛林人那样，作为"随机的德国人"来到这个世界上，并且他自己也是这样认为的。[3] 他并不是在狭隘爱国意义上的一种"民族精神"中长大的。他的家庭在政治上是亲法的，在神学上又比较靠近自由的路德教派。在 1870—1871 年战争后，施韦泽家族中的多数人"在政治上都倾向于巴黎"。[4] 也正因为如此，在 1871 年，他最亲密的家人都一致反对德国吞并阿尔萨斯。他父亲路易斯·施韦泽的两位兄弟奥古斯特（Auguste）和查尔斯（Charles）[查尔斯是那位著名的让 - 保罗·萨特（Jean-Paul Sartre）的外祖父]，就曾因此决意搬到巴黎去生活；他父亲路易斯·施韦泽与德国新移民

16

图 3　1888 年时施韦泽一家：（从左到右）路易丝、阿黛尔和阿尔贝特，以及玛格丽特、保罗和（坐着的）父母。

的关系则可用"相当冷淡"来形容。[5]与许多阿尔萨斯人一样，语言（究竟是说德语还是法语）始终是一个重要的政治因素。因而，家庭成员间的信件，也包括阿尔贝特的信件，用的都是法语。但在京斯巴赫牧师公馆里，家庭成员间说的是典型的阿尔萨斯方言。因而即使在兰巴雷内，声调较高、几乎是在唱歌似的说话的施韦泽与人沟通时也总是带有一些阿尔萨斯的口音。和许多阿尔萨斯人一样，他在成长过程中使用双语。但他还是认为，德语是他的母语。[6]无论是在他的中小学期间还是在后来的大学期间，课堂用语都是德语。

17

年幼的阿尔贝特在1880年进入京斯巴赫小学，这在他出生时几乎是难以想象的，因为后来身强体壮、精力旺盛的施韦泽，在出生时却是体重不足、病恹恹的。当时，村里都在传："新来的牧师，将要给这个男孩举行一个真正的葬礼。"[7]但是与人们的预期相反，阿尔贝特很快恢复了健康。正是这次重新赢得健康体魄的经历，使他还在孩提时就已懂得道德冲突的本质。几十年后，施韦泽在他的回忆录《我的童年和青少年时代》(*Aus meiner Kindheit und Jugendzeit*)中叙述了一个童年时发生的故事。他在一场摔跤比赛中赢了他的同学格雷戈尔·尼切姆(Gregor Nitschelm)，然后，这位同学愤愤不平地说道："哎呀，这有什么稀奇的。如果我能像你一样，每周喝两次肉汤，我也会像你一样有力！"成长中的施韦泽把隐含在这句话背后的指责铭记在心：施韦泽有一些与出身地位相连的便利，而他的同伴没有。这以后，"我开始厌恶肉汤，只要肉汤一放上桌，我的耳边就会响起格雷戈尔的声音"。[8]在这件事中特别令施韦泽不安的是，他竟然被他的同学看成一个"富家子弟"(Herrenbüble)。[9]由此产生的一种冲动——自己应当尽量融入其他孩子——使他陷入一种广泛的道德困境。比如，施韦泽有一次说，他和另一个同学海因里希·布拉施

（Heinrich Bräsch）一起做了个弹弓，想在京斯巴赫附近的葡萄园里打鸟。但到了关键的时刻，也就是当海因里希要求这位8岁的追随者发射弹珠时，他突然听到了村里教堂的钟声——

> 我随手扔掉弹弓，发出嘘嘘声赶鸟，它们飞走了，再也不会遭到我同伴的伤害。然后，我赶紧逃回了家。此后，每当我在阳光下光秃秃的树林里，听到大斋期的教堂钟声时，我的心就会很感动，感谢它当时在我心中，及时提醒了"你应当不杀生"这一戒条。[10]

这里就已经能体现施韦泽后来表述的"敬畏生命"的原则。同样这也是他热爱动物的开端。施韦泽后来成为兰巴雷内一个野生动物园的主人，同时还因作为蚯蚓救助者，给自己招来嘲笑。也是在兰巴雷内，他容忍蚂蚁每天在他的写字台上爬过，开通了一条"蚂蚁专用道"。不仅如此，他甚至还用糖浆来"资助"它们。

除了道德问题，音乐也影响着施韦泽的青少年时代。当时他居住在米尔巴赫（Mühlbach）的外祖父约翰·雅各布·席林格（Johann Jakob Schillinger）家，他的外祖父曾经是一位著名的管风琴制作师，三位舅舅都是管风琴师。他的父亲从阿尔贝特5岁起，就让他坐在外祖父的方形钢琴边，给他上音乐课。他8岁时已经熟悉了管风琴，9岁时就能替代京斯巴赫的管风琴师为教堂弥撒伴奏。[11]他的音乐老师也是管风琴大师，即欧根·明希（Eugen Münch）。他从柏林音乐学院来到米尔豪森（Mülhausen）新教圣斯蒂芬教堂（Stephanskirche）就职。他的老师在一架有三个手键盘和62个音栓的管风琴上对他进行了很好的训练。这位16岁的学生在一年后，就被允许代表他的老师在教堂弥撒中演奏。第一眼看上去，他似乎是个天赋异禀的学生，但如果仔细观察的话，其实他在背后付出了许多辛苦和努力，甚至还经历了许多挫折。刚开始，阿尔贝特虽说完成了老师布置的练习任务，但在欧根·明希看来，他的这位新学生完成得还很不充分，甚至有些笨拙。"如果一个学生没有感觉，那我也无法给他"，[12] 这是年轻的施韦泽在演奏了准备不够充分的莫扎特奏鸣曲后，他的老师给他作出的类似于"不够成熟"的十分严厉的批评。这刺激了施韦泽，促使他发奋练习。在下一次演奏费利克斯·门德尔松·巴托尔迪（Felix Mendelssohn Bartholdy）的 E 大调《无词歌》（*Lied ohne Worte*）时，他已向他的老师明希证明了自己与原先相反的一面，并获得了成功。

> 我的老师没多说什么，只是在我肩膀上重重地拍了一下，然后就为我演示了另一首新的《无词歌》。接着，老师要求我练习贝多芬的一首曲子。几个小时后，他认为我可以练习巴赫的曲目了。在我完成了（新教）坚信礼的几个小时后，他又为我打开了另一扇大门。从现在起，他允许我坐在圣斯蒂芬教堂漂亮的大管风琴前听管风琴课。我的一个暗藏心底的梦想，终于成真了。[13]

施韦泽的老师明希懂得如何激励年轻人，他只是想让施韦泽从那次严厉的批评中明白，个人的动机虽说不是个人成功的充分条件，却是个人成功的一个必要前提。施韦泽把自己的第一本出版物献给了明希 [14]，由此可见他对自己的老师是多么的敬重。明希同样也很看重他的学生。他用自己对巴赫的热爱影响了施韦泽的一生，以至于施韦泽甚至还曾犹豫过，自己的职业重点究竟应当是神学，还是音乐。但即使在确定神学为职业之后，阿尔贝特·施韦泽仍然忠于自己对管风琴的热爱，于

是他在 1893 年前往巴黎，拜管风琴大师夏尔－玛丽·维多尔
（Charles-Marie Widor）为师，继续深造音乐演奏技法。

　　除了对管风琴的热爱，施韦泽的自由主义神学也是在他父
母的牧师公馆中扎下根的。从凯泽尔贝格教区被派到明斯特塔
尔京斯巴赫教区的路易斯·施韦泽，完全不是一个仅受过普通
教育，对音乐一知半解的乡村牧师。在他的家庭中，施韦泽的
外祖父就曾是一个"启蒙主义狂热者"。[15] 如阿尔贝特·施韦
泽后来那样，他的父亲路易斯也是在斯特拉斯堡完成了自己的
神学学业。这是一个有着神学自由主义和以理性主义为己任的
路德教牧师公馆，在这种氛围中长大的阿尔贝特·施韦泽不仅
在神学上，而且在文化上深受家庭的影响。从很小的时候起，
他就对在儿童主日学的圣经课和儿童坚信礼课中听到的圣经故
事产生了疑问。比如，年仅 8 岁的他，就曾想知道：为什么耶
稣的父母被认为是穷人？这是怎么成为可能的？来自东方的智
者，不是送了他们许许多多的礼物吗？又比如，为什么亲眼看
到基督诞生的那些牧羊人，没有成为基督的第一批门徒？路易
斯·施韦泽的其他牧师兄弟肯定会从一开始便对这类问题不屑
一顾。但施韦泽的家庭却允许他提出这些问题。应当说，正是
这样的家庭氛围，推动了他能够终生都去思考这些问题。这使
他学会了鼓足勇气，一次次重新提出一些看似简单的基础性问
题。并且学会了在提出这些问题的同时，也应考虑到，就此得
到的回答很可能是令人不满意的，或是令人不舒服的。在一个
多雨的夏天过后，阿尔贝特和他的父亲说："现在已经下了近
40 天的雨，为什么京斯巴赫仍然没有洪水泛滥？"他的父亲向
这位年仅 7 岁的理性主义者解释说，在诺亚（Noah）时代下
的雨，不是水滴，而是"从桶里"倒出的倾盆大雨。阿尔贝特
最初感觉自己明白了。但是当他的那位女教师又一次讲述洪水
故事，却没有提到倾盆大雨时，这位聪明的学生马上注意到了

20

这一点。他向老师指出:"老师 [……] 你应当正确讲述这个故事。[……] 你应当说,当时下的雨不是一滴一滴的,而是像从桶里往下倒的倾盆大雨。"[16]

施韦泽后来敢于怀疑教会的某些"不容置疑"的学说和教条,其底气来自他的京斯巴赫牧师公馆,来自父亲路易斯·施韦泽允许自己的儿子进行批判性思考。这一切,在当时并不是不言自明的。施韦泽这样叙述老牧师文纳格尔(Wennagel)给他们上的坚信礼课——

> 我对他充满了敬意。但在一点上,我感觉他讲的内容与我想的不同。他想让我们明白,所有的反思,在信仰面前都必须沉默无声。但我曾经确信,并且现在仍然如此,基督教基本思想的真理恰恰是在反思中才真正得以证实。[17]

在这个时间点上,施韦泽的父母通过家庭里的宗教教育,已经为他后来对耶稣作为历史人物的兴趣奠定了基础。施韦泽后来回顾说,这影响了他童年和青少年时代性格的两个方面。一方面,他形容自己是一个"梦幻者",[18]一个性格内向的"阅读狂"。他还很年幼时便已有特别的道德反思性,也就是说,在道德上已变得很敏感,葡萄园的捕鸟事件清楚地证实了这一点。另一方面,他已认识到自己不会成为一个知识渊博的天才,也与后来那个总是友好耐心的丛林医生的形象完全不符。他在自传中承认,尽管性格内向,但他有时也会激情满满,甚至可能还会很暴躁,这是继承了他母亲方面的性格特征。因此,他尽管很害涩,但也与他人进行了多次的斗殴。这种冲动不仅仅是一个孩子发火的表现,也使施韦泽感到困惑和压力。他叙述过与他妹妹的一次玩牌游戏——

大约在 9 岁或 10 岁时，我打了我妹妹阿黛尔。因为
她在一次玩牌中很漫不经心，用她无所谓的态度，让我轻
松取得了胜利。在那以后，我开始害怕自己对游戏的热
情，慢慢地放弃所有这类游戏。[……]我很难克制我的
脾气。[19]

后来在斯特拉斯堡圣托马斯修道院时，也有人说听到施
韦泽高声地愤怒嚷嚷。[20]在兰巴雷内也是如此。如果有谁干得
不合他的心意，他也会克制不住发火。如《明镜》周刊的编辑
克劳斯·雅各比（Claus Jacobi）描述的那样，当他对他的那
些非洲工人不满意时，原本有着清朗而平静声调的他，就会变
得粗暴，有时甚至是专横。施韦泽很早就知道自己性格的这一
特点，一生都在努力改变它。他显然成功地做到了这一点。因
为在兰巴雷内，除了有过几次扇耳光，没有出现其他更严重的
身体暴力。因此，用耶稣在圣山上布道时所说的话——“温柔
的人有福了”——作为对青少年时光之追忆的结束语，肯定比
施韦泽的真实性格圆滑多了。他可以温柔，但他也有相反的
一面。

学校和青少年时代

1880 年，阿尔贝特·施韦泽在京斯巴赫入学。学习阅读
和写作给他带来了不小的麻烦。[21]况且他也不是一个能够安静
坐下来不爱外出的人。他想成为村里的一员。为了使村里的同
龄伙伴接纳他，他拒绝戴上分指手套，而是想要一副连指手
套；他也拒绝穿皮鞋，而是想穿上穷人家孩子通常穿的木鞋。
他的父亲为此给了他一个耳光。为了不让他的那些伙伴认为他
很自负，[22]他拒绝穿新大衣。结果是，他的父亲把他关进地下

室里。他的这些尝试全然没有结果。他只得要求自己至少在表面上适应家里的情况，比如喝下原本厌恶的肉汤。在外面，只要是些无关紧要的事，他便会尽量满足玩伴们的想法，但不能越过他的道德底线——如那个早晨在葡萄园用弹弓打鸟的事。

施韦泽对人非常敏感。有一次，他参加了一个由他父亲作为牧师主持的教堂婚礼。[23] 他在那里看到一个身体有残疾的年轻妇女。出于儿童的天真，他问别人这个年轻姑娘是不是那个新娘。他的提问，自然遭到了嘲笑。因为除了孩子，谁还会有这么荒谬的想法，要娶一个有残疾的姑娘。在这一事件后，阿尔贝特决定要娶这个姑娘，只是因为这个世界不愿完全接纳她，他甚至不去考虑这个姑娘的性格特征和是否值得爱这类问题。但是，乍听似乎只是出于一时冲动、不谙世事的童真之言，在阿尔贝特·施韦泽那里却非儿戏。他的那种与众不同的想法，那种想做些事来改变这个世界的冲动，后来在他的人生道路上总是一次又一次地影响着他。他当时想娶这个姑娘，并不是因为她的残疾，而是因为她是跛子而遭人拒绝。而且这一拒绝还偏偏出现在教堂里，这是令他没有想到的。

不过，施韦泽自己也承认他并不总是一个勇敢的学生。例如他在自传中讲述了邻村一位名叫毛瑟（Mausche）的犹太商人，施韦泽村里的青少年只要一见到他，就会对他指指点点，只是因为他们自己村里没有犹太人。有一天，毛瑟推着他的驴车要穿过费希河（Ferch）时，像往常那样，他又遭到一群叫叫嚷嚷孩子的追赶。施韦泽也混迹在这群孩子中，甚至还有些敬佩其中那几个胆大的，他们把自己的夹克衫折叠成猪耳朵的模样，故意用它在毛瑟的面前晃来晃去。但同时，他也能用一种批判的眼光，来观察和评估整个事件——

我们跟着他，一直追到村外的桥边。但毛瑟，这位脸上有雀斑和留着胡子的犹太人，却像他的毛驴那样，在静静地继续赶路。有时，他会转过身来，回过头对我们微笑，看起来尴尬而又亲切。他的微笑，征服了我，让我不知所措。从他那里，我第一次学到了在追赶和嘲弄中保持沉默意味着什么。他成为我的伟大的老师。[……] 有传闻说他是个放高利贷的，还会侵占别人的财产，我从没核实过。对我来说，他的脸上总是挂着宽容的微笑。这给我留下了深刻的印象。直到今天，每当我要生气发火的时候，他的微笑都会浮现在我的脑海，告诉我一定要有耐心。[24]

不管是施韦泽当时就已意识到对毛瑟的那些行为是错误的，还是后来在回忆童年时才认识到这件事情的错误性，其实都是一样的。大多数人在成年后，更愿隐瞒自己曾经侮辱过他人这件事。但施韦泽却愿意公开描述它，并从中吸取教训。而且就连在外观上，他也会从他的那群同学中脱颖而出。只要看一下京斯巴赫小学时期的一张早期的班级集体照，你会立刻注意到站立在中间的那个神情严肃的男孩，他是唯一一个穿着一件被浆洗过的有着大白领的衬衣的学生。这个男孩就是被嘲笑为"富家子弟"的牧师儿子阿尔贝特。[25]

1884 年，9 岁的阿尔贝特转学到附近明斯特（Münster）的实科中学。这个时期的他，还很"害羞和内向"。由于缺乏足够的安全感，他经常傻笑，这除了在班级记录本上留下许多相应的记录，还给他带来了一个绰号——"伊萨克"（Isaak），它在希伯来语中的意思是"他在笑"。[26] 这种缺乏安全感和他从母亲那里继承来的不善于表达感情的害羞使他在 1885 年又转学到米尔豪森的文理中学后，表现也一直很平庸。从施韦泽牧师家庭的经济状况来说，他们的儿子阿尔贝特之所以能够进入高中学习，是因为他祖父的同父异母兄弟，也就是他的叔祖

24 父路易斯·施韦泽（Louis Schweitzer），没有孩子。他和他
的妻子索菲（Sophie）一起承诺，阿尔贝特可以免费住在他们
家里。作为米尔豪森小学校长的路易斯·施韦泽向当地的文理
中学推荐了他的侄孙，尽管施韦泽在之前的学习中并没有取得
一流的成绩。[27] 由于明斯特的初中还没有开设拉丁语课程，阿
尔贝特这样一个农村孩子转入工业城市米尔豪森中学二年级
时，在学习上自然也困难重重。这意味着施韦泽必须补习拉丁
语，他的第一次各类考试成绩甚至让所有家人产生怀疑：为他
支付这些学费是否值得？有人说，像阿尔贝特·爱因斯坦这样
伟大的科学家或像温斯顿·丘吉尔这样的政治家当时在学校里
的成绩并不好。正是这种不好，使他们后来的人生成就变得更
光彩夺目，而他们的老师倒显得很无知。在中学三年级时，面
对常规教材仍很吃力的施韦泽，整个情况当然也就更复杂些。
包括他进入大学后，也只对那些他特别感兴趣的学科，比如历
史课，或是在探讨耶稣作为一个历史人物时，才会有学习动
机，才会在课前做好充分准备。无论是希伯来语的学习，还是
教区牧师职业考试，抑或哲学博士答辩中的表现，都与他的中
学考试情况一样，总是让人感觉有待改进。他完全不是个模范
学生。这是因为他不适合咬着牙坚持复习那些不喜欢但又是必
修的课程。1893 年 6 月 18 日，他在高中毕业时，除了历史成
绩"特别好"，只得到了一份"成绩极其一般的毕业证书"。[28]

后来在讲述自己学生时代的那些有趣故事的时候，他实际
上跳过了在米尔豪森高中那段在叔祖父严格监督下艰难的学习
经历。有次口试，来自斯特拉斯堡高中考试委员会的考官阿尔
布雷希特（Albrecht）博士要求所有考生都穿上黑色礼服和黑
色裤子。施韦泽虽然有一件旧礼服，但裤子还是不得不向他那
位身材矮小的叔祖父借来穿。如我们这位高中毕业生所说的那
样，为了让这条较短裤子适合他较高的身材，他不得不用一根

绳子将裤子的吊带加长。但是，这样做出来后裤子腰部与背心 25
之间又出现了很大的空隙，这就没辙了。他穿着这条裤子的怪
模样，引起了其他在场人的一片哄笑——除了那位考官阿尔布
雷希特博士。虽然施韦泽翻译希腊语的《荷马史诗》并没有给
考官留下什么印象，但他在历史考试中描述的希腊殖民者和罗 26

图 4　1892 年，17 岁高中生阿尔贝特·施韦泽（左边）与他的朋友马蒂厄合影。

马殖民者的区别，给考官留下了十分深刻的印象。

鉴于当时德国文理中学很高的辍学率，施韦泽的处境若是更不利一点，便很可能永远不会获得学校毕业证书。施韦泽的学习成绩最初是如此糟糕，以至于校长甚至已经开始暗示他的父亲带他离开文理中学也许对他更好些。[29] 后来发生的转折，不是由于换了另一种教材或是另一个学校，而是一位新老师带来的。这位真正的教育者善于激发施韦泽的学习动力。在三年级时，施韦泽的班级来了一位新老师——魏曼（Wehmann）博士。这位新老师很快就认识到，施韦泽的情绪低落和缺乏自信与他的学习成绩直接相关。[30] 自那以后，只过了三个月，施韦泽已经在班级中提高了好几个名次。魏曼老师教给他的是"任何批评性谈话或惩罚都无法获得的东西"。后来，施韦泽即使已经在斯特拉斯堡开始大学学习生活，仍然常回去看望他的这位老师。但是，1919 年，刚从非洲访问回来的施韦泽再次去看望他的老师时才得知，他这位有心理疾病的老师已经自杀了。这个消息给当时施韦泽虚弱的身心都造成了打击。

在高中的最后两个学年中，还有一位老师也在很大程度上影响了施韦泽，他就是当时担任校长的古代史学家威廉·德克（Wilhelm Deecke）。他给施韦泽介绍了柏拉图和古典哲学。施韦泽后来写道："对我们来说，他就是一个身着现代服装的、有责任感的斯多葛主义者。"[31] 如果从他追求和实现自己目标的角度来说，施韦泽在几十年后也被许多人描述为一个斯多葛主义者。"学习责任感"——这是施韦泽在米尔豪森的整个中学时期的重要课题。但是，施韦泽与他的老师德克还是有区别的。他们之间的区别，是一个阿尔萨斯人和一个汉萨人（Hanseaten）在深层心理上的区别："我的老师是一个吕贝克人（Lübeck），他的行为举止有些刻板，这一开始让我们感到奇怪，但很快我们就习惯了。"[32]

施韦泽学生时代的另一个经历对他来说同样影响颇深。正如他的父亲在传教士服务期间通过他来自遥远国家的故事来激励年轻的阿尔贝特进行这种服务一样，施韦泽一家对科尔马（Colmar）小镇的访问也激起了这位青年对非洲的兴趣。其原因是：纽约自由女神像的设计者弗雷德里克 – 奥古斯特·巴托尔迪（Frederic-Auguste Bartholdi）在科尔马的战神广场上为纪念海军上将布鲁特（Bruat）建造了一个巨大的纪念碑。纪念碑周围陈列着世界各个地方不同人种的石雕像。其中一个非洲人的雕像在一个孩子眼中简直就是一个大力士般的形象，这给当时的阿尔贝特留下了深刻的印象。

> 他思索着的脸上，有一种悲哀的表情。此后，我一直会想到这个黑人。我经常一有机会就去科尔马看他。他的脸像是在向我讲述非洲黑人的苦难。直到今天，如果我去科尔马的话，仍然会去朝拜他。[33]

图 5 科尔马的悲伤黑人：弗雷德里克 – 奥古斯特·巴托尔迪的雕塑（他也是纽约自由女神像的创作者），给施韦泽留下了长久的深刻印象。

28 　　这座石雕像在第二次世界大战期间被炸毁，只保留下了这个非洲人雕像的头部。任何一种开端都有一种内在的魔力。"科尔马的悲伤黑人"，对于施韦泽来说，就是一种这样的开始。詹姆斯·布拉巴松（James Brabazon）将阿尔贝特·施韦泽在米尔豪森度过的青少年时代描述为"漫长、平静的岁月，没有什么戏剧性，但他却经历了各种各样的事件"。[34] 远离京斯巴赫，对于热爱大自然、有些害羞并且尚年幼的阿尔贝特·施韦泽来说肯定不容易，或许甚至也可以说有些近乎黑暗。但就像他后来的人生一样，他凭借自律度过了这些岁月，而且没有丝毫怨恨。[35]

　　施韦泽基本立场中的另一个突出理念也源于他的这段成长历程。不管是作为"富家子弟"，还是"享有特权的牧师儿子"，不管是作为由亲戚短暂抚养的米尔豪森文理中学学生，还是年轻的不受束缚的神学系学生，施韦泽说自己后来去非洲援助的一个重要动机，就是始终有一种感觉，即与别人相比，无论是从个人角度还是从物质角度，自己相对无忧无虑的青少年时代是一种对别人的亏欠。当然，不能说施韦泽去非洲只是出于一种内疚感。推动他去非洲的，更是一种坚定的信念——应当从自己看似不应有的幸福中给予一些回报。

　　我几乎无法理解，在我周围有那么多的人遭受着苦难，他们忧虑重重；而我却被允许过上幸福的生活。在我还在上学的时候，每当看到其他同学悲惨的家庭环境，我就会很动情。与他们相比，我们这些生活在京斯巴赫牧师公馆里的孩子，几乎有着可遇而不可求的理想生活。在上大学时，我在我的幸运中（被允许进入大学学习以及能够在科学和艺术领域取得一些成就），总是会想到那些或是因为经济条件或是因为健康状况而不能进入大学学习的人。在一个晴朗的夏日早晨，那是 1896 年的圣灵降临节假期，当我在京斯巴赫的家里醒来时，突然冒出来了一个想法——我不该把自己的这份幸福看作一件理所当然的事，我应当为它付出点什么来作为对它的回报。在起床前，我就开始认真思考这个问题。听着屋外小鸟的歌声，经过一番沉思后，我终于与自己达成一致意见：在 30 岁之前，我允许自己有权倾心于科学和艺术；那以后，我想成为一个直接服务于人类的奉献者。其实很久以来，我一直都在思考耶稣的"因为凡要救自己生命的，必丧掉生命，凡为我丧掉生命的，必得着生命"① 这句话对我来说究竟意味着什么。而现在我终于明白了。从此刻起，我的幸福，不再只是外在的，也是内在的。36

施韦泽没有提及他在米尔豪森的那七年是他幸福生活的一部分。尽管他把自己的青少年时代大致描述为"幸福的"。但是在他的回忆中还是能够看出，他感觉在京斯巴赫的日子要比在米尔豪森更加无忧无虑。与此同时，在年轻的施韦泽心中很早就有了这样的感觉：他现有的幸福不是通过自己的努力挣得的。因此他必须通过对自己的生活作出一种根本性决定——直接为人类服务，使自己对幸福的感恩有一种表现形式。

施韦泽很爱当时风行的骑自行车运动。正是通过这项运动，他认识了自己后来的妻子海伦妮·布雷斯劳（Helene Bresslau）。但一辆自行车，对于当时还在米尔豪森读书的施韦泽来说，价格实在太高。不过与这一高价自行车相连的，是其能够为施韦泽赢得更多的自由。这一点十分诱人。当时还是中学生的他，决定通过给其他学生补习数学课来挣得购买自行

① 《马太福音》16:25。本书所引《圣经》文本均采用和合本译文。——编者注

车的钱。[37] 然而，这位不那么富有的学生并没有光把钱用在自己买自行车上，施韦泽也用自己挣得的钱给弟弟保罗买了一辆专属于他的自行车。施韦泽后来写道："唯一能使幸福翻倍的，那就是分享幸福。"施韦泽平时生活非常节俭，挣钱也很辛苦，但他仍然能够慷慨地给予别人帮助。

图 6　在施韦泽的学生时代，骑自行车成为时尚：（从左往右）朱尔·埃雷斯曼（Jules Ehretsmann）、阿尔贝特·施韦泽、雅克·比德曼（Jacques Biedermann）、爱德华·奥斯蒂尔（Edouard Ostier）和保罗·杰伦斯佩格（Paul Jelenssperger）在 1893 年共同开展了一次自行车之旅。

学习神学、哲学和音乐

　　高中毕业后，施韦泽利用大学开学前的这一段时间，前往巴黎进行了一次音乐—文化学习之旅。虽然此时的他，已是一名极富天分的管风琴师，但在斯特拉斯堡大学的 1893—1894 学年冬季学期开始前，施韦泽从他那位在巴黎的商人叔叔那里得到一个机会：在音乐学院的管风琴课之外，还跟随当时著名的巴黎管风琴大师夏尔－玛丽·维多尔学习。由此两人建立了紧密的师生关系，并一直保持到维多尔 1937 年去世。正是在这段学习和这一关系的基础上，施韦泽成为他那个时代的一位伟大的管风琴家和管风琴鉴赏者。通过维多尔的培训，施韦泽从一个有天赋的演奏者变成了一个知名的行家，这一经历不仅在他的音乐生涯中十分重要，而且对之后他为自己非洲事业的筹资也起到了相当重要的作用。

在国际大都会巴黎的生活，对于年轻的施韦泽来说，是一种体验解放的经历。他的叔叔查尔斯和奥古斯特——一位是商人，另一位是教师——在 1893 年夏末把他引入巴黎的社交生活。施韦泽参加了赫伦施密特（Herrenschmidt）家的婚礼。据其他参加者后来回忆说，施韦泽跳了一整夜的舞。这一点与施韦泽回忆自己 18 岁时的一些情景相符合。当他被要求拒绝跳舞时，他简短地回答道："哈哈，谁如果不跳舞的话，那他就是一个傻瓜。"[38] 还有关于兰巴雷内的舞会的报道说施韦泽并没有参加这些活动，但他欣然容忍。[39] 我们这位阿尔萨斯人，他的一生中既不是清教徒也不是禁欲者，更不是如人们所猜测的那样是素食主义者，因为他在兰巴雷内时，比较喜欢吃鱼、水果和大豆，只是随着年龄的增长，吃的肉越来越少了。[40]

31

1893 年夏末，不仅是施韦泽第一次在巴黎跳舞的时间，也是他第一次与女性交往的时间。但施韦泽自己在后来的回忆中几乎没有提及这件事。这使他在关于自己的众多传记中几乎都是作为一个现代的无性圣人形象出现的。其实，施韦泽对女性的魅力，在他几乎每一次公开露面时，都逃不过人们的眼睛，就连在学生时代也是如此，不过有些令人难以理解的是，与他的许多同学不同，这种魅力并没有具体化为所有人都能看到的情爱。在巴黎，施韦泽感觉自己更多的是被年长些的妇女吸引。但是他在自传中只是不经意地提到过对熟人阿黛尔·赫伦施密特（Adèle Herrenschmidt）的多次拜访，这点与当时的评论相符。[41] 他对于那些女性，如颇有音乐天分的范妮·

莱纳赫（Fanny Reinach）、女伯爵梅拉妮·德·普塔莱斯（Melanie de Pourtalès）以及那位阿黛尔·赫伦施密特，是否纯粹出于柏拉图式的欣赏并仅仅把她们当作年长的顾问，还是可以说施韦泽与她们的关系，偶尔也有浪漫的成分，如詹姆斯·布拉巴松暗示的那样？我们最终还是无法给出一个确定的回答。无论如何，与这些妇女的关系在他的生命中没有留下持久的痕迹。[42]

在这方面可作为例外的，是他与后来的妻子海伦妮·布雷斯劳在婚前的长期关系，这在当时看来几乎成了个问题。只是在施韦泽接触到巴黎女性世界的这个时间点上，他还根本没有认识他后来的妻子海伦妮。

对施韦泽来说，比巴黎女士们更重要的是他的老师夏尔-玛丽·维多尔。维多尔在巴黎音乐学院帮助施韦泽加深了其对巴赫的爱。这种爱不是昙花一现，而是将持续他一生的对精神和音乐的爱。1893 年巴黎的夏末给施韦泽带来了许多改变，他从一个害羞的中学生变成了一位艺术大师的学生，自信心从而得到了极大的提升。除此之外，施韦泽在神学和哲学这两门学科中也有了与音乐学科同样的丰硕成果，因为他这两门课的老师与维多尔相同，不容忍学生成绩的平庸。施韦泽同其他所有同学都明白这一点。无条件地追求卓越，是施韦泽从他的老师那里学来的珍贵品质。

1893 年 10 月底，施韦泽在 1872 年创建的斯特拉斯堡恺撒·威廉大学（Kaiser-Wilhelm-Universität）开始了他的基督教神学和哲学的学习。这所大学是出于当时的民族国家的政治动机创建的。这个特色意味着其中的教师比较年轻，尤其是神学院的教授，如卡尔·布德（Karl Budde）、恩斯特·卢修斯（Ernst Lucius）、埃米尔·迈尔（Emil Mayer），还有施韦泽后来的导师海因里希·尤利乌斯·霍尔茨曼（Heinrich

Julius Holtzmann）。他们与德语区其他大学神学院的教授相比不那么教条和死板。但是在能够听懂经典神学以及哲学和音乐课讲座之前，他必须用第一学期的时间来学习希伯来语。为期四个月的希伯来语课程对于不是特别有语言天赋的施韦泽来说，无疑是需要付出极大努力的，毕竟他一生中除了能读懂英语，几乎没有其他外语能力。学习希伯来语意味着"努力和刻苦"。学生们通常会在通过这门课程后放下它，不再继续学了。施韦泽却相反："在想掌握我所不能掌握的东西的愿望的刺激下，我继续学习这门语言，掌握这门语言中的坚实知识。"[43]在第一学期，施韦泽虽然不是个知识巨人，但已在多方面表现出特有的天分，他能够坚定追求自己的目标，是一个雄心勃勃的年轻人。在开始学习神学后不久，施韦泽就感觉到，自己还有精力学习其他课程。但只在一个学期后，他就被迫中断大学学习了。

从 1894 年 4 月 1 日起，施韦泽必须在斯特拉斯堡服一年的兵役。施韦泽没有像大多数新兵那样抱怨操练的辛苦和食物的糟糕，或是向人说些夜行军的事。回忆录中，值得一提的不过是在霍赫费尔德（Hochfeld）地区的一次演习中，他仍然利用间隙时间准备自己将在 1894 年秋季参加的《新约》专业考试。施韦泽对他这段服役期间的回忆未免让人感觉有些美化："克鲁尔（Krull）上尉是我们的队长。他的仁慈允许我在日常操练中，几乎总是能 11 点去大学听温德尔班德（Windelband）老师的课程。"[44]——在一个新兵的背包里装着希腊语版的《新约》，这只能说是一个例外。

不同寻常的还有，施韦泽在服役期结束后，是怎样继续他的神学学习的。他很早就专注于他最喜欢的主题——耶稣的生平故事，虽然为此"常常忽略了其他专业的课程"。[45]施韦泽广泛选择的学习科目和研究工作主要集中在一些具体的问题和单一的主题上。它们更多的是按施韦泽的个人兴趣，而不是按大学课程的要求选出的。鉴于神学课程与其他课程关联度较低，这种选课方式还是可行的。他不像其他许多同学那样先学习神学专业中的广博知识，接着研究与释经相关的问题，然后转向哲学和历史基础学，施韦泽主要是听从"直觉"的引领。在对耶稣的研究中，他主要感兴趣的是历史中的耶稣和末世论。在康德哲学那里，他主要关注宗教哲学的问题；在巴赫那里，他想寻找音乐、神学和个性的相互联结。在医学上，他主要关心的则是对耶稣的精神病学评估。施韦泽涉及的学科很广泛，他多次从中选择当时符合普遍兴趣但尚未有结论的单一课题进行研究和介绍。正是这种学习方式不断地激发他重新思考那些学术讨论。他对大学的赞美，应当成为今天教育政治家思考的动力——

34

> 我不知该怎样表达我对德国大学的感激。它不是预先规定学生应当学些什么，也不会像其他国家的大学那样，用不停地考试把学生压得喘不过气来。它为它的学生提供独立进行科学研究的可能性！[46]

施韦泽在不到 8 个学期的时间里就同时学完了神学、哲学和音乐理论课程，这叫人印象深刻，对其他学生来说也有示范性，即使他的考试成绩波动很大。因此，他发现通过传统的大学考试和博士考试比较困难，对自己选择的课题进行研究却非常容易，这一点并不令人惊讶。总体来说，施韦泽的学习和研究效率很高。比如，他选了主的晚餐教义作为自己博士学位论文的研究主题，但其实这个主题是在他 1897 年秋参加第一次神学资格考试时就已提出和研究过的。这就为这位博士生省去了文献检索的时间。

　　与所有其他考生一样，施韦泽也是只用了 8 个星期的时间，完成了他的博士资格考试论文。论文内容是"对比施莱尔马赫（Schleiermacher）关于最后晚餐的学说与《新约》和宗教改革教义中的观点"。[47] 基于这项研究，施韦泽又运用了从早先感兴趣的耶稣生平的历史学研究中获得的知识来作为他博士学位论文的主题。

　　在施韦泽几乎所有学术研究资格考试的论文中，都可以观察到他有明确的目标和清晰的认知对知识进行融会贯通。可能在第一眼时看不出这一点，但只要稍加观察，就能看出他的各个论题间特有的紧密关系。在关于将耶稣作为历史人物的研究中，施韦泽提出了耶稣受难的原因和意义的问题。他分了两部分来开展这项研究，第一部分是他的博士学位论文，第二部分是他的教授资格考试的论文。但是实际上，他在 1897 年的第一次资格考试时，就已经非常了解圣餐教义中的这个著名问题了。13 年后，当他为自己的医学博士学位论文选题时，情况也与神学博士学位论文和教授资格考试论文相似，他以自己对历史上的耶稣的了解为基础，把它与自己当时对医学界正迅速崛起的精神病学的兴趣联结起来，写成医学博士学位论文《对耶稣的精神病学判断：描述和批判》（*Die psychiatrische Beurteilung Jesu. Darstellung und Kritik*）。然后他把论文直接交给图宾根（Tübingen）著名的神学专业出版社 J. C. B. 莫尔（J. C. B. Mohr）发表。这一切都是合理的，同时反映了他在斯特拉斯堡和兰巴雷内撰写论文的特色——高效率，以及在正确的时间选择正确主题的眼光。

康　德

阿尔贝特·施韦泽在 1898 年 5 月 2 日通过一系列神学科

目考试后，首先着手研究的课题是他的哲学老师西奥博尔德·齐格勒（Theobald Ziegler）在斯特拉斯堡的一次雨中散步时提议的"康德的宗教哲学"。这是一个比较复杂的博士学位论文课题，因为宗教哲学是一个很难在康德思想中进行系统整合的部分。施韦泽需要研究和找出康德宗教哲学的结构和体系。1898年夏天，这位年轻的博士生最初仍然留在斯特拉斯堡鱼市场街（Am Fischmarkt）36号做这一研究的准备工作。他当时可能还不知道，这幢房子正是100多年前还是法学博士生的约翰·沃尔夫冈·歌德（Johann Wolfgang Goethe）的居所。[48] 在1898—1899年的冬季学期，施韦泽搬到了巴黎，在索邦大街（Rue de la Sorbonne）20号继续进行他关于康德宗教哲学的研究，并准备在最短的时间内完成论文。其他博士生可能需要好多年才能完成的论文，施韦泽仅用了不到半年的时间就完成了，而且大部分工作时间是在晚上，还几乎完全没有援引巴黎大学图书馆的相关二手文献。[49] 他的这种极不正统的方法清楚地表明：施韦泽在准备哲学博士学位论文时，既不追求一位学院派哲学家的深度，也不追求那种专业广度。他只是利用神学考试后的这段时间在巴黎生活些日子，在写一篇哲学论文的同时，也能在一位大师那里弹弹管风琴。那份为期6年的戈尔奖学金（Goll-Stipendium）保证了他在经济上能够这么做。因为这项奖学金的唯一条件，就是要求他在斯特拉斯堡获得一个"神学资格"，也就是他必须获得一个神学博士的学位。1899年3月，即达成此项任务不到10个月后，施韦泽就完成了他的博士学位论文《康德的宗教哲学——从纯粹理性批判到单纯理性限度内的宗教》（*Die Religionsphilosophie Kants von der Kritik der reinen Vernunft bis zur Religion innerhalb der Grenzen der bloßen Vernunft*）。同年，这篇论文就由图宾根的 J. C. B. 莫尔出版社出版了。

施韦泽在他的博士学位论文中指出，康德宗教哲学的历史形成过程，只能从康德自己的文字来理解，因而他首先反对通常强调的康德宗教观的统一性。施韦泽的直觉并没有欺骗他，事实上康德的宗教哲学并不是一气呵成的，而是在他的一生中历经多次修改后形成的。施韦泽强调，无论是在管风琴大师夏尔–玛丽·维多尔那里练习管风琴，在伊西多尔·菲利普（Isidore Philipp）那里演奏钢琴，还是在他著名的老师——李斯特（Liszt）的学生玛丽·杰尔·特劳特曼（Marie Jaëll Trautmann）那里练习打击乐技术；无论是艺术还是社交，甚至在巴黎访问他的那些"女施主"和他父亲的兄弟，都丝毫没有使他中断思考哲学博士学位论文。[50]

迄今为止，施韦泽传记的作者们都认为：他用短短几个月时间就完成的 325 页厚的论文手稿，是一部令人印象深刻的著作，直到今天"仍受到高度赞赏"。[51] 然而，如果人们仔细研究他的这一哲学著作，就会得出一个更清醒些的评估。施韦泽关于康德宗教哲学的论著写得很有激情也很流畅，但他批判康德的宗教观太过于苍白，脱离了他的理性和伦理观念。康德的宗教观，最终必然会导致他自己哲学内部体系的崩溃。施韦泽试图说明，一种批判的但同时又有着伦理动机的哲学，正是基于这一相互冲突的前提条件建立起来的，就连康德也无法在构思中把它们统一起来。[52]

通过展示康德宗教哲学的这种内在矛盾，施韦泽进一步说明了"德国唯心主义的宗教哲学中，存在批判唯心主义（der kritische Idealismus）和康德伦理法则的深层道德宗教（die tiefe Moral-Religion des kantischen Sittengesetzes）之间的"内在对立。[53] 施韦泽在论文中的这一分析，得到了当时著名哲学家恩斯特·特罗尔奇（Ernst Troeltsch）的称赞，施韦泽为此明显感到自豪。在纪念康德逝世 100 周年时，特罗尔奇在他于海德堡开展的康德宗教哲学的重要研究中提到了施韦泽的论文内容，并且满意地指出施韦泽的工作意味着他在康德宗教哲学问题上的研究可以告一段落。"所以，请为您的男友感到骄傲！"[54] 这里的"您"，是指海伦妮·布雷斯劳。

如果说施韦泽在关于康德宗教哲学的研究上还有所不足的话，那就是在研究方法上的欠缺。他没有对康德宗教观和自由观作出一种更精确的哲学分析。这需要对资料来源作深入的研究，并对既有的相关主题研究进行再研究和超越。短短几个月时间内他未能做到这些。因此，施韦泽在他的论文中提出的假设远远超过了他所能证明的，对于这一点连他自己也没有掩饰。

> 在国家图书馆里查阅关于康德宗教哲学的文献是不切实际的，因为阅览室里总是人满为患。我只得决定，继续我的工作，不再查阅那些资料了，看看通过挖掘康德文本能得出什么结果。[55]

施韦泽认识到康德作品常被指出的问题，即批判宗教哲学与伦理在这位柯尼斯堡（Königsberger）哲学家那里几乎没有什么联系，只是并存着。复活和永生是基督教神学中的核心问题，而康德的《纯粹理性批判》（*Kritik der reinen Vernunft*）中却没有给它们留出位置。当施韦泽谈到康德的宗教哲学是苍白的，与任何一种宗教经验都是脱钩的，他实际是想说，康德虽然认识到神学伦理的宗教层面，但只能极不一致地把它与一种批判唯心主义和他自己的自由概念结合在一起；因为在康德的理解中，任何形式的基督教都是形而上学，严格说来，都不能在一种普遍理性的假设和伦理法则中发挥作用。另外，让施韦泽感到不解的是，康德曾经非常细致地研究过宗教思想的演变和发展过程，但是关于"宗教永生"的假设，在他的思想中却没有一席之地。[56]鉴于施韦泽的这一批判，一个专业哲学家可能会立即问道：施韦泽在康德著作中确认的那些体系上的不一致性，究竟是一个真正的哲学问题呢，还是一个神学家对康德处理宗教问题的方式作出难以令人信服的哲学批判呢？因此，尽管哲学家们对施韦泽的生活、环境或自然理念有着一切现代的兴趣，但他们中从未有某个哲学家真正接受过施韦泽，这也就不足为奇。

这一观察也触及了施韦泽的一个更为根本的自我形象问题。一方面，他很清楚自己肯定不是一个传统的学院意义上的哲学家，并且他也不想成为这样的人；另一方面，他也懂得并且希望，人们不要仅从神学的角度，还应当从哲学的角度来理解他的生活和人生活动。因而当东德传记作家鲁道夫·格拉布斯（Rudolf Grabs）决定写一部关于施韦泽的传记，并把重点放在他是一位文化哲学家上时，施韦泽给这位备受他赞赏的传记作家写信说道——

> 亲爱的朋友，现在说说您写的传记！它比以往的著作都写得更好。我怀着激动的心情读了好几遍。当我坐在办公桌前处理日常工作事务时，总是会把它放在我伸手就能拿到的地方。从哲学观点出发来写关于我的传记，仅是这个重点就非常正确。以往几乎所有对我的研究，都没有把握和表达出这一点，但在您写的传记中却是如此的明了。它使您的描述有了一种内在的凝聚力。[57]

39

即使施韦泽不是一位学院派的哲学家，他终究还是一位文化哲学家和伦理学家。或者说他身为一位神学家，却更像是一位宗教哲学家？或者说他的第一个博士学位是哲学学位而非神学学位？施韦泽本人已经回答了这些基础问题，因为他后来的"敬畏生命"原则的理论基础，不是学院式的哲学或伦理学，而是一种涉及每个人的实践哲学，是一种世界观。在给他的神学系学生弗里茨·布里（Fritz Buri）的信件中，施韦泽公开谈论了这个问题。即使是他自己，在很长的一段时间里也总认为自己只是个"业余的哲学家"。

　　你对我进行了心理上的分析，把我从一种认为自己只是个业余的哲学家的情结中解放了出来。我也会一直这么去想。因为在护照和海关的检查中，我完全懂得什么是一种临界点。只是以前我从不能理解这就是个临界点，从不能理解这是一个需要破译的代码。这也包括人们多少应当知道的存在，对存在的澄清和与此相似的那些范畴。人们认为这些都应当放进抽屉里［连胡塞尔（Husserl）也是这么认为的］。对于我来说，陷入临界状况的是一个年老贫穷的黑人妇女，她哭泣着出现在传教士面前。当他问她为什么这么伤心时，她回答说："我永远不能成为一个基督徒，不能进入天堂。因为我又老又笨，无法再学会读写了。"因为当时为了帮助新教徒能够自己阅读《圣经》，传教士们在传教的同时，也会教他们识字和读写。要想参加洗礼考试，首先必须出示自己具有读写能力的证明。我叙述这个真实的故事，只是想说，就我而言，哲学也应该能够解释和解决这位可怜的妇女的问题。在这一点上，其实哲学与《旧约》也是有共同点的。至于那位传教士是怎么处理这件事的，我并不知道。我只知道，你是怎么帮助我的。你做得很好。"放心，"你说，"重要的不是文字，而是思想！即使你从没有读过存在主义者的书籍，但你仍然（当然，不要忘掉应有的谦虚）可以说是他们中的一个哲学家。因为你也处于边缘状态，你也给出了对存在的解释，破译了存在的密码，只不过你是在潜意识中做着这一切。你这个愚蠢的家伙，其实你几乎比他们中的任何一个都更成功。就像一个夜游者漫游在屋顶那样，你漫游在思想的顶峰上，这正是他们在白天费力地爬上又滑下去的那个顶峰。"也就是说，我陷入了一种小型的妄想，现在你把我唤醒了，对此进行了分析。[……]原谅我用了有些过分热情的话语来表达，你的分析对我几乎意味着救赎。你认为我的哲学可以登上大雅之堂，这使我有些忘乎所以。[58]

由此可以看出，施韦泽其实痛苦而清楚地知道，他的哲学博士学位论文还不能使他在大学的行家眼里成为一个完全成熟的哲学家。即使他特地在巴黎花了几个月的时间来研究康德，他也不得不明白：不同于他以前的论文《耶稣生平研究史》（*Geschichte der Leben-Jesu-Forschung*）和巴赫传记，他关于康德研究的论文，至少在哲学专业的世界里，不会被看成"成功之作"。因此他终生都与这种学院式哲学保持了距离，甚至在几十年后还把这种哲学批判为远离生活世界的、"学究式、无创造力、只会模仿的哲学"，这就丝毫不令人奇怪了。

> 这种哲学在中学和大学里仍然有影响；但在生活里，它再也没有了话语权。它已经在任何方面都远离了生活。这种哲学研究在人类和时代面临的生活问题中起不到任何作用。[……]从它的无能中产生了对任何一种放诸四海皆准的哲学理论的厌恶，这是这种学院式哲学的本质特性。大众哲学对它来说，只是一种为追求量而制造出的、简单化了的哲学，因而不过是对各门科学成果的拙劣纵

观，对它们进行筛选，并依据未来的世界观进行裁剪。[59]

按施韦泽所说，这种学院式哲学缺少一种基本的要素，而这个要素恰恰是通过关于它的讨论和结果最终能否被大众接受来衡量的。尽管如此，施韦泽还是很早就决定在这门"无创造力、只会模仿"的学科中攻读博士学位。在他的一生中，他把自己看作一个"实用哲学家"。后来，他把自己的"敬畏生命"这个根本原则表述为一种"世界观"，而不是"伦理"，因为到了兰巴雷内以后，他想与自己在巴黎和柏林时代的思辨哲学做一种彻底的决裂。

在巴黎索邦大学听了几次讲座，匆匆写完博士学位论文，并把它交给他的哲学导师西奥博尔德·齐格勒和威廉·温德尔班德以后，[60]施韦泽在柏林度过了 1899 年的夏天。正是那里向他打开了他后来的文化哲学的大门。他在那里凭借着自己固有的高效率，阅读"新老哲学的主要著作"，为将在斯特拉斯堡进行的哲学博士学位论文答辩做准备。这次答辩主要是在他神学博士学位论文基础的框架内，考察他整个哲学专业知识的广度。施韦泽花了不到一年的时间专注于这一次博士学位论文答辩，但这位神学考生的考试结果却远未达到他的这些老师的期望，这使他自己也感到有些惊愕。不过，尽管答辩是他的弱项，施韦泽还是在 1899 年 7 月如愿得到了哲学博士学位。[61]

1899 年在柏林度过的这个夏天，成为施韦泽在学院式哲学以外许多领域进一步发展的一个关键点。施韦泽利用他在柏林的时间，建立了一个知识分子的社交网络。他在那里结识了著名的教会史学家阿道夫·冯·哈纳克（Adolf von Harnack），并且经常去听他的讲座。哈纳克像施韦泽那样，将耶稣和早期基督教的历史与教会塑造的教条历史截然区分开来。在 30 年后，即在 1929 年 3 月 7 日，也是哈纳克向普鲁士科学院提议接纳施韦泽为特别院士。这个成员资格或许是德国当时所能授予的最重要的学术荣誉。哈纳克在他签名的委任书中，陈述了以下理由——

> 不是作为通讯院士，尽管这一殊荣也是受之无愧的；我们建议授予施韦泽"荣誉院士"称号。这是为了强调，多才多艺的他，不只是在学术方面有重要影响。如果这位阿尔萨斯学者、艺术鉴赏家、艺术家和医生，这个不同寻常的人，能够加入我们科学院荣誉成员的行列，那么对科学院自身来说，也是一件值得纪念的事。[62]

施韦泽在4个月后就这一荣誉，对马克斯·普朗克（Max Planck）说——

> 现在，我被允许进入科学院。［……］1899年，我在库尔提乌斯（Curtius）家里，就近距离地对它有了许多了解，这是在一个人的青少年时代几乎不可能拥有的一种如此近的关系。［……］如今在非洲的丛林中，我读到的这份科学院会议报告，为我展示了一种美好的前景。[63]

至于施韦泽与阿道夫·冯·哈纳克有着怎样的关系，这从他1930年，即成为特别院士仅一年后写给哈纳克家庭的吊唁信中就可以看出："1899年，为了听他的课，我特意来到柏林。他是如此的友好，以至于竟然允许我暂住在府上。自那以后，我对他满怀爱和敬意。"[64]

同样是这个夏天，在他的博士学位论文答辩之前，施韦泽还参加了格奥尔格·齐美尔（Georg Simmel）在柏林举办的讲座。正是在那里，他结识了当时杰出的知识分子，如神

学家奥托·普夫莱德雷尔（Otto Pfleiderer）和尤里乌斯·
卡夫坦（Julius Kaftan），还有哲学家弗里德里希·保尔森
（Friedrich Paulsen）。正如许多名人人生中经历了重要转折
点，有一个事件可以被视作施韦泽成为知识精英的转折点，对
他后来创建文化哲学有着极其重要的意义：参加了一场在柏林
举办的知识分子沙龙，女主人是柏林著名的希腊学家、考古学
家和皇帝弗里德里希三世的老师恩斯特·库尔提乌斯（Ernst
Curtius）的遗孀。柏林当时那些知识精英和科学院的许多院
士都是那里的常客。施韦泽能够进入这个圈子，是由于他认识
克拉拉·库尔提乌斯（Clara Curtius）的继子，即科尔马镇长
弗里德里希·库尔提乌斯（Friedrich Curtius），并获得其引
荐。[65] 1899 年夏天的某个晚上，正是在这个沙龙里，施韦泽的
头脑中冒出了他后来的文化哲学的一个非常核心的概念。

　　　在某个晚上的沙龙活动中，突然有个人说了一句话，
　　我已经记不清那是谁了，只记得他说："什么呀！我们都
　　只是模仿者。"它像一道闪电击中了我，因为他所说的也
　　表达了我的感受。[……]在那个 19 世纪末的日子里，为
　　了确认和评价这个世纪的成就，人们正在回顾和环顾所有
　　领域有哪些进步，他们以一种我无法理解的乐观态度这样
　　做。人们似乎都认为：我们不仅在发明和知识方面取得了
　　长足的进步，而且在精神思想和道德伦理方面，也登上了
　　一个前所未有的，并且永远也不会再失去的高度。但在我
　　看来，现在的情况是：我们在精神生活上，不仅没有超
　　过前几代人，而且反过来还在许多情况下只是借鉴了他
　　们的成就。[……]现在终于有个人说出了我那个时候默
　　默地在下意识中思考的那些内容！从在库尔提乌斯家里的
　　这个晚上起，我做所有工作时，总是在心里默默想着，我

应当以此为主题写一本书，就用"我们是模仿者"（Wir
Epigonen）作为书名。[66]

　　与他后来决定学习医学，把兰巴雷内作为工作地点，或是
在奥果韦河（Ogowe）的一次河边旅行中意识到敬畏生命的原
则一样，施韦泽也把当时在柏林沙龙的那个晚上，确定为他创
建文化哲学的一个具体的启蒙时刻。在沙龙活动中获得的"我
们都只是模仿者"的认知，正是其文化哲学和伦理学的核心
起点。[67] 在希腊神话中，"模仿者"（Epigonen）这个词，从
字面意义上说，是"后来出生的人"，用来指那七个反对底比
斯（Theben）之人的后裔。在 19 世纪末，这是一种广泛流传
的感觉，即大家都只是模仿者，都在以前的伟大思想家那里搭
着便车。"模仿者"这一说法表达了一种令人沮丧的感觉，即
自希腊古典文化诞生以来，最晚在文艺复兴之后，就再也没有
出现什么真正原创的思想、文化和哲学了。这是一种知识和文
化衰落的表现。施韦泽在他的文化哲学中揭示了这种衰落的原
因，并希望以此帮助当时的"模仿者"放弃模仿，再次成为肯
定生活、乐观的原创者。

44

　　　　1915 年夏初，我几乎就像从一种麻醉状态中醒来，
　　突然责问自己：为什么只是对文化进行批判？为什么只是
　　满足于把我们作为"模仿者"加以分析？为什么不去做些
　　建设性的工作？[68]

这时的他，已经有了一种清晰的构想，即清楚地知道是什么构
成了他的文化概念——

　　　　文化的本质是关注个人和社会的道德完善。与此同

时，每一个精神和物质上的进步都有它的文化意义。因此，文化的意志，就是要求普遍进步的意志。它让我们意识到：道德的进步，具有最高价值。[69]

因此可以说，施韦泽 1915 年在兰巴雷内写下的文化批判著作《我们是模仿者》，根源不是大学课堂，而是柏林的一个知识分子沙龙。偏偏是在准备哲学博士学位论文答辩的那个夏天，他发现了自己可以用来告别学院式哲学的法门。在他递交神学教授资格论文时，他已经清楚地知道：即使得到了哲学博士学位，他也不会在某个大学的哲学系开始自己的学术生涯了。

助理牧师、博士生和局外人

45   在即将进入 20 世纪的时候，施韦泽作出了两个重要决定。一个针对自己的个人行为，另一个则涉及他对学科的选择。施韦泽曾有相当长的抽烟史，但是在 1899 年 12 月 31 日那个晚上，他决定戒烟，而且此后他确实终生再也没有抽过烟。[70] 后来，在兰巴雷内，他特别不愿看到，有人在他医院管辖的范围内抽烟。甚至连他已经成年的女儿蕾娜（Rhena）也只得背着他偷偷地抽烟。[71] 这乍看只是一个无足轻重的决定，实则体现了施韦泽鲜明的个性。如果真像托马斯·阿尔瓦·爱迪生（Thomas Alva Edison）说的那样，"天才是百分之一的灵感加上百分之九十九的汗水"，[72] 那么，施韦泽确实是一个严格的天才范例，他通过努力工作取得了成功。然而，谁要是只把他理解成一个"野生的天才"，一个超人和自然人，对他来说一切都水到渠成，那么这对他的个性而言，是不公正的。[73] 除大量的工作外，他的神学讲师职位首先就会要求他经得起冲突。由于任务繁重，施韦泽经常工作到深夜。他在选择主题时先会有一种高瞻远瞩；然后再用他对现实的感知来挑选出哪些对他来说是可行的，哪些是不可行的。

正是这一组合，导致施韦泽作出了他的第二个重要决定。在巴黎短暂停留后，施韦泽决定放弃哲学而选择神学。但这不是指施韦泽放弃哲学本身，其实哲学应该伴随了他的一生，而是指他放弃了可能成为一名哲学家的学术生涯。相反，施韦泽在取得哲学博士学位后，决定开始一种经典的学院派的神学生涯。这就意味着他既要写神学博士学位论文，又要经过一个短期的牧师教育培训。在哲学系学习时获得的戈尔奖学金，保障了他在接下来的几年中，作为斯特拉斯堡大学神学系的博士生，在经济上无忧无虑，追求自己的学术兴趣，同时还提供常规的牧师服务。一般来说，绝大多数神学系学生在通过第一次资格考试后才履行这项义务，并且是全职的。施韦泽所提供的牧师服务是主持教堂的日常弥撒，给孩子们上坚信礼课。与此同时，他也在继续学习神学课程。在他的生活和人生活动中，施韦泽又一次展现了在极其繁重的工作面前极高的工作效率。

不管是作为一个博士生，还是作为一个医学系的大学生，施韦泽始终没有更换大学，这表现了他对斯特拉斯堡的一种特殊情感。一方面，他特别熟悉这座城市；另一方面，留在这座城市里他可以综合安排自己的各种活动。当上高校教师后，他也兼任圣托马斯修道院的负责人，那里是供神学系学生使用的校舍。即使后来作为医学系的学生，施韦泽也在那里分得一个房间，不仅离斯特拉斯堡大学的医学系很近，而且离他主持弥撒的圣尼古拉教堂也只有几步之遥。倚仗他特别健康的体魄，施韦泽直到老年也仍只需要较少的睡眠。通常情况下，每晚四到六个小时的睡眠对他来说已经足够。除此之外他还有个秘密武器，在斯特拉斯堡学习和阅读的夜晚，他习惯把脚放在书桌

46

前的一盆冷水里，以免趴在书本上睡着。[74] 1900 年前后，他曾冷静地评价过自己的工作方法："在我学习最关键的那些年里，我就是用这种最简单的方法完成了我的学业。这使我得以长时间工作，让我保持专注的同时不急于求成。"[75]

通过他的决定——做一名助理牧师，施韦泽在 1899—1900 年表明了他与路德教会的内在联系，尽管后来他也经常批评教会的立场和基本的神学教义。作为一名助理牧师，他选择的圣尼古拉教堂是当时斯特拉斯堡最自由的教区之一。他与这个教区先前就有许多联系：他母亲的兄弟，跟施韦泽同名的阿尔贝特·席林格在 1870—1871 年普法战争的动荡年岁里，曾是这个教堂的牧师。他虽然强调自己是个亲法者，但在宗教上又是一个路德教自由派神学家。另外，阿尔贝特·施韦泽在圣尼古拉教堂的导师之一，牧师格罗尔德（Gerold），也是席林格家族的密友，这就为安排施韦泽当实习助理牧师提供了极大的便利。施韦泽认为，有两位圣尼古拉教堂的牧师来培训自己，是一件幸运的事。

> 克尼特尔（Knittel）牧师代表了因虔诚而温和的正统派，格罗尔德牧师则是一个自由派。但他们以一种真正的兄弟般的心态在工作中相互合作。他们本着和平的精神处理所有的事情。正是出于这些原因，在圣托马斯修道院对面的这个不起眼的教堂里当助理牧师真是一份非常理想的工作。[76]

但是，由于对耶稣作为历史人物有一些有争议的观点，施韦泽终生都没能在斯特拉斯堡的圣托马斯教堂布道；由于坚持自由主义神学理论，他也不被允许在斯特拉斯堡的圣皮埃尔（St. Pierre）教堂弹奏西尔伯曼管风琴（Silbermannorgel）；[77]

在圣尼古拉教堂履职时，也是存有争议的。其中一些教堂弥撒的参加者批评这位新来的实习助理牧师。施韦泽在自传中轻描淡写地把这些批评归结为他的布道在时间上稍短了些。其实，一个像阿尔贝特·施韦泽那样的自由派神学系教师，是肯定会面临那些正统且虔诚的布道听众的反感和抵制的。但是，施韦泽坚持了下去。就布道的时间太短这个问题，他听从了他的导师和家庭密友格罗尔德的建议，每次布道至少持续20分钟。[78]

在当助理牧师期间，施韦泽每月可挣100个马克，在圣托马斯修道院校舍里吃住免费。另外，他一年还有一笔1200马克的奖学金。因此，他虽相当节省，但绝不会过上贫穷的生活。

从1902年开始，由于频繁的演出活动，施韦泽不停奔波在德国和法国之间，几乎走遍了整个欧洲。在施韦泽的学生时代，科西玛·瓦格纳（Cosima Wagner）就是他的熟人。卡门·西尔瓦（Carmen Sylva，罗马尼亚女王）非常欣赏施韦泽对巴赫的研究和对其曲目的演奏，后来还亲自邀请他去她那里。但这些年里，不管施韦泽在哪里，他的根基和家乡，总还是那个阿尔萨斯。在那里，他在成为编外讲师和医学院学生后，也仍然在圣尼古拉教堂履行他的牧师职责。

与他作为助理牧师的情况不同，施韦泽1900年的第二次神学资格考试绝非一帆风顺。已是哲学博士并且还是助理牧师的施韦泽，最终差点没能通过这次实践重于科学理论的考试，这对于一位神学系的在读博士生来说，当然是极为尴尬的。这主要是因为他要准备同样在1900年进行的神学博士学位论文答辩，施韦泽显然没有用多少时间来准备与教堂实习有紧密关系的实践神学专业考试。在考试中，施韦泽未能答出著名赞美诗《圣诗和竖琴》（*Psalter und Harfe*）的作者应为卡尔·约翰·菲利普·施皮塔（Karl Johann Philipp Spitta）。更为糟糕的是，他试图为这种记忆上的失误找借口，说这首赞美诗

"太不重要了"。[79] 而他恰恰是在施皮塔的儿子弗里德里希·施皮塔（Friedrich Spitta）教授的面前，说了这番不太礼貌的话。弗里德里希·施皮塔在 1900—1919 年是斯特拉斯堡大学《新约》和实践神学课的教授，此次他是作为神学系考试委员会的成员来主持施韦泽的考试的。尽管出现了这一失误，施韦泽最后还是通过了他的第二次国家资格考试。这主要是因为当时在场的另一位考官威尔（Will）牧师特别欣赏施韦泽在教义史专业上的答辩。另外，施韦泽也在当年完成了他的神学博士学位论文答辩。

这位将要成为编外讲师的神学家阿尔贝特·施韦泽，究竟是个怎样的人？他在年轻时代就能够顶住一切反对，在对耶稣作为历史人物的研究中成功展示自己的开创性。虽然直到今天，大多数专业神学家在关注末世论——关于最后审判和时间终结的学说——问题时都会参考阿尔贝特·施韦泽的学说，但施韦泽自己很清楚地知道，他关于耶稣生平和死亡的末世论阐释不会激励基督教信徒，也不会把他们引向教堂去听布道。在他还在准备这篇论文时，他的父亲问他论文的重点是什么，他说这是一项关于"末世论"的研究。他父亲冷静地回答道："我的儿子，我为你感到遗憾。任何时候，都没人会理解你在论文中说的那些话。"[80] 但问题并不是没人能理解他的论文，而是恰恰相反。其实施韦泽在学术上真正的成就和他在神学上的影响力，主要不在于他的末世论研究，而在于他研究了神学历史最近一百多年来在《新约》方面的一个重要问题，即"那个历史上的拿撒勒（Nazaret）的耶稣是谁"。

施韦泽对已有的众多假设的研究讨论，赋予了他的论文一种内容广泛且有深度的特色，同时语言也十分优雅。他这篇发表于 1906 年的《耶稣生平研究史》得出平地惊雷般的总体结论：耶稣不是上帝的儿子，而是一个人，一个持有当时流行的犹太教末世思想的人。但是人们期待的天国没有来临，耶稣有意为这即将发生的来临（Naherwartung）牺牲自己，因其知道在自己去世后不久，这个天国终究会显现。早期基督徒对末世很快会来临的希望破灭了，直到保罗重新诠释了"天国即将到来"的意思，失望之情才得以克服。保罗解释说，天国将在基督里，并因而通过基督的生命，超越时间，在我们身上降临。施韦泽把他对耶稣作为历史人物的解释，称为"始终如一的末世论"（Konsequente Eschatologie）。这是为了表达，他对耶稣的全部宣告（Verkündigung）和整个人生道路完全是从耶稣对天国即将来临的期望的角度来加以观察的。[81]

施韦泽和在他之前于1892年发表了《上帝耶稣的布道》（*Die Predigt Jesu von Gottes*）的约翰内斯·魏斯（Johannes Weiß）同属自由派神学家的圈子。作为着眼历史的《新约》研究者，他们介绍了一种与自由派神学的"历史神学"发展思想（geschichtstheologische Entwicklungsdenken）相反的对耶稣之死的末世论解释，尽管他们自己就出身于这种自由派。[82]这种相反，表现在施韦泽通过把拿撒勒人耶稣描绘为人而不是上帝的儿子，强调了此岸世界与彼岸世界关系的断裂而不是连续性。施韦泽认为，也许耶稣更愿看到自己是上帝的儿子，但从历史的角度来看，那个死去的也只是个人，而不是上帝。正是从这个角度出发，施韦泽说，那个天国不是从此岸世界的连续性中生长出来的，而是"在我们之中的天国"，并且只有通过我们，在我们之中、在此世之中才会在道德上产生效力。[83]因此，能够传递到我们当代的只是耶稣的道德榜样。他想用内心世界来克服此岸世界，来分享上帝的天国。耶稣用他的生平和道德力量激发了这一期待。[84]考虑到保罗和早期基督教的情况，施韦泽强调对天国将临的期望，自然不会无限期

50

地持续下去。因此可以推断出，为了自己生活的这个时代，人们从现在起必须基于现实，而不妥协于现实。也就是说，这将释放创造的力量，让人们设计属于自己的这个时代。

对施韦泽和阿道夫·冯·哈纳克来说（施韦泽在柏林听过哈纳克的讲座），早期教会的基督论不过是教父的神学渲染而已。人们把与上帝建立直接关系的希望投射到耶稣身上。但是，施韦泽和魏斯设想的恰恰与此相反：耶稣作为那个时代犹太教的代表人物，与现代人的距离绝不是很近，而是很远。为了拉近这种"很远的"距离，早期教会便只能用神学来应对人们关于天国将临之期望的破灭，这曾经是旧神学"处理危机的全部措施"。[85] 神秘主义者保罗作为第一个神学家，成功地完成了这一应对。按施韦泽的道德逻辑推断：不是那位作为历史人物的耶稣，而是在人自身中复活的那位耶稣，成了人们追求正义生活的一种力量。这种来自耶稣的道德精神，最终能够引导人们踏上彼岸，改善这个世界。施韦泽的思想中令教授资格考试委员会的成员感到十分恼火的是：耶稣的复活对施韦泽来说，已不再是一件历史上可理解的事件了。任何阅读了施韦泽在去兰巴雷内前刚完成的新版《耶稣生平研究史》的人，都会感受到它的神学爆发力和批评教会的深层思想。施韦泽在经过补充的最后结论中说——

51   正是在我研究耶稣生平的过程中，出现了奇怪的事。我在研究中翻遍了所有资料，就是为了找出作为历史人物的耶稣，从而能够把祂作为老师（如祂原本就是的那样）和作为我们这个时代的救世主。此次研究解开了几百年来被绑在教会教义岩石上的耶稣，我高兴地看到作为历史人物的耶稣在重新获得生命和活力后，正在向我们走来。但是祂并没有停下来，而是在经过了我们的这个时代之后，又回到了祂自己的时代。[86][……] 归根结底，我们与耶稣的关系有着一种神秘的形式。我们无法通过历史考察或是通过对其作为人的权威意义的考虑，将任何一个过去的人活生生地置放进当代。直到我们能够在认知中与之有一种共同的愿望，我们才能获得与他的关系[……] 并在他之中重新发现我们自己。[……] 只有这样，耶稣才能在我们之中构建共同性。[87]

只要看过施韦泽教授资格论文的读者，都会注意到他对教会主张的教义理念的基本质疑。赫尔穆特·格罗斯（Helmut Groos）或马丁·伦内博（Martin Lönnebo）指责施韦泽在他的神学理论中丢掉了基督教的那个上帝，而仅仅用一个伦理榜样，即耶稣来取代祂，这也就并不令人惊讶。伦内博指出："施韦泽神学最困难的问题在于最终是要确定他所遵从的对象。"[88] 就此，格罗斯补充道——

施韦泽思想中的这个上帝，不是基督教的上帝。与此同时，他的这个上帝，实际也不是"哲学家的上帝"。哲学家通常被要求在很大程度上以信任人的形而上的能力为前提，但施韦泽并不具有这种信任。值得注意的是，完全可以说，施韦泽的上帝，不是真实的上帝。他的上帝只是个很牵强附会的、光秃秃的、只有个躯干而没有四肢和头脑的、几乎无法定义的东西。如果放弃传统上帝形象中的绝大多数特征，那么就必须说：施韦泽通过他的上帝，没有作出最后的结论，也不想澄清这件事。[89]

其实，施韦泽关于耶稣作为历史人物的立场并不是全新的。但他比那些跟他持有同样观点和立场的前辈们，对这个问

52 题的研究和表述更有针对性、更完善，也更深入到这个问题的历史中去。与海德堡大学《新约》学者约翰内斯·魏斯一样，施韦泽也强调，耶稣起初并不自认为是弥赛亚。但是，通过耶稣的死，他的爱的伦理被普遍地扩展到所有人。这一认知后来被施韦泽表述在他敬畏生命的原则中。这一世界观会与神学关于耶稣历史影响的评判针锋相对。这一点却经常被人所忽视。反倒是《明镜》周刊的编辑们立马就在施韦泽对耶稣作为历史人物的研究中，看到了这一研究将有的影响力和激进后果，也许正是因为他们不是神学家，所以他们在新闻上的表述也很尖锐。《明镜》周刊关于施韦泽的这篇文章发表在该报 1960 年的圣诞节那一期上。按这篇文章的基本观点，施韦泽的形象在公众领域中被极大地理想化了，因此在神学上、伦理上和个人品质上常被人们误解——

> 仅是在德国，施韦泽著作的总发行量就已超过一百万册。连东京大学的内村祐之（Yushi Uchimura）教授也报告说，施韦泽在日本被尊崇为"丛林圣人"。[……] 这一席卷全世界的颂扬，同样带来了公众（特别是施韦泽的那些忠实弟子）对他的广泛误解。[……] 神学家阿尔贝特·施韦泽被看成一个模范基督徒。但作为一个德国神学家，他其实比自路德改革以来的任何一位德国神学家都更多地攻击了教会的神学教义。[90]

虽然在文章中没有具体提及施韦泽究竟对教会神学的哪些教义提出了质疑，但《明镜》周刊记者的观察还是基本击中了整个问题的要害。施韦泽把拿撒勒人耶稣看成其所处时代的人，而不是看作那位父亲般的上帝的全知全能并复活了的儿子，因而他的死亡也不是掌握在上帝的手中。

也就是说，这种没有把上帝视作一位父亲，也没有把耶稣视作第三天复活的弥赛亚的观点，对施韦泽的个人虔诚产生了一定影响。在他1906年写给海伦妮的信中，我们可以读到——

> 当我昨晚又在为冬天最后几天的力量祷告时，脑海中突然又冒出这个问题：上帝究竟是什么？祂应当是无限的。在这一无限中，我们能够得到我们的安宁！但这并不是祂固有的人格（Persönlichkeit），而是只有在祂进到我们之中后，才会具有的一种人格。成为人的自我意识的世界精神到来了。祈祷让我们感受到在我们之中的最高存在，我们要把自己献给我们心中的上帝，以此获得我们的安宁。我是否能够一次就把它表述得很清楚？［……］我很幸运，能够在神学的喧嚣中独自发现这一点。我思考这个问题，不是为了能够讲述它，而是为了通过它过上一种宁静和简朴的生活［……］。如果要我向某人讲清楚我的宗教究竟有些什么，我是无法讲清楚的。但你能猜到和知道它。[91]

上帝作为非人格化的"祂"，作为"最高的存在"，是在"我们之中"——在这里，施韦泽的这种既真实又有些泛神论的虔诚，让人不免想起歌德的虔诚。只不过，从施韦泽那里得到的道德演绎的结果，与受他敬佩的诗人的结果截然不同：施韦泽的宗教性，不是在一种抽象智识或文化意义上的宗教，而是如他自己认为的那样，是在一种非常基本的、神秘意义上的虔诚。宗教对他来说，也不是后来的浪漫主义意义上的"感觉"，而是一种最深层的行动力量，能够在所有人之中激发一种实质性的道德行动的冲动。在这种道德意义的前提下，施韦泽认为耶稣后继者的责任是，为信徒们提供一些有解放意义的

53

宗教实践，而不是教条的体系或是（如有些教会所做的那样）一种宗教垄断。令人十分惊讶的是，施韦泽的这一立场并没有受到他所在教会的激烈批评。他一生都在以这个教会的名义布道，有很多年还担任了这个教派的神学教师。

尽管他的神学观点很靠近那些宗教自由思想家或"自由基督教联盟"的反三一教信徒，但施韦泽终生都把自己看成路德教会的成员。他陈述的理由是："教会能够把那些与它有不同意见的人，作为它不愿丢失的发酵的面团，搂在自己的怀里。这是很宝贵的。"[92] 不仅如此，他后来甚至还赢得了如奥托·迪贝里乌斯（Otto Dibelius）、海因里希·格鲁伯（Heinrich Grüber）和马丁·尼默勒（Martin Niemöller）等多名教会著名领袖对他兰巴雷内丛林医院的支持。即使他的神学观点颇受争议，但施韦泽从未站立在他的教会之外。特别是在 20 世纪 50 年代的美国，施韦泽被尊崇为现代新教福音派的圣人，被赞誉为"基督教世界最伟大的灵魂"。[93] 美国灯塔出版社（Beacon Press）出版人梅尔文·阿诺德（Melvin Arnold）刚把这一赞誉词写进兰巴雷内的客人留言簿，施韦泽立马就涂掉了它。

专业神学家总是一次次指责施韦泽，说他把上帝简化为一个道德理念，而不是把祂作为人格化的对象来理解。[94] 尽管如此，教会长期以来选择了一条简单的道路，一方面将身为丛林医生的他尊崇为现代的圣人，另一方面又竭尽可能地忽略他的神学观点。因此，那些著名的新教神学科学期刊，如《新教伦理学杂志》（*Zeitschrift für Evangelische Ethik*）和《新教神学》（*Evangelische Theologie*），在施韦泽去世的 1965 年都没有刊登有关他的讣告；之后，也没有对他的伦理学展开讨论和归类。这就充分表明：施韦泽从来都不是学术神学作者团体中的重要一员。与此相反，20 世纪 60 年代，许多德国新教牧师亲昵地叫他"榜样阿尔贝特"（Beispiel-Albert）。一件有关他在非洲的轶事就能保证他出现在星期日的布道词中。人们可以反对施韦泽对耶稣生平的解释；但是，谁会去反对他在非洲办一家医院呢？

神学家还是神秘主义者？

谁要是阅读和研究过施韦泽的神学博士学位论文和教授资格考试论文，那么一定会意识到，施韦泽只是个神学领域的局外人。但他是怎么想到这个论文题目，即探寻最后晚餐的历史根源，以及与此相连地探索作为历史人物的耶稣呢？在第一学期，作为《新约》研究者的施韦泽，就发现自己对系统性神学理论的思想结构和用来填充这一结构的教义教条并不感兴趣，而是更愿意在他那个时代的神学讨论中，有针对性地研究另外两个主题。他认为这两个主题似乎更有解决的急迫性，也有可解决的前景。特别是在他后来的主课——《新约》中，在这位年轻的大学生看来，他的神学老师们对有关历史人物耶稣的问题，或是只能给出不太令人满意的解答，或是只草草地提出了这个问题。

施韦泽在选择自己神学博士学位论文和教授资格考试论文的研究课题时，并不只是从好奇出发——他的自传往往会造成这种印象，而是也会考虑策略和实用性，就像他后来生活中所作的许多决定一样。通过特定的选题，他的两篇资格论文就可以合起来，成为一部作品的两个部分。在1898年第一次神学考试中，他就按考试委员会指定的题目，对最后晚餐问题的相关历史以及施莱尔马赫对此的接受作了一番研究。此后，他便决定，他的博士学位论文和教授资格考试论文都将基于一篇以最后晚餐为主题的神学史研究论文来完成，该文章研究的是耶稣的生平和早期基督徒群体之间的张力。这样，他就能够充分

55

利用以前为第一次考试准备的资料，从而省下许多时间。而且更重要的是，他同时还能进一步研究他在第一学期就已存疑的那个问题，即与最后晚餐有紧密关联的那个作为历史人物的耶稣的问题。对最后晚餐的神学解释，历来有很宽的神学跨度，它既是一顿简简单单的最后的餐食，让人一提到就想起基督，又确立了基督教信仰中核心的圣礼——圣餐。施韦泽着手研究的是一个在问题史（problemgeschichtlich）上跨度不长但十分精要的问题，并把它分为两个部分。第一部分他写了 62 页，探讨了较为狭义的主的晚餐问题。他用这篇论文在 1900 年 7 月 21 日获得了神学博士学位。此后，在几乎不到两年的时间里，他又完成了第二部分的论文，有 109 页，名为《弥赛亚和受难的秘密》（*Messianitäts- und Leidensgeheimnis*）。这篇论文使他获得了神学教授资格。[95]

从今天的角度来看，这两篇论文的篇幅都较短，但在那个时候是很正常的。与较短的篇幅相反的是这两篇论文的主题充满争议，体现了他那勃勃的雄心，尤其是那篇教授资格考试论文的主题。如果说在他的博士学位论文答辩过程中，施韦泽还没有与神学系发生公开冲突的话，那么在他的教授资格考试以及取决于这一考试的编外讲师任命上出现了一个施韦泽无法绕过的问题，那就是最晚从论文答辩的这个时候起，他与老师霍尔茨曼的争执就已经不可避免了。施韦泽坚持拒绝老师给予他的中心论题，因而他的论文也就远离了当时神学系的主导教学观点。这需要极大的勇气。有一位完全受施韦泽《耶稣生平研究史》总体历史观影响的批判家在多年后针对他这项研究的最后结果写道：施韦泽的这项研究（使得）"关于耶稣生平的大战尸横遍野，而施韦泽是唯一的幸存者"。这就很明显地解释了为什么施韦泽的极端见解不可能不引起强烈的异议。[96]

早在 1900 年他关于主的晚餐问题的博士学位论文中，他就得出了一个从教会的角度来看自然是有争议的结论：最早的基督徒庆祝主的晚餐并不是对耶稣牺牲之赎价的一种象征性纪念。施韦泽认为，这种象征性纪念的意义，是在后来天主教的弥撒，或者更后来新教的圣餐礼中才被赋予的。因此，耶稣关于最后晚餐说的那些话，最初并不具有后来被赋予的圣礼意义。施韦泽认为，它们并不是一种神圣的祝词，也不是象征性符号，而仅仅是一种感恩的祈祷。[97] 这就解释了，为什么早期基督徒对于最后晚餐的纪念也仅仅是把它作为"圣餐"，作为对上帝天国将临的感恩，但并不是作为已经被教会教父们制度化和教条化了的圣礼。

但是，施韦泽并没有仅仅停留在对最后晚餐之实践的历史批判上，他还在自己接下来的教授资格考试论文中转向了从历史角度对拿撒勒人耶稣的审视。在对以往几百年的耶稣生平研究作出总结时，施韦泽使用的研究方法是"友人"费迪南德·克里斯蒂安·鲍尔（Ferdinand Christian Baur）的图宾根历史批判传统。施韦泽一生都很崇拜鲍尔，在八十多岁时还惦记着去他的墓地瞻仰他。[98] 通过对教会规定的祝词的批判，施韦泽在自己的博士学位论文中，提出了一个关于解决最后晚餐问题的建设性意见，即严格拒绝它的圣礼特性，但同时又强调这一庆祝仪式的神秘性。在施韦泽看来，对诠释学上未经证明的象征性的纪念之餐加以神圣化是不可能的，因为《路加福音》12:19① 和《哥林多前书》11:24（及后面段落）的重复命令是不符合历史的。根据施韦泽的观点，主的晚餐只能被理解为一种表达，即在耶稣复活之后人们仍对天国将临抱有期望，从庆祝晚餐演变出一种与耶稣同在的隐喻，而不是反过来。耶稣本人并没有设立圣餐，而是将这顿晚餐作为弥赛亚式的晚餐来庆

---

① 原文疑有误，似应为《路加福音》22:19。——编者注

祝，预示着上帝天国很快来临。和之前的大卫·弗里德里希·施特劳斯（David Friedrich Strauß）一样，施韦泽也强调最后晚餐的末世论特性，正是在此基础上，他建构了一座桥梁，通向以历史人物耶稣为研究对象的教授资格论文。

　　一个还没有获得教授资格的研究员，在他的博士学位论文中强调，与所有以往其他有关最后晚餐问题的解决方案相比，他的解决方案（也许还有施莱尔马赫的），是唯一在历史层面上站得住脚的方案。这必然会给自己招来许多反对意见，没人会对此感到惊讶。[99] 但这一切并未阻止我们这位助理牧师在他自己实习的圣尼古拉教区以学者的身份批判教会在纪念最后晚餐中的圣礼实践。他的理由是：他只想对这个问题进行一种科学的论证。而且他对末世论的理解，也将他引导到一种个人的道德观。这种道德观允许他那个时代的每个人都能把自己的希望和意愿带到主的晚餐桌上去。施韦泽认为，通过圣餐庆祝，上帝的力量和祂的天国便会从我们的心中产生。对他来说，基督教的核心道德观念，就是意味着人为上帝的爱所感动，用自己的道德行动参与到这种爱中去。但是如果施韦泽不仅质疑主的晚餐作为反复举行的圣餐（Sakrales Wiederholungsmahl）的这一特性，而且也对其历史核心，即拿撒勒人耶稣就是复活了的主，提出质疑，那么他的这些论点在神学上就会成为问题。

　　在神学研究上，施韦泽有很多与他难分伯仲的对手。比如，于 1906 年去世的布雷斯劳的《新约》学者威廉·韦雷德（William Wrede），几乎与施韦泽同时发表了一篇题为"福音书中的弥赛亚之谜"（Das Messiasgeheimnis in den Evangelien）的文章。作者在文中强调，耶稣自己并不把末世论理解为弥赛亚，而且韦雷德也比施韦泽更严厉地质疑了《马可福音》的真实性。[100] 现在让人不解的是：作为霍尔茨曼的学生，即使自己的观点与老师的及神学专家韦雷德的截然不同，施韦泽也能够顺利通过他的教授资格考试，为什么会出现这样的情况？[101] 施韦泽陈述，自己的论证材料来自《马太福音》中耶稣的话语，比如登山宝训（《马太福音》5—7章）、门徒差遣讲话（《马太福音》10章）、施洗者的质问（《马太福音》11章），以及关于人子降临和最后审判到来的讲话（《马太福音》25章）。人们指责施韦泽方法论的错误在于，他没有对这些文本进行细节分析，便轻易地相信了它们的历史真实性。但是施韦泽坚持认为耶稣在《马太福音》中的伟大话语是真实的，如同那些关于受难和复活的话语，是耶稣自己说出的。施韦泽辩解说，在《马可福音》中确定的关于耶稣传道的那些关键资料，尤其是其中与《马太福音》相关的资料，无疑就是真实的。他把自己使用的那些来源归入他所定义的末世论的历史观中，而不是反过来。为此，1907年他的老师海因里希·尤利乌斯·霍尔茨曼对他的研究方法提出了强烈的批评。霍尔茨曼批评说——

　　施韦泽使用的概括的做法，无视了福音研究中至今由许多人共同努力所达到的成就。他这个方法的错误在于：他未加仔细考察就把我们目前看到的《马太福音》认定为忠实无误地流传下来的，而且还认为这些内容正是按照马太给出的时间顺序发生的，因而无论内容还是年代都毋庸置疑，然后他又偏偏选用了那些被批判者认为是后来插入的预言性的段落。[102]

　　这一合理的批评，很可能使霍尔茨曼的学生丢失通过教授资格考试的机会。施韦泽当然知道这一点。因此使施韦泽感到相当惊讶的是，只有两张选票反对将他任命为编外讲师，并且正是老师霍尔茨曼极力推荐了他，虽然老师明知他在研究内容上与自己相去甚远。几十年后，当施韦泽在回忆录中写到他的教授资格考试时，比较轻描淡写。他也想把整个事件描述得平滑些——

> 我后来得知，系考试委员会有两个成员对我的论文持有保留态度，他们不赞同我研究历史的方法。他们担心我的观点会让学生们感到困惑。但是他们无法反对支持我的霍尔茨曼教授的权威。[103]

无论如何都可以说，施韦泽的整个考试过程并不顺利，有两位教授不同意他的论文通过。施韦泽后来在自传中提及这件事的同时，也提到了在他第二次专业资格考试中，那位著名的神学院教授弗里德里希·施皮塔的反对意见。那么我们至少可以猜到在教授资格考试中投反对票的两位教授其中一位的身份。[104] 这次考试没有给施韦泽带来一个正规的教师职位。不过他自己其实也没想作为大学教授去追求一种传统的学术生涯，正如他在给海伦妮的信中写的那样。[105] 1902 年 3 月 1 日，施韦泽在斯特拉斯堡神学院发表了就职演讲，陈述了他对《约翰福音》中的逻各斯（道）的研究。[106]

如果说他 1906 年发表的《从赖马鲁斯到韦雷德：耶稣生平研究史》（*Vom Reimarus zu Wrede. Eine Geschichte der Leben-Jesu-Forschung*）以及 1913 年大幅扩充并以《耶稣生平研究史》为题发表的著作有一种持久的功用的话，那么就是：在描述一个多世纪的复杂研究史时，施韦泽能够以极大的专业自信和优雅的语言来展现。以往的所有学者，但凡想在研究中找出一个尽可能"历史客观"的耶稣生平之内核，到最后都是按他们自己的宗教背景构想出了一个耶稣形象。[107] 他们按自己的需要，或是把耶稣描绘成遵守道德黄金律的伦理学家，或是描绘成社会革命家，抑或开明的理性主义者。施韦泽认为任何试图在历史上重构耶稣其人的努力都不可避免要失败。

"耶稣生平研究史"这个标题，证实了施韦泽倾向于将自己的著作自我风格化。在施韦泽那个时代，还没有一个权威的自由派新教诠释家去尝试写一部耶稣生平传记。自由派新教诠释家们相当一致地认为，资料状况如此复杂，重构一种耶稣生平已不可能。[108] 就连施韦泽"持续的末世论"模型，也主要借助了"末世和非末世"之间的尖锐抉择才有一席之地；如恩斯特·特罗尔奇或保罗·维恩勒（Paul Wernle）所展示的那种中介模型（Vermittlungsmodelle），为了自己的立场，也是无法看到的。甚至施韦泽对那些诠释家们的指责——把自己的当前利益投射到了耶稣的形象中，也部分是不客观的。这一指责中隐藏着他想建构一个自己的体系的动机。这一点从他自己宣扬对耶稣生平的重建中就可以得到证明。

施韦泽与其他学者寻找历史上的拿撒勒人耶稣时的不同点在于：他通过把耶稣道德化和个性化，给"天国"这个概念加上了一种现实意义。从本质上说，施韦泽终生都是一个神秘主义者，也就是说，他一直在历史的彼岸寻找着上帝与人的神秘统一。对施韦泽来说，道德伦理的核心，就是要在耶稣的生活和影响与人类的生活之间建立起一种基本的联系。

> 最后的知识，也就是人在普遍存在中理解自己的存在，在本质上可以说是神秘的。这就意味着它不再是基于通常的思维而产生，而是以某种方式经历的。[……]因此，这种彻底的思考总会在某种程度上以某种方式，将人们引向一种活生生的、对所有人的思考来说都是必要的神秘主义。[109]

正是在这个意义上，施韦泽后来也将巴赫的音乐解释为一种神秘主义和"灵魂安抚者"的音乐，巴赫通过音调和和声传达了：人类的灵魂是永恒的。施韦泽认为，神秘主义以一种热爱生活的方式来超越现实的生活世界，对人类中某些有灵性或有实践天分的特别群体是可行的。施韦泽把他的神秘主义理解为一种"道德神秘主义"，它覆盖了所有人，只要人们认识到道德行为是生活的核心。[110] "每个人的心中都自然地住着一个神秘主义者，只是人们通常会让他在自身中枯萎并杀死他。"[111] 施韦泽后来也在使徒保罗那里重新发现了这种形式的神秘主义。保罗早就对上帝在天国的讲话作了一种道德化的阐释。

> 保罗是一个神秘主义者。什么是神秘主义？神秘主义无处不在，只要一个人认为自己已经超越了尘世与非尘世、克服了暂时与永恒之间的分离，并感知到自己仍然处于尘世和暂时之中，进一步准备进入非尘世和永恒的状态。[112] [……] 保罗神秘主义的基本思想是："我在基督那里，体验到自己是一个摆脱了这个肉欲罪恶和易腐烂世界的存在者，因此我也就已经属于祂那个神化的世界。"[113]

在这种神秘主义概念的背景下，施韦泽认为有必要在《耶稣生平研究史》之后，再写一本关于保罗的著作，介绍他是第一个用神秘主义来解释耶稣生平的神学家。施韦泽的《使徒保罗的神秘主义》(*Die Mystik des Apostels Paulus*) 这本著作得到了许多人的认可。施韦泽最初计划把这本书中的内容作为他在 1911 年出版的《保罗研究史》(*Geschichte der Paulinischen Forschung*) 的一个篇章。早在 1906 年，施韦泽就已完成了这本书的草稿。作为私人讲师的施韦泽已经在他的讲课中对这个主题有针对性地进行了研讨，但直到 1927 年他才再次投身于保罗神学的研究。在他于 1930 年完成的那本著作中，施韦泽描述道：使徒保罗是个犹太人，和耶稣一样，他是在期盼上帝天国很快会来临的犹太教环境下长大的。因此，他认为保罗受犹太教关于世界末日理论的影响，要远大于受希腊文化的影响。在施韦泽看来，基督教希腊化的开始主要是在保罗之后，而不是与他同时进行的。[114] 施韦泽将"上帝天国"这个概念从对将临的急切期盼中抽离出来，并给它加上道德的内涵，他把耶稣的侍奉伦理，变为能够为当代所用的一种道德伦理。施韦泽认为，保罗作为第一位基督教神学家，对没有按人们的急切期望如期到来的上帝天国成功地作了新的诠释，即在基督教里，以及通过在基督教里的一种生活，上帝的天国在道德上也能超越时代存在于人类中。保罗的重要功绩在于他使基督教得以普及。他用耶稣同时代人的认知所能理解的方式对此进行了解释；但又决定性地向前迈出了一大步。保罗描绘的那个基督，将成为超越人类自身历史的道德救世主，因为他将永远是存在于人类之中的道德老师——至少施韦泽是这么看的。

> 神秘主义，并不是在耶稣福音之外的陌生事物。［……］在保罗关于与基督同存亡共复活必要性的教导中，耶稣对祂的子民所说的话得到延续，即和祂一起受难，一起死亡，也就是他们只有通过与祂共同失去，才能赢得他们的生活。［……］正是以同样的方式，耶稣福音将永存于保罗的道德伦理中。［……］救赎已通过基督实现——这种思想在保罗的道德伦理那里把对天国的期盼转变为对天国的证明，它脱离了原先对末世论的依赖，与一种确信联结了起来：天国之成就始于基督。用一种在逻辑上唯一可能的方式，保罗把耶稣的伦理转换为一种由祂带来的天国伦

理。这就使得这一伦理完整保留了登山宝训的直接性和感召力。[115]

他的《使徒保罗的神秘主义》比《耶稣生平研究史》更强烈地反映了，神秘主义伦理学家施韦泽是怎样评价自己作为神学家和伦理学家的：他是一个把"追随耶稣"理解为践行耶稣爱的律令的人。正是在这个不是学术伦理，而是实践伦理的意义上，耶稣才能够成为犹太人的犹太人耶稣、希腊人的希腊人耶稣、非洲人的非洲人耶稣。施韦泽对保罗的研究成了他的一个成就。还是在他这本著作发表的同一年，即 1930 年，莱比锡大学神学系就为施韦泽提供了一个《新约》教授的职位。关于莱比锡大学的这个职位，马尔堡的《新约》学者鲁道夫·布尔特曼（Rudolf Bultmann）在给施韦泽的信中写道——

> 您可以想象，鉴于您收到的莱比锡的邀请，我非常好奇您会作出怎样的决定！请接受这个任命！只是如果这样的话，从我的长女安特耶（Antje）的眼光来看，您就将不可能再做其他什么了。她出生于 1918 年，当我写这封信的时候刚好 12 岁。由于受到您对非洲所作描述的强烈影响，她已经决定要进医学院学医，就是为了将来能去刚果帮助您。[116]

相比之下，三十年前，神学世界绝没有向阿尔贝特·施韦泽敞开大门，以致他的著作《从赖马鲁斯到韦雷德：耶稣生平研究史》在他刚开始忙于医学学习的 1906 年发表后，给人的印象似乎是施韦泽想以此结束自己的神学研究。神学界在对他的教授资格论文的第一次审查中，针对其工作的指责，甚至要比施韦泽后来回忆此事时所说的更明确些。在著名的《神学评论》（*Theologischen Rundschau*）1902 年发表的文章中，人们可读到对施韦泽教授资格论文将耶稣作为历史人物进行研究的一种明确批评。[117] 而且这类批评不仅仅是各个神学流派之间常见的斗争。虽然波恩神学评论家海因里希·魏内尔（Heinrich Weinel）对施韦泽在斯特拉斯堡的老师海因里希·尤利乌斯·霍尔茨曼的研究很是赞赏，[118] 但对施韦泽的教授资格论文，却只给出了一个貌似肯定的评判——

64

> 尽管说它的观点几乎全是错的，或说是歪曲和牵强附会的，但这本书仍然向我们展现了它的作者不仅有丰富的想象力和极强的天性，还有智性的天赋。只是他在系统化逻辑方面的天赋，要强于他的历史理解能力。而且，他的逻辑理解力是如此强大，甚至使他丧失了冷静的判断力，丧失了对可能的事件和对可知之事（Wissensmögliche）的观察力。他的这本书是献给 H.J. 霍尔茨曼的。请允许我们希望，这位有天赋的学生能够从他尊敬的老师那里学习到更多的审慎和缜密品格。[119]

面对这样一篇发表在《神学评论》上的评论文章，作为编外讲师的施韦泽必然在 1902 年就已知道，他几乎没有可能得到一份大学的正式教职。同时，即使他在 1902 年通过了教授资格考试，他与神学系的冲突仍在延续。他在给海伦妮·布雷斯劳的信件中就曾明确提到这一点。他在信中写道，从他担任圣托马斯修道院主管开始，他就报告说，神学院试图阻止他为希腊语和希伯来语以外的考试候选人提供神学辅导课程。原因依旧是他的神学立场。"其实毫无必要，系里担心我会对这些学生施加影响，而我在梦里都认为自己是个阿尔萨斯教会的教育者！"[120] 在这样的情况下，施韦泽作出了务实的决定，即作为有教授资格的编外讲师，他将继续在圣托马斯修道院里讲授古典语言。

　　施韦泽用自己的神学观点向神学的专业领域提出了挑战，这不仅危及他教授资格考试的结果，使他失去导师霍尔茨曼的扶持，而且也没有增加他作为神学教授的就业机会。但施韦泽没有为此感到遗憾，而且他从一开始就根本不想成为一位神学教授。他最终决定学医。他原本也只想通过授课来支付学医这个漫长过程的费用。结果，他从事的另一个项目，却被证明不仅颇有成果，而且回报丰厚，那就是他撰写的那本巴赫生平传记。

65

2
拯救整个羊群
——从神学到巴赫再到医学（1905—1912）

> 寓言中的那个人，拯救的不是那个迷途羔羊的灵魂，
> 而是整个羊群。
>
> ——阿尔贝特·施韦泽

是巴赫，还是演奏管风琴？

他拥有的高超的管风琴演奏技巧和关于莱比锡圣托马斯教堂合唱指挥的丰富知识，保障了他以后几年的经济来源，以至于施韦泽后来一再强调是约翰·塞巴斯蒂安·巴赫资助了他在医学系的学习。举办大型音乐会和成功出版巴赫传记，这两个机会是施韦泽在巴黎的管风琴老师夏尔–玛丽·维多尔提供给他的。这位老师当初是由于施韦泽在阿尔萨斯的老师欧根·明希的推荐，接纳了这位来自米尔豪森的高中生为自己大师班的新学生。但也正是这位维多尔老师，在听说了已经30岁的施韦泽要开始学医之后，对他提出了强烈的批评。但究竟是什么让管风琴家施韦泽能够在1903年和1905年间创作了这样一本具有最高音乐学术质量的巴赫传记？按克劳斯·艾达姆（Klaus Eidam）的说法，这本书在"很长时期内〔……〕都被看作巴赫传记文学中划时代的标准著作"。[1]阿道夫·冯·哈纳克认为："这本巴赫传记不仅在历史的意义上，也在音乐

学术的意义上把当时所有已出版的巴赫传记都抛在了身后。"[2]

67 　　这本著作成功的关键在于施韦泽的神学经验。施韦泽把自己理解成一个神学神秘主义者，因此刻意追求上帝和人类灵魂的统一。如施韦泽自己所说，巴赫用他的音乐为听众打通了一条特别的永恒的通道，帮助听众认识真实的自己与他们所处的时代和宗教。正如神秘主义者力求与基督合为一体那样，巴赫音乐的主要意图，就是为他的听众打通一条通往这种合一的道路。基于这些理念，施韦泽在叙述时，并不主要着墨于描述他是一个技术完美的作曲天才或一个"纯粹音乐的圣杯守护者"，而是注重展现他是个"音乐的诗人和画家"。[3] 对巴赫来说，音乐就是他用自己的"音乐语言"来展现存在和宗教经验的途径和方式。

　　但是要想突出这种展现，只有用充满神秘感召力的音乐语言来叙述，重新给予思想一种超越它自身表达力的清晰性和确定性。巴赫是一切伟大音乐家中最伟大的。他的音乐充满了诗情画意。他的音乐主题都来自他对诗歌和绘画的构想。[4]

　　因此可说，巴赫用他的音乐唤醒了已经存在于听众自身中的声音和图像，以一种唯一和独特的方式使它们再次生动起来，并将它们带入生活中。音乐的这种形式的存在，对施韦泽本人来说究竟意味着什么？他终生都热爱着管风琴，而且在他临终的日子里表现得尤为明显。在兰巴雷内，助手们把一个留声机搬进施韦泽临终前的病房内，放着巴赫和贝多芬的音乐。施韦泽所听到的最后一段音乐是贝多芬《第五交响曲》的第二乐章，他临终前最后一句话是："这多么美妙。"[5] 这段音乐对他有一种特别的意味。他在兰巴雷内的最初几年曾与海伦妮四手联弹这段曲子。后来在 1917 年，他因监禁被迫离开兰巴雷内前，在带有踏板的为热带特制的钢琴上最后弹奏的，也是这段曲子。与巴赫相同，对施韦泽来说，音乐的意义不仅在于美感或娱乐，还在于打开了新的视野。因此，他所撰写的关于这位圣托马斯教堂合唱指挥之生平和创作的传记，有一种与以往巴赫传记明显不同的重点。只有施韦泽能如此阐释巴赫作品中的神秘性、伦理学和美感，因为作为神学家和音乐家，他能够真正从音乐、美学以及宗教的角度全面理解和把握巴赫的思想和作品。

68

　　撰写这位大师的真实传记，意味着展现这位大师的生平和德意志艺术的发展，即艺术在他这里的圆满实现和终结，理解艺术在发展中的追求和缺失。这位天才所展现的不是一种单一精神，而是一种整体精神。一个多世纪以

图 7　1893 年，阿尔贝特·施韦泽成为巴黎管风琴家夏尔 - 玛丽·维多尔的硕士生。这张照片摄于 1902 年前后，施韦泽正坐在他最喜爱的乐器旁。

来，几代人都在研究他的著作。面对他的伟大，我们满怀敬意，默默地仰望着他。对熟悉这个时代的历史并知道其终结会带来什么的人而言，这段历史就会变成一段以最终精神（Endgeist）之方式存在的历史；这种最终精神就保持着它原初的样子，直到被人格化为一个具体的人。[6]

施韦泽撰写巴赫传记的最重要的灵感来源是他的法国老师维多尔。1890 年维多尔从塞萨尔·弗兰克（César Franck）那里接手了巴黎音乐学院管风琴班的教职。他在管风琴课中引进了当时在法国还不太知名的巴赫的作品，因而骤然成为法国音乐界的新晋名人。然而，由于巴赫的合唱序曲只能与其文本作为一个整体理解，他需要一名会德语的管风琴学生。施韦泽正好符合此条件，他与维多尔联手解决歌词方面的问题，帮助法国管风琴学生更好地理解巴赫。维多尔就此提议首先搞个较小型的项目，不研究巴赫个人，而是研究巴赫的思想和个性对他理解音乐的影响。

与之前的巴赫研究者不同，施韦泽对巴赫的研究并不局限于他的音乐，还扩展到他的精神和信仰体验的层面。他把巴赫理解成"第五位福音传道者"。[7]但是，施韦泽撰写的这本巴赫传记出乎意料地激起了一股巴赫复兴的浪潮。这是如何做到的？大约在 25 年前，柏林皇家艺术学院（Königliche Akademie der Künste zu Berlin）的音乐史学家和秘书菲利普·施皮塔（1841—1894）已经将自己对巴赫的研究写成一部两卷本的著作。（请注意，此施皮塔非上文提到的那位卡尔·约翰·菲利普·施皮塔。就是后者的赞美诗被施韦泽在第二次神学国家考试中当着心有不满的考试委员会的面评价为"太不重要了"。）当时的人们普遍认为，随着这部两卷本著作的面世，有关巴赫的一切也就讲清楚了。对评论家来说，菲利普·施皮塔的巴赫传记无疑就是"整个 19 世纪最令人印象深刻的音乐史成就"。[8] 而现在,这方面又有了施韦泽的《约翰·塞巴斯蒂安·巴赫——音乐家诗人》(*Jean Sébastian Bach, le musicien-poete*)。[9]

施韦泽很早就通过他的老师欧根·明希接触到了巴赫的作品。曾在柏林音乐学院任职的明希在那里发现了自己对巴赫音乐的痴迷,之后又来到米尔豪森的改革宗教堂——圣斯蒂芬教堂(Stephanskirche)任管风琴师。他很早就让学生施韦泽在由约翰·安德烈亚斯·西尔伯曼(Johann Andreas Silbermann)于 1765 年建造的管风琴上演奏。[10] 这位西尔伯曼大师,后来又成为施韦泽实践管风琴制作技艺的伟大榜样。施韦泽的另一位管风琴领域的榜样是他的外祖父——牧师席林格,一位公认的管风琴演奏家和管风琴建造师。在外祖父任职的教堂里,有一架由西尔伯曼于 1736 年建造的管风琴。相比之下,施韦泽对那些大约于 19 世纪末建造的新管风琴没什么好感。1896 年秋,施韦泽作为神学系的年轻学生,先是第一次观看了拜罗伊特(Bayreuth)的瓦格纳演出,然后在回家的路上,特意绕道去看了斯图加特歌曲大厅(Stuttgarter Liederhalle)的新管风琴。虽然当地的报纸已对这架管风琴作了诸多翔实的报道,但施韦泽在经过仔细观察后得出的结论却是:这种新型的管风琴,无论在音乐上还是在音调上,都没有带来任何的进步。特别是在接下来的那些年里,他比较了许多老式的和新型的管风琴,并且在与管风琴建造师和演奏家交流过后,更确定了自己的这一看法。[11]

相比之下,法国的管风琴传统对施韦泽和他对巴赫的兴趣来说,就像量身裁衣那么合适。这种演奏传统在布雷斯劳的管风琴演奏家阿道夫·弗里德里希·黑塞(Adolf Friedrich Hesse,1809—1863)身上表现得尤为突出。据说,他的风格也影响了施韦泽的老师维多尔。施韦泽一再提及的这位黑塞，是 19 世纪下半叶最著名的管风琴演奏家和作曲家。他在巴黎的演出中对巴赫音乐作品的诠释，成为全法国管风琴演奏家追求的典范。[12] 黑塞在巴黎的公开演出以及他对法国管风琴的偏爱，给施韦泽留下了极其深刻的印象和持久的影响。对施韦泽来说，不是德国那种新造的管风琴，而是保留了西尔伯曼风格的法国老式的管风琴，才能演奏出忠于巴赫原作的管风琴曲子。[13]

施韦泽毫不掩饰自己对西尔伯曼式管风琴的偏爱，一如他也从没掩饰对那个时代流行的管风琴的厌恶——

> 我几乎要晕过去了。直到今天，我仍然不得不目睹人们改造那些原本十分优美的古老管风琴，其原因只是人们觉得它们不再符合当今的概念。人们会一直改造下去，直到原有的那些美感全部消失，或是干脆拆了，然后再花大价钱去买一些工厂制造的粗俗的管风琴！[14]

71　　在施韦泽看来，保存西尔伯曼式的古老管风琴是一件非常重要的事，因为对他而言这才是完美管风琴的原型。斯特拉斯堡圣威廉（St. Wilhelm）教堂在 19 世纪末用一架新的管风琴取代了原有的那架古典风格的管风琴，这引起了施韦泽深深的惊愕。至于圣托马斯教堂的管风琴——施韦泽正是通过它才真正理解了西尔伯曼管风琴美的本质，在当时新管风琴取代旧管风琴的风潮下，施韦泽尽了自己最大努力，在圣托马斯修道院的会议上作了许多论证，终于在 1907 年挽救了它，使它不被废弃。这是施韦泽救下的第一架老管风琴。

作为"研究巴赫的副产品"，施韦泽对管风琴的建造和演奏有自己独特的见解。虽说最初曾遭到一些人的讽刺和嘲笑,但他还是在 1906 年将这些见解写入了《德国和法国管风琴制作艺术与演奏艺术》(*Deutsche und französische Orgelbaukunst und Orgelkunst*)一文中。[15]

这篇文章最初只产生一个效果,那就是有些管风琴制作大师和演奏家甚至中断了与我保持多年的友好情谊,他们之中还有不少人对我冷嘲热讽。有位著名的柏林管风琴演奏家甚至告诉我,我进入疯人院的时机已经成熟。[16]

面对这样的批评施韦泽十分冷静。他说——

我的阿勒曼尼式的(alemannisch)固执,并未让我因此而退缩。我就像是一个在荒漠中发声的传教士,这看起来是有些怪诞。但是真理定会胜利的信念并没有离我而去。[17]

他甚至在保护巴赫和西尔伯曼文化遗产的过程中,遭到"太法国式了"这样怪异的指责。对此,施韦泽澄清说——

在艺术方面,德国和法国的天才们是依靠互相激励而不断进步的。特别是在管风琴艺术领域,我们德国人可以向法国人学习无穷的艺术技巧和形式;法国人也可以通过借鉴德国艺术的精神,保护他们纯粹而完美的艺术形式免于贫乏。通过这两种精神方向的相互渗透和影响,新的艺术将会脱颖而出,老的艺术也会焕然一新。[18]

在 1909 年,施韦泽的这一努力似乎有了一些最初成果:维也纳音乐学院教授吉多·阿德勒(Guido Adler)邀请施韦

72 泽在由他筹备的第三届国际音乐协会大会上作一次有关管风琴制作的演讲。施韦泽接受了这番邀请。为了给自己的演讲作好充分的准备，在经阿德勒同意后，施韦泽用德语和法语起草了一份极其详尽的问卷，分发给全欧洲的管风琴建造者和演奏者，要求他们分别写下从自己的角度看到的管风琴建造上的问题。施韦泽花费了很多时间来处理这些问卷，但从有些问卷中得到的回答，却是他没有预料到的。他从中看到了对自己的侮辱，而不是实事求是的客观回答。有的人指责说，他想"干预管风琴制作的自由"，想把"所有的管风琴都制作得一模一样"；有的人认为，他的专业知识水平还不够对他们指手画脚；也有人认为，他正在威胁他们的经济来源。当然，除了这些令人不快的回答，他还得到了许多积极的反响。施韦泽就此说道——

> 除了一些否定和可疑的回答，还是有很多人能够客观地谈论管风琴制作中的一些问题，并且把管风琴制作中出现的一些争论，看成可取的和合乎愿望的。[19]

第三届国际音乐协会大会于1909年5月如期在维也纳召开。施韦泽在会上作了题为"关于我们的管风琴制作改革——基于对德语和罗曼语国家管风琴制作家和演奏家的一次广泛调查"（Reform unseres Orgelbaus auf Grund einer allgemeinen Umfrage bei Orgelspielern und Orgelbauern in deutschen und romanischen Landern）的演讲。施韦泽演讲中关于古老管风琴有着不可替代的价值的观点，似乎纠正了那些批评者的看法：他的观点和另外两位参与者的发言一道构成了一份"国际管风琴制作规范"的基础，要求在管风琴制作中，"放下对纯技术成就的盲目崇拜，重新回归制作纯正和音色优美的乐器"。[20] 这份管风琴制作规范随后用两种文字印刷，并在整个欧洲发行。施韦泽对这一发展感到非常满意——

> 之后，人们逐渐认识到：真正的管风琴必须将老管风琴的音质美与新管风琴的技术优势结合起来。在我那部关于管风琴制作的著作发表22年后的今天，它原则上已成为公认的管风琴制作改革的纲领。整部著作只是加上了一段叙述当前管风琴制作状况的后记而没作任何修改地按原版再次印刷发行，作为这份制作纲领诞生22年的纪念版。[21]〔……〕
>
> 我写了上百封信，寄给教区主教、大教堂主持、宗教大会主席、市长、牧师、教会管理委员会、教会长老、管风琴建造者和管风琴演奏者〔……〕以争取他们确信：对于美丽的古老管风琴，人们应当加以修缮，而不是用新的工厂制品取代它们〔……〕为此，我发出了无数封信件，经历了无数次旅途，与他们展开了无数次讨论，但徒劳无功，这些当事人还是决定用那些在图纸上看起来非常精致和独特的工厂制品取代旧的管风琴！保护旧的管风琴，真是一场最艰难的斗争。不知要花费多少口舌，才能说动他们放弃购买工厂制品的决定！有些管风琴师，在听说他们看不上眼的古老残旧的管风琴是美的，必须被保护下来之后，就会不相信地嘲笑我，就像人们曾经嘲笑萨拉（Sarah）在近90岁时还宣称自己能生孩子那样！[22]

因致力于保护旧管风琴，施韦泽甚至还遭到一些熟人的嘲讽。最有名的那句话就是："啊哈，他在非洲拯救的是老的黑人，在欧洲是老的管风琴。"[23]

施韦泽的著作《德国和法国管风琴制作艺术与演奏艺术》带来的直接结果是，多特蒙德的圣雷诺迪（St. Reinoldi）教

73

堂和汉堡的圣米迦勒（St. Michaelis）教堂等重要的教堂，现在都按照施韦泽的构想设计了自己有丰富音栓的改良管风琴。

施韦泽与他的老师维多尔一起，不仅向人们介绍怎样理解巴赫这个人，也向人们展示应当如何演奏巴赫的作品。[24] 施韦泽的主要观点是反对用晚期浪漫主义的力度（Dynamik）和装饰（Ausschmückung）来诠释巴赫的作品。他之所以能够从管风琴专家发展成音乐学家，是因为在 1902 年通过了教授资格考试后，想为自己寻找一个新的大项目。在维多尔的支持下，他放弃了原计划的神学教义史研究，转而着手研究巴赫。在继续担任高校教师、牧师和管风琴师的同时，他于 1903—1905 年撰写并完成了这本巴赫传记。虽说他的老师维多尔本人也创作过众多的管风琴曲，但施韦泽对巴赫的合唱序曲的独特理解，还是给他的老师留下了深刻的印象。维多尔在该书的德语版前言中，对此有所叙述——

> 大约是 1899 年的某一天，当我们正要演奏合唱序曲时，我向他坦言："这些曲子中某些段落令我困惑。"［……］"当然，"我的学生回答道，"这些合唱序曲中的一些东西对您来说肯定会有许多不明朗之处，因为这只有通过与曲子相配的歌词才能使人理解。"我指给他看，是哪几段最令我伤脑筋。他凭记忆为我把这段诗一般的歌词翻译成了法语。我顿然明白，所有的困惑烟消云散。在接下来的整个下午，我们把所有的合唱序曲都研究了一遍。虽说他是我的学生，但施韦泽一段段地向我解释歌词。我就此认识了一个新的巴赫；而以前，我对他的音乐其实只有一些模糊的想象。[25]

感叹于施韦泽的诠释能力，维多尔马上提议他为法国管风琴师和巴黎音乐学院学生写一篇介绍巴赫合唱序曲的文章。因为直到那时，法语中仅有一篇关于巴赫的叙述性文章，而不是一篇针对巴赫艺术的议论性文章。在这篇专论巴赫艺术的文章中，施韦泽还特地对"合唱的特性和德国教堂音乐的精髓"作了介绍，[26] 因为他看到法国管风琴师和音乐学院学生"缺乏深入了解巴赫作品精神的足够的知识"。[27] 从维多尔老师的提议中，施韦泽看到了一个机会，即可以把自己作为圣威廉教堂巴赫合唱团管风琴师时的思考和实践经验都写进去。施韦泽后来说，在这个时刻，"[我]已经明白，这篇文章将会成为一本关于巴赫的书。我将充满勇气地追随着自己的命运"。[28] 施韦泽最终能够较为轻易地完成这本关于巴赫的著作，原因也在于他有幸从巴黎一位妇人那里只花 200 马克就买到了巴赫的作品集，这些作品在当时很难得到，也相当昂贵。[29] 施韦泽的成就，不是在于他重新叙述了巴赫的生平，而是在于他特有的对巴赫音乐的新诠释。在施韦泽之前，菲利普·施皮塔曾写过一部关于巴赫的不朽巨著，他在书中把巴赫的艺术定义为一种纯粹的音乐。施韦泽与施皮塔最重要的不同之处就在于，施韦泽从巴赫的音乐和声调中，感受到了巴赫有一种着墨于展现诗情画意的渴望。[30]

如果说，施皮塔撰写的传记主要是展现了巴赫生平中的详细数据和具体事件，并在综合的历史背景下对巴赫作出一种定位；那么施韦泽传记的特色则是在很大程度上不再重述这类纯粹生平式的信息，他只是简单地提及了一下巴赫的生平，以便留出篇幅更详细地介绍他的作品。按音乐的各个领域，施韦泽先是分别讨论了巴赫的管风琴、钢琴、室内乐和管弦乐作品。在接下来的章节中，又讨论了巴赫音乐"如诗如画的特点"，以及巴赫的"语言和声调"，以便读者能够更好地理解巴赫的合唱序曲、康塔塔和受难曲、赞美诗、叙事曲、清唱剧和弥撒曲。最后，施韦泽又回到康塔塔和弥撒曲，对这两者的演奏进行了讨论。施皮塔也曾在自己的研究中对巴赫的音乐作过诠释，甚至比施韦泽的更出色些。他们两人对巴赫研究的区别主要在于不同的研究途径和方法。施韦泽得出的结论是，以往施皮塔对巴赫音乐特性的解读是不充分的——

> 我的目的，完全不是想增补一些关于巴赫及其时代的新的历史资料。身为一个音乐家，我想以一个巴赫专家的身份来谈论他的音乐。先前对巴赫的研究很欠缺对巴赫音乐本质特性的诠释和在演奏中对此特性的再现，这应当成为我撰写巴赫传记的主要内容。与此相应的，这本书对巴赫的生平和历史只是点到为止，不再详细叙述和评论。[31]

有了这样的意图之后，施韦泽认为他首先有必要帮助人们更多地了解巴赫的康塔塔。康塔塔是最能体现巴赫才华的体裁，但在 19 世纪却越来越被人所忽视。按照施韦泽的理解，只有从美和宗教的角度，才能赢得对巴赫的新理解。因而，他的目的是，"引导并鼓励音乐爱好者们自己去思考巴赫艺术作品的本质特性和精神，激发他们以自己最好的方式去演奏它们"。[32]基于这一目的，施韦泽在书中着墨说明，巴赫会从一段文字，也经常会从一幅图画中得到启发，然后再把它们表现在他谱的曲中。

当时的音乐界有两种不同流派的音乐追随者：一边主张追随"纯粹音乐"，另一边则主张追随"如画般的音乐"，施韦泽属于追随"如画般的音乐"这一边。[33]因此，施韦泽在巴赫的合唱序曲、康塔塔和受难曲中，看到了无数有着诗情画意特征的构想和主题——

雾正在腾起，狂风咆哮，大江大河汹涌奔腾，湖面上波涛澎湃，落叶正在从树上掉下，丧钟在哀诉，信仰坚定的信徒迈着坚定的脚步向前行走，弱者在艰难中挣扎，傲者将变得谦卑，撒旦反叛，天使在天空的云中摇曳：人们在巴赫音乐中听到和看到的就是这一切。[34]

施韦泽没有局限于从学术的角度阐释巴赫的曲子，他也给出了实用性的指导，比如怎样用乐器诠释巴赫的管风琴和钢琴作品。时机似乎站在了他这一边。施韦泽反对对巴赫作品作一种主观现代的解读，甚至嘲笑在他那个时代占主导地位的圣托马斯教堂合唱团指挥的晚期浪漫主义解释。如此，施韦泽的批判引发了一场以巴赫音乐的象征为核心的学术讨论："人们认识到巴赫与他那个时代的路德宗有着深厚的渊源，并就此展开了对巴赫音乐语言象征性意义的进一步研究。"[35] 但这对施韦泽来说还不够。他认为巴赫的作品如同真正崇高的宗教表述那样，不只是属于某个教会或某个流派的宗教意识，而是应当属于整个人类的宗教意识。正是基于这一点，施韦泽勾画出了巴赫的神秘主义诉求，并且任何一个教会都无法垄断他的这一诉求。

无疑，每个教堂都是一个神圣的地点。但每个演奏康塔塔的空间，也会因演奏神圣音乐而转变成一个宗教崇拜的地点。[36] 演奏康塔塔，就是把听众引入一种"沉思和虔诚"（Einkehr und Andacht）的境界，从而使人们不必再诉诸礼拜或教会的形式。施韦泽认识到，人们不关注巴赫音乐这些特性的一个主要理由是认为巴赫的作品是为教堂创作的，因而已不再符合 19 世纪末的时代精神了。此时，公众的音乐兴趣已转向歌剧。因而，施韦泽力图在传记中尽量强调巴赫音乐的伦理和神秘意义，并试图把他的音乐从作为纯粹的教堂音乐和以教堂为唯一演奏空间的紧密关系中解放出来。

对施韦泽来说，撰写巴赫传记的工作绝不是一份副业。从1903年至1904年，他的大部分工作时间都绑定在这件事情上，这可以从他写给海伦妮的信件中看得很清楚。

> 1904年3月25日
> 凌晨2点。已经是深夜了。我审核并修订了巴赫传记一书的一半章节。[37]

> 1904年5月29日
> 我不停地誊抄巴赫传记。已抄完近200页了。计划在这个周末运往巴黎。如果我全部完成了这些，那真是太好了。这样，我就能全身心地投入关于最后的晚餐的第三本书了。[38]

> 1904年7月13［11］日
> 巴赫传记誊抄完毕的100页已经到达巴黎。有人在帮助我与出版社交涉。［……］我有些累，因为通读稿件是一件很费力的事，但我还是感到很幸运。6个星期后，书稿将全部交给印刷厂印刷。[39]

> 1905年4月10日
> 一切都完美就绪了！我的这本巴赫传记已经完结。我可怜的头脑可以开始好好休息了。30岁的我，却感觉又像是在18岁那样了。[40]

传记完成后，施韦泽向古斯塔夫·冯·吕普克（Gustav von Lüpke）坦言，为了让在巴黎的朋友感到高兴，他忽视了许多其他职业上的工作，主要是在夜间写这本书的。[41]1905年，该书的法语版发行；1908年，在经过施韦泽一番详细的修改和扩写之后，比法语版厚一倍的德语版发行。德语版是两卷本，并且——

> 医学研究、讲座准备工作、布道和巡回演出使我不得不中断这件事，甚至我经常不得不整个星期放下它。[42]

当施韦泽完成了他的《耶稣生平研究史》后，在海伦妮和出版社的催促下，1906年夏末，他又开始巴赫传记德语版的翻译工作。但他很快意识到，他不能仅仅把法语版的巴赫传记翻译成德语。他就此决定，"这本德语版的巴赫传记，最好还应增加许多新内容"。如果说，这本书的法语版已有455页之多，那么，该书德语版将"有令出版商十分吃惊并且叫苦不迭的844页"。[43]比法语版更成功的德语版的发行，不仅帮助施韦泽摆脱了财务上的烦恼，而且在1911年又促成了两卷本的英语版的发行。

之所以极大地扩展德语版图书的内容，是因为施韦泽认为相比法语，自己更熟悉德语书面文字。没有人能够把两种语言说得同样好。[44]关于他与法语和德语的关系，施韦泽的描述如下——

> 对于两种语言之间的区别，我的感觉是：在法语中，我就像是在一个美丽公园里修缮良好的小径上行走；但在德语中，我更像是在一个无比美妙的森林中漫游。德语保留了与各地方言的联系，新的生命力会源源不断地从方言流向德语书面语。法语与各地方言已经没有了这种联系，因而也就不再接地气。[……]从法语中，我习惯了注意

79

句子的节律，尽量表述得简明扼要，这也成为我使用德语
时的内在需要。通过撰写法语版的巴赫传记，我明白了什
么是符合我的天性的写作方式。[45]

德语版巴赫传记的最初几行字，是施韦泽在 1906 年夏写
下的。当时，他正在德国 19 世纪的音乐圣地——拜罗伊特观
看《特里斯坦》(*Tristan*)。

几个星期以来，我一直在试图下笔，可总是以徒劳
告终。但是在那个晚上，当我看完演出，走下节日剧院的
山丘，兴高采烈地回到住处后，我突然成功了。楼下啤酒
馆的那一阵阵嘶哑叫喊声，传到我沉闷的房间里。可偏偏
在这时，我突然开始有了写作的激情，直到太阳升起后很
久，才停下来。从那时起，我总是为这项工作感到高兴，
以至于我能够在两年内完成它。[46]

施韦泽的巴赫传记始终都能收到读者们非常积极的回应，
这主要是因为，如他自信而坦诚地讲的那样，他对时代精神有
一种敏锐的感知——

我对巴赫音乐精髓的解释以及对其适当的呈现方式的
解释，之所以能够得到认可，是因为它出现在一个正确的
时间里。通过研究在 19 世纪末完整出版的巴赫全集，音
乐家们已经意识到，巴赫与其他的那些学院式古典音乐的
代表有所不同。与此同时，他们也感觉到以前演奏巴赫作
品的传统方式是错误的，因而已在开始寻找符合巴赫音乐
特性的演奏风格。只是他们的这种新的认知还没有成形，
更没有形成相应的理论论述。正是在这样的情况下，我的

这本传记中第一次阐述和论证的一些观点，其实是那些研究巴赫的音乐家们早就在思考的问题。这使我赢得了许多朋友。[47]

1905 年，也就是他的巴赫传记法文版发行的那一年，施韦泽同时证明了自己是一个音乐家圈子里的"社交能手"。他在海德堡的一次巴赫作品的演出中，结识了彼时恰恰也在海德堡的科西玛·瓦格纳和她的孩子西格弗里德（Siegfried）和埃娃（Eva），此后便经常去拜罗伊特的瓦格纳"疯狂和平"（Wahnfried）别墅做客。虽然理查德·瓦格纳（Richard Wagner）的作品有着与巴赫不同的风格，但施韦泽依旧十分崇拜这位诗人、作曲家的音乐。施韦泽认为，虽然瓦格纳和巴赫都是音乐诗人和画家，但他们的不同之处在于：瓦格纳是把自己的画面、情感和诗意联想传递给听众并感染他们；而巴赫则是让他的听众自己构想和发展他音乐中的画面、颜色和诗意联想。

瓦格纳一家人此后没有中断过与施韦泽的联系。一段时间后，因科西玛与女儿埃娃一起在斯特拉斯堡有一次访问，她与施韦泽便借此机会再次见面。当时科西玛请求当地著名的教会史学家约翰内斯·菲克尔（Johannes Ficker）为她安排了一名艺术史学生作为城市向导。施韦泽得知后就问科西玛，是否也允许他参加这次城市漫游。通过这次了解艺术史的活动，科西玛与施韦泽相互间也有了更进一步的认识。施韦泽对巴赫的研究给科西玛留下了深刻的印象。[48]瓦格纳家族以及施韦泽的许多其他读者特别欣赏他的一点是：施韦泽不仅对巴赫和他的作品作了评论，而且从思想史和神学的角度，对巴赫作了全新的定位。而从施韦泽单方面来说，他对科西玛和西格弗里德·瓦格纳的兴趣，来源于他在学生时代就已有的对理查德·瓦格纳音乐的崇拜——

    我对巴赫的崇拜与对瓦格纳的崇拜是相伴相随的。16 岁时，我作为米尔豪森的一名中学生，第一次被允许进入歌剧院，就是为了去听理查德·瓦格纳的《唐怀瑟》（*Tannhäuser*）。他的音乐完全征服了我，我沉醉其中不能自拔。以至于好几天后我才又能在学校注意认真听讲。由奥托·洛泽（Otto Lohse）任管弦乐指挥的斯特拉斯堡歌剧是很出色的。此后我有机会观看和彻底了解了瓦格纳的全部作品；当然，《帕西法尔》（*Parsifal*）除外，这部歌剧那时只被允许在拜罗伊特上演。我最棒的一次经历，可以说是观看瓦格纳的四联剧（Tetralogie），这部剧于1896 年在拜罗伊特重新上演时，我也在场。这是这部四联剧在 1876 年首次上演后，时隔 20 年后的第一次重新上演，这是令人难忘的。巴黎的朋友们送给了我这张票。为了能够支付旅途的费用，我只能通过每天只吃一顿饭来省下这笔钱。[49]

81   阿尔贝特·施韦泽和科西玛·瓦格纳，在之后的许多年里也依然保持着联系。施韦泽在他的自传《我的生平和思想》一书中叙述了在第一次世界大战结束后，他是怎样帮助科西玛的——

    在停战以及其后的两年中，我成为莱茵河大桥海关官员眼里的一位知名人物，因为我经常身背一袋食物徒步去凯尔（Kehl），为那里正在挨饿的德国朋友送上一些吃的东西，更是为了照顾科西玛·瓦格纳女士［……］[50]

直到 20 世纪 50 年代，施韦泽仍与理查德·瓦格纳的后代保持着密切友好的书信往来。关于西格弗里德·瓦格纳，施韦泽在给他儿子沃尔夫冈·瓦格纳的信中写道——

> 您的父亲和我，我们彼此友好相爱。他是我最怀念的人之一。但我相信，我们彼此几乎没有写过信。如果我们相遇在一起，会很享受这种机会。其他的时间，我们彼此思念就足够了。[51]

对施韦泽来说，无论是巴赫的作品还是瓦格纳的作品，都是如诗如画的音乐，只是两位大师的表现方式截然不同而已。在音乐中，语言成为一种象征。因此，音乐家在诗人和画家的角色间不断地移动。他们中一个是瓦格纳，另一个是巴赫。

> 他［巴赫］是绘画音乐的最坚定代表，而瓦格纳正是另一面。他们两人代表这种音乐象征语言的两极，一切有描述特性的音乐，都只是在这两极之间移动。[52]

按瓦格纳所说，音乐首先要有诗的特性，也就是要将文字与声调结合起来。施韦泽对音乐的理解，就是建立在瓦格纳的这一理论基础上的。施韦泽在关于巴赫音乐的讲课中，总是会一再提到瓦格纳的音乐和他的理论。这就可以清楚看到：瓦格纳的音乐怎样强烈地影响着施韦泽本人以及他对巴赫音乐的诠释。

尽管施韦泽很早就喜爱上了瓦格纳的音乐，并且可以毫不夸张地说，他是一个"瓦格纳专家和崇拜者"，[53] 但施韦泽不仅在音乐上，而且在情感上更倾向于与约翰·塞巴斯蒂安·巴赫的联结。在《音乐》（*Die Musik*）这份德国杂志的调查问卷

82

中，施韦泽坦言——

> 巴赫对我意味着什么？他是一个灵魂抚慰者。他让我相信：无论是在艺术上还是在生活中，真正真实的东西都是不会被忽视和压抑的，只要时机成熟，它不需要人的帮助就能够通过自己的力量维护自己。为了生活，我们需要这一信念。因此，巴赫能在自己的一种狭小生活关系中，不知疲倦和沮丧，没有大喊世界应当知道他的作品，没有做任何事情来维护自己作品的未来，他唯一努力做的，就是用音乐刻画真实。因此，他的作品是如此伟大，而他也如他的作品那样伟大。他的作品在向我们宣讲：安静！积聚力量！对我们来说，巴赫这个人将永远是个秘密，除了他的音乐，我们对他的思想和情感一无所知。如此，他也就不会遭到学者和心理学家的亵渎。这真是无比美妙！他曾经是个怎样的人？他经历过什么？这些都只是在他的音乐中有所叙述。[……]他的音乐是一种难以理解的真实现象，如同这个世界一般。他没有为内容寻找形式，而是让这两者共同出现。他像造物主一样创作。每一首赋格曲都是一个世界。他的作品就是真理。人们想要理解他，不需要受过教育，不需要专业知识，只需要一个未被扭曲的对真实的感知。谁被他抓住了心灵，谁就只能在艺术中理解真实。[……]这独一无二的伟大精神暴力般的不公正之处，就是它毫不留情，没给出任何预警，就摧毁了那些小而平庸的音乐遗产，只让伟大的留存了下来。但这就是生命的正义，是无情的真实生活的公正。[54]

在施韦泽第一次动身去兰巴雷内之前，他开始与老师维多尔共同编辑一部巴赫管风琴作品全集，并为所有作品附加了演奏和诠释指南。这是美国出版家鲁道夫·恩斯特·席尔默（Rudolph Ernst Schirmer）向维多尔请求的。[55] 由于维多尔在1937年去世时，曲集还没有全部在美国出版，施韦泽需要一位新的合作者来完成这本书。施韦泽找了他的朋友，也是他的学生，爱德华·尼斯-贝格尔（Edouard Nies-Berger）。[56] 1905年，还是学生的塞萨尔·弗兰克、古斯塔夫·布雷特（Gustave Bret）在巴黎成立了一个巴赫协会。施韦泽从一开始就是这个协会"最热心的成员"。[57] 这个巴赫协会在欧洲各地演出巴赫的作品，施韦泽作为管风琴家参与其中，直到1913年。这就解释了，他为什么在学医期间会有定期的巡回音乐会。[58] 就连他参加医学国家考试的费用，也是他在慕尼黑1911年音乐节上用管风琴诠释和演奏维多尔的《神圣交响曲》（*Symphonia Sacra*）挣来的。[59] 当然，他在完成了巴赫传记以后，便又全力以赴地投入医学学习了。

决定学医的心路历程

据施韦泽自己的描述，他从巴赫传记撰写者到人类医学系学生的过渡，似乎是一种惊人的无缝衔接。施韦泽在担任了几年编外神学讲师后，又产生了学医的动机。根据他本人所说以及从他的生平传记来看，这一动机可以追溯到1896年他心中突然冒出的一个意愿：在30岁之前，把自己的人生奉献给艺术和科学；在30岁之后，则投身于一种具体的为人类服务的事业。[60] 回过头看，他在1905年选择学医正是践行了这一意愿。[61] 施韦泽在写给音乐系主任古斯塔夫·冯·吕普克的信中说，他是在成功完成医科大学预科考试后的这一天，才正式作出学医决定的：1905年1月14日，施韦泽通过了这一考试，这是令他难忘的一天。当时的他，其实还在撰写《耶稣生平研究史》；但他已经决定去学医，放弃从事大学神学讲师的职业。他也把这个决定告诉了其他神学家。[62] 记者哈拉德·斯特凡（Harald Steffahn）在他撰写的施韦泽传记中表示，施韦泽决定学医和去非洲工作，是他的"生活历程中［……］一种平静的决定"，是符合逻辑和前后一致的，"就像是在选择听哪门讲座一样"。[63]

但事实上，施韦泽的这一决定并不像斯特凡说的那么前后一致，在施韦泽写给未来的妻子海伦妮·布雷斯劳的信件中，就可以看出这一点。[64] 其实，倒是海伦妮在施韦泽作出这一决定的一年前就已经成为护士，全身心地投入医疗工作了。而此时的阿尔贝特·施韦泽正打算照原本的计划收养孤儿，只是由于遭到地方管理部门的反对而未能实施。"通过神学教授资格考试—放弃作为神学教授这一稳定的学术生涯—开始学医—前往兰巴雷内"，人生并不是按着这样清楚明确的顺序发展的。从施韦泽给人的印象来看，有关学医的决定是在他人生的一个可以确认的时间点上作出的一个决定，这可以直接追溯到他在1896年对自己未来的构想和1904年刚果传教士团对他的召唤。许多撰写施韦泽生平传记的作家，如鲍里斯·M.诺西克（Boris M. Nossik），都不加批判地接受了他的这一说法。连诺西克也认为，长远改变了施韦泽人生道路的这一决定是他非常冷静地作出的一个独特决定，且它"对于一个拘泥于'传统思维'的人来说，肯定是不易理解的"。[65]

但事实却是，对施韦泽来说，去当医生这一决定是有过一番持久的内心挣扎的。这一挣扎过程，也就是从1902年到1905年这段日子，是他自我发现和定位的时期。他在1902年3月通过神学教授资格考试后，曾作为编外讲师就职于大学神学系，举办有关福音书和保罗的讲座。此后，又作为圣尼古拉教堂的布道者，履行他的牧师职责。甚至在1902年，除了担任讲师，他还担任了圣托马斯修道院下属的威廉学院（Collegium Wilhelmitanum）的主管，专门负责帮助神学系学生准备国家考试。有张拍于1904年的照片显示，施韦泽在他负责辅导的学生的簇拥下，很是开朗。另外，自1902年开始，他还致力于为巴黎音乐学院的学生撰写有关巴赫艺术本质的文章。

85

大学教师、助理牧师、学院院长、巴赫传记，这一切都意味着极大的工作量。即使是对施韦泽这样极有天分和对工作极投入的人来说，也是不容易的，所以他也就很少有余力再从事些别的什么事情，更不要说需要大量精力和时间的医学学习了。因此，有些人认为，施韦泽是个有超人力量的天才，特别是他在1905年开始第三次上大学读博士之后。[66] 关于所谓天才的这一说法，斯特拉斯堡历史学家弗里德里希·迈内克（Friedrich Meinecke）在他1943年的回忆录中写道——

图8 1904年，施韦泽与他的大学学生。

我不想滥用"天才"［……］这个词，但我必须用它来形容当时少数几个老阿尔萨斯人中的一位最年轻的斯特拉斯堡大学讲师。我在谈话室第一次见到他时，他那迷人的形象立马就留在了我的脑子里：光彩的容颜、自信的举动。有人事先告诉过我，他是神学系的一位编外讲师，但系里的教授们不怎么善待他，因为他的思想有些不安分。他不仅开展早期基督教的专业研究，而且还把注意力放在另外两件事上：演奏管风琴以及撰写一本关于巴赫的著作。我的妻子和我怀着感激的心情听了他在码头区（Schiffleutstaden）街边威廉小教堂里的管风琴演奏。那里有一帮年轻人极为崇拜他，对他赞不绝口。但即使在那里，当他们听说他放下神学开始第三次大学学习，只是为了有朝一日能够作为一个医生去非洲帮助黑人时，也有人感到不解。这就是阿尔贝特·施韦泽。今天，人们都怀着崇敬的心情来称呼他的名字。他的名字象征着一个人在自己生命中最高的道德牺牲，也涉及西方道德最深层的问题。[67]

事实上，从 1902 年到 1905 年，尤其是在 1905 年 10 月，阿尔贝特·施韦泽作为一名医学系的学生，一再显示了极高的学习效率。他能够以最省时的方式快速完成自己所承担的圣托马斯修道院的全部职责和义务，当然这也与他在空间距离上的优势有关，因为他的学生宿舍和图书馆就在这个修道院里面。作为圣尼古拉教堂的牧师，他只需每周日进行一次布道。至于他负责的坚信礼课，也只是在学校假期以外的时间教授他人。他所具有的另一个有利条件是，他那些学生活动大多都在邻近之处，他几乎不必花费什么时间赶来赶去。

他就住在圣尼古拉教堂和医学系所在街道河对面的圣托马斯修道院里，那里最初是免租金的，因为他承担了辅导学生神学课的职责，但这并不是一份全职工作。作为一个编外讲师，他每学期的授课义务不会多于一周三个学时。当然，他作为新任大学讲师，特别是为举办关于保罗神学研究的讲座，还是要花许多时间工作的。[68] 尽管这样，他还仍有时间空余出来。1903 年至1904 年，他利用这些空余时间撰写巴赫传记，举办了多场管风琴演出。[69] 1906 年，他不再担任修道院主管后，管风琴演出和对巴赫的研究成为支持他学习医学的收入来源。他同时从事多份工作，但这些工作又都不是要求他整天在场的"挣面包职业"。

在 1902 年和 1905 年 10 月之间，施韦泽对如何贯彻自己 1896 年冒出的学医意愿，进行了许多思考。他比较详细地陈述了自己选择医学的动机：不是为了找一份学术性的办公室工作，而是一种直接为人类服务的事业；并且是作为一个医生，以便"不必讲话就能达到服务他人的目的"。[70] 独立、行动、不讲空话，医学的这些特点恰恰对这位"语言大师"有相当大的吸引力。当施韦泽看到刚果传教士在《福音传教杂志》(*Journal des Missions Evangéliques*) 上刊登的一篇寻找医生的文章时，与其说它像《我的生平和思想》给人的感觉那样，是一个惊人的瞬间，毋宁说它像一块打火石，点燃了一个酝酿已久的计划："我现在想要付诸实践的计划，其实在我心中已经酝酿很久了。它的最初设想可以追溯到我的学生时代。"[71] 施韦泽再次叙述了当时想把这一意愿付诸实践的情景——

> 1904 年秋的一天早晨，我在圣托马斯修道院属于我的那张办公桌上，看到一个绿色的小册子，巴黎传教士协会每月都在其中报告其活动情况。[……] 有一篇名为《刚果传教士团急需什么》(*Les besoins de la Mission du Congo*) 的文章吸引了我的注意力。文章 [……] 抱

怨说，传教士团缺乏去刚果殖民地北部的加蓬省传教的人员。［……］文章的结论是："有愿意听从召唤的人说：'上帝！我正在前往那里的路上。'教会需要的正是这样的人。"读完这篇文章后，我平静地继续着我的工作。但我所寻找的直接为人类服务的方法已经有了结果。[72]

这番描述读起来就像是一篇皈信剖白，在当时所有传教士的生活中几乎都能发现这么一个明确心志的过程。[73] 人们通常会清楚记得出现这么一个事件或宗教体验的日子，从这个时刻起，他的人生道路就会受到决定性影响，永远念念不忘。施韦泽在这里陈述的这个事件，也似乎是他人生的一个转折点，就像是上帝对他的指引；如果没有它，他可能就不会作为医生前往非洲。但是，请允许我们假设，施韦泽作为一位有才能的计划者，不会仅仅在偶然读到一篇传教士杂志的文章后就匆匆作出学医这个严肃且重要的决定。他在 1904 年秋天读到这篇文章后，直到 1905 年 10 月才开始他临床预科的第一个学期，这已经证实了我们的假设。

作出学医决定后，他首先要做的，是赶快结束已经接下但还未完成的那些项目。1905 年早春，施韦泽完成了巴赫传记。1905 年 5 月，他又开始计划在 1906 年春结束他担任的圣托马斯修道院主管的职务，这是一份在经济上曾对他很有帮助的工作。在施韦泽写给他未来妻子海伦妮·布雷斯劳的信件中，我们可以清楚地看到，施韦泽在 1896 年作出的那个似乎极为令人信服的决定——在 30 岁以后献身于为人类服务，其实还并不是很明确。因为在这期间，他曾经认真考虑，要把自己的一生奉献给修道院主管、牧师和培养阿尔萨斯教区神职人员的神学讲师等工作。关于自己的这个计划，他在开始医学学习的几个月前曾评论说——

成为阿尔萨斯教区的教育家，曾是我的梦想！现在我要一点点放弃这个梦想了。这种感觉就像安置在船台上的一艘船，因为人们正在一个接一个松开固定船体龙骨的螺栓而有些轻微的颤动，我知道，当所有的螺栓都取下后，我不会跌倒，而是会轻松自由地滑入大海。[……]有时，我也会觉得这件事很紧急。但我的内心却是如此平静。我甚至想不起来，什么时候有过如此平静的心态。几个星期前，克尼特尔牧师和我说：如果您再留下一年，人们就会一致同意提名您为我的后继者；这样的话，几年后，您就是圣托马斯教堂教士会成员。我知道他这么说是为了我好，这令我感动。但是，哦，这简直将毁了我！如果我成了圣托马斯教堂教士会成员、修道院委员会成员……我将会窒息。[……]当然——如果我有这样的打算，该多好！但其他人一定会挫败我的这类计划。[74]

89

从这些写给海伦妮·布雷斯劳的文字中，我们可以清楚看到三点。第一，在1896年以后的很长时间里，施韦泽仍在考虑从事一种正规的神学与教会职业。第二，就连与施韦泽关系较为亲近的人，如这里既是施韦泽父亲的朋友也是施韦泽导师的克尼特尔，也不会认为他想从事学术，而是认为他会走上一种教会的职业生涯，否则也就不会认真地推荐施韦泽接替自己的职位。第三，很明显，1905年，施韦泽学医的决定得到了具体实施，这标志着施韦泽人生历程中一个真正的转折点。早在1903年3月，施韦泽就提到自己当选为圣托马斯修道院主管："这是我人生的一个重大转折点，也是我的义务。"尽管他在大学神学系的一些反对者更愿意相信，这位令人不舒服的自由主义的编外讲师被"以这种方式作了冷处理"。[75]两年后，他作出的学医决定，就像是要把自己从日益沉重的学术—教会环境中解放出来。他写给海伦妮·布雷斯劳的一封信为我们研究他作出这一决定的心路历程提供了更深层次的视角:"[……]此前,我还没有看到这条路。现在,我从容和微笑着……走向生活,就像它要求我的那样。"[76] 施韦泽在通过他的教授资格考试的那一天,就知道自己不会很快成为一位神学教授;而且在1903年以后,他也不再去努力争取这个职位——

> 我觉得,我的整个人生似乎就是一场大梦,我周围的人不再理解我了;[……]他们更不理解的是,我为什么不去为自己争取一个教授职位,走上一种学术生涯!不!我只想"生活",只想过我自己的生活——您理解我! [77]

90 施韦泽后来回忆说,这些文字是写给"忠实的同伴"——未来的妻子海伦妮·布雷斯劳的。她可能是在这个时间点上唯一知道施韦泽计划去非洲的人。其实,施韦泽原本的计划是收养孤儿,1904年他才开始把自己的注意力转向非洲的传教士团。为此,他在1905年决定学医,以便在为偏僻处的传教士站工作时,掌握一些必要的基本医护知识。施韦泽真正决定作为一名正式的医生去非洲的意愿,是后来才成熟的。从他写于1905年的一封信件中,我们可以得知:施韦泽最初并没有考虑开展一种长达数年的完整的医学学习。他最初只是计划在1906年3月辞去修道院主管职位,而且这也是为了他能够在同年9月结束对教会史的研究。接着是——

> 我想我还要用6个月的时间,来学习一些传教必备的普通常识,尤其是可以开展医护工作方面的。我在这方面有一些很有利的关系。我有一些来自医学系的同事,他们是我的好朋友。他们很乐意我进入他们的医院,向我传授

一些我需要的基本知识。我将在 1905 年冬季开始这项学习。您是否也认为，医学知识无论如何都是必要的？我们到 1907 年春，再看看情况发展得怎么样吧。[78]

从中我们可以看到，在这个时间点上，施韦泽还只是计划用三个学期的时间来学习一些医学知识。他是想以传教士的身份，而不是以医生的身份，为非洲提供一些医护方面的帮助。更值得我们关注的是，与上述这一事实不符，施韦泽在他的自传《我的生平和思想》中说到，他在 1905 年 10 月 13 日将多封信件投进了地处巴黎军械库大道（Avenue de la Grande Armee）的一个邮箱——

> 在那些信件中，我告诉我的父母和一些最亲近的熟人，我将从 1905 年冬季开始，成为医学院的一名学生，然后再去赤道非洲当医生。[79]

在这里，我们可以看到，施韦泽的回忆抹平了他决定学医和去非洲的心路历程的曲折以及由此带来的冲突。他确实给一些亲戚和朋友写了信，但与他的回忆不同，他并没有给父母写信，因为他知道，他的母亲不太会理解儿子的这个决定。他想当面向父母作些解释。[80] 但是，这个打算落空了。他的父母在他从巴黎回来之前，就已经得知了他的学医计划。也许是某个别的收信人把消息传到了他父母那里。无论如何，由蕾娜·施韦泽·米勒（Rhena Schweitzer Miller）继承的施韦泽日记中有着这样的记录：施韦泽从巴黎回来后去看望他的父母，并告诉他们自己决定学医。父母二人都不满意儿子的这一决定。如施韦泽事先预感到的那样，他的父母，尤其是他的母亲，实在无法接受儿子要放弃神学职业生涯这一事实。

91

在这样的背景下，施韦泽于 1905 年 7 月 9 日写给巴黎传教士协会表达愿意正式参加传教工作的一封信，倒是能够提供许多相关信息。在正式文本和关于他的传记中，施韦泽往往显得比在私人通信中冷静些。在这封写给传教士协会的信中，他表示愿意为传教士协会去刚果工作，"因为这项使命特别吸引我"。他写道："我还计划在今年年中参加一个牧师培训班。"这可以作为他真心参加传教的一个重要证据。"希望能够成为传教士团中的一员"，他内心的这一愿望一年年增强。"我觉得，为了与巴黎传教士协会的兄弟一起工作，我愿意贡献一切。我有能力做到。"[81] 施韦泽进一步确认说——如他早先就对海伦妮说过的那样——没有科学，没有艺术，没有知识分子的自以为是，他也能生活得很好。这封信值得特别关注的点在于，施韦泽第一次在一份正式的申请书中，写下了彻底改变他人生道路的这个学医决定的真正动机。施韦泽表示，他不打算完整读完医学，只是根据任务的需要，想作为传教士，也作为一个医护人员（如传教士团所希望的）参加去非洲的传教。他还解释了直到如今还不结婚的原因，并且表明如果他去非洲的这一计划失败，他的理想职业是牧师，而不是大学教师——

> 我想参加传教的计划，并不是昨天才有的。我经常梦到，我把我的钱送给了一位小黑人。在完成了我的神学和哲学学业之后，我也曾致力于授课和培训牧师。但在我的内心深处，我已经在想着，我将不会永远做教学主管和神学院研讨课主持。我从事现在这份工作已有两年，工作合同将于 1910 年到期。[……]我是一个完全独立的人。我的父母尚在世，父亲是上莱茵河明斯特附近京斯巴赫的牧师。我有两个姐妹已经结婚，婚姻幸福；另有一个妹妹仍

住在我父母家。有一个弟弟，他将成为一名工程师。我很
健康，几乎从不生病，也不喝酒。我还没有结婚，就是为
了保持自由之身，加入传教服务；不必被迫违背自己的信
念，来改变我的计划。如果我能忍受那边的气候，我才会
考虑结婚。在此之前，我不想把一位女士的命运与我的命
运绑定在一起，只有这样我才能够自由地全身心地投入为
上帝服务的工作。如果我恰巧不能适应那边的气候或是努
力工作导致身残体弱的话，我也不会成为传教士团的负
担。不管怎样，我还是能够回到我原先的牧师职位上的，
那里会张开双臂欢迎我。我们神职人员委员会的主席库尔
提乌斯先生是我的密友，他经常来听我的布道。也许，您
已经在报纸上看到了我的名字，或是读了最近一期的杂
志，因为近来有许多对我撰写的巴赫传记进行评论的文
章。这本传记出版于 1905 年 2 月。[……] 这本书给我带
来了 700 法郎的盈利。考虑到传教士团要承担一笔很高的
旅途费用，我已经把这 700 法郎存了起来，准备作为我前
往刚果的费用。这样就可以减轻传教士团的负担。[……]
我很自豪，在年仅 27 岁时，就作为讲师举办了第一场讲
座。但是，这些并没有满足我内心的渴求。我变得越来越
单纯，甚至有些幼稚，并且越来越清楚地认识到，唯一的
真理和唯一的幸福，就是在我们的主——耶稣基督需要我
们的时候为祂服务。[……] 所以，我请求您接纳我。我
的意愿是去刚果，因为那里的传教工作特别吸引我。但是
如果您需要我去别的地方，我愿意听从吩咐。我目前的计
划是：[……] 我将于 1906 年 3 月 1 日提出辞呈。其后我
准备一直工作到 9 月。这是由于我需要几个月的时间来完
成我的那本教义史研究著作。[82]

93

施韦泽计划的教义史研究，最后并未完成。当然，这也并不怎么令人惊奇。其实，这样一本著作主要是学术性的，而施韦泽在这个时间点上，已经不再去追求一种学术生涯。因此对他来说，更有帮助的是把自己的精神兴趣放在伦理和文化哲学上，而不是信仰问题上。在同一封信中，也能清楚看到：施韦泽并不准备完成全部的医学课程。因为如果那样的话，他要在7年后才能去非洲传教，那么他就不可能在1905年就申请加入传教士协会。然而他后来还是通过了国家考试，获得了医学博士学位，除了一些务实的理由，比如能够拥有完全的行医资格外，可能也与施韦泽对教育的渴望及圆满完成每门学科的愿望和努力分不开。当然，巴黎传教士协会最初读到的是与此完全不同的想法——

之后，我想用6个月的时间来学习一些传教服务所需的常识，当然其中最重要的还是学习一些医护知识。我的这一打算得到了许多支持。在大学医学院我有一些同事兼好朋友，他们很乐意在他们的医院里接待我，教给我一些传教工作所需的基本医护知识。我最早将于明年开始这项学习。您认为，医护知识难道不是绝对迫切需要的？科拉德（Coillard）①曾经说过，这是迫切需要的。如果按我的计划，那我将在1907年的春天可以出发去赤道非洲。我向您叙述这一切，目的是想从您那里知道：巴黎传教士协会是否会接受我？或者，我是否应当（尽管不情愿）为一个德国传教士团工作？但我有个请求：希望您在1906年3月1日前，也就是在我正式离开神学院和大学之前，不要向任何人提起我的名字和这件事。[……]尽管这样，

---

① 法国传教士，曾在南部非洲为巴黎福音派传教会工作，斯特拉斯堡人。——编者注

我当然还是想尽快知道，您是否需要（或是说想要）我。我很想在1905年8月前得到您那边的消息，这样我才能相应地安排我的一些事务。[……]10月我将在巴黎。我是半个巴黎人，每年都会在那里待上一两个月。那时，我们还可以详谈。[83]

施韦泽在1905年7月9日给巴黎传教士协会的信中，不仅强调了自己的亲法倾向，而且列举了自己作为一个传教士的优势：在阿尔萨斯和巴黎都有很好的社会关系；个人生活和财务独立；他虔诚的话语减轻了传教士协会对他自由倾向的担心；他在非洲的传教服务，无论地点还是服务形式，都可以灵活安排。至于他刻意强调了自己尚未结婚，这是那个时代许多传教士在申请简历中通常都会提到的一点，以表明自己是自由和独立的。但是，他们也会同时表明自己是有结婚意愿的。通常是那些传教士先行一步，在熟悉了他们所服务的地方的工作和环境后，所谓的"传教士新娘"就会跟着来到这里。

施韦泽认为，他的这些优势和适应能力，可能与传教士协会的期望还有些距离。因此，就像绝大多数传教申请者那样，他又叙述了他人生中一些思想转变节点和其他一些重要的宗教体验。这封信证明了，施韦泽不愧是个伟大的实用主义者和现实主义者。他很清楚传教工作会有哪些危险，特别是健康、残疾或死亡的风险。他事先预见到，传教士协会会有哪些顾虑，因而在同一封信里，他已经针对这些顾虑作出了自己的解释。在1905年7月9日这一天，他也给海伦妮·布雷斯劳写了一封信，告诉她，他在当天给巴黎传教士协会主席递交了加入传教服务的申请信——

95

我忠实的同伴：

当我把给巴黎传教士协会主席的信投进邮箱时，我的手微微颤抖。在信中，我表明了参加传教的意愿，并且声明，在 1907 年春季就可以出发前往那里。对我来说，这是很特别的一天。我今天合作开办了一场管风琴音乐会。在演奏时我突然问自己：你还能放弃它吗？［……］这封信写得清晰、准确，不带"感情"，几乎就是一封商务信函。［……］我很高兴已经寄出了它。但我还是有些担忧。不是因为我有些后悔。不！我觉得我有义务去那里，否则我该怎么活下去？我要去那里！但这同时不也是我的命运吗？我将会怎么死去？会遭受怎样的苦难？我去那里是为了在上帝的近旁。上帝可以按祂的意愿命令我。我知道我会找到祂。也会向祂祈祷：你的天国，到来吧！我想理解祂说过的那句话，"凡为我和福音丧掉生命的，必救了生命"①，究竟意味着什么。祂能看出，我是配得上为祂服务的。现在，在这个时间点上和在这个世界上，除了你，没有人有权了解我的全部想法。其他人，也包括我的父母，会得知他们应当得知的那部分；其余的，则都是留给你的。84

这封信清楚表明，施韦泽谋求在斯特拉斯堡从事社会、儿童和孤儿福利的工作失败后，希望尽快参加巴黎的传教事业，出发去非洲。但是，在海伦妮面前，他不想完全排除完整学习医学的可能性。当他在巴黎与传教士协会主席会面后，他于 1905 年 10 月 12 日给海伦妮·布雷斯劳的信中写道——

也就是说，从现在起的两年时间里，传教士协会可以

---

① 《马可福音》8:35。——编者注

召唤我去他们需要的地方。当然，如果他们想早些填补这个空缺的话，我也会早点去。今年冬天我将离开修道院，开始学习医学。如果传教士协会认为我完成医学学习对他们有利，那么他们就会允许我完成这项学习。这是我最喜欢的解决方案，因为那样的话，协会对我来说是自由的，我对它也是。那么，我的宗教信念将是我私人的事情。协会知道我将在今天起的一周内提供自己的服务。协会也将看到，这就像一份与出版社的固定合同。但我还是希望有明确的协议。与协会进行了这番谈话后，我参加了为一些返回刚果的传教士举行的告别庆祝会。我坐在教堂一个没人看到的角落里。这是非常美好的一个小时。我听着那些质朴的男人们在怎样相互告别。我的周边坐着一些穿黑衣的妇女，她们既伤心又高兴。到处都是一种充满活力的气氛。墙上装饰着异教徒的武器……在汽油灯微弱的光线中，我的眼前浮现了我的整个人生……我看到，我也将面临这一切。我很高兴，我只是一个人。但我还是在教堂半暗的角落里，看到了你，知道你将会在我出发的那一天来与我告别——你微笑着。这些男人都是质朴而有深度的，没有被什么束缚着。[85]

这一切读起来就像是施韦泽加入了一个宗教骑士团，作好了被派出后便可能无法活着回到欧洲的心理准备。而几年后他报名参加医学国家考试所递交的简历进一步解释了他在大学里系统地学医的决定——

在这里的医学教授的友好建议下，我决定：我的医学学习将不再局限于一种零星的基础培训，而是追求一种完整和常规的大学学习。[86]

学习医学

　　"在1905年10月最后一天，我在浓雾中出门前往第一解剖学院。"[87]诚然，每一个开始都有其神奇之处，这个10月之后的漫长的7年，尤其是7个密集型的临床预科学期正在等待着医学生阿尔贝特·施韦泽。在他被准许学医之前，第一个要解决的问题是行政管理方面的。作为一名神学系编外讲师，他是斯特拉斯堡大学教师团的成员，因而不再被允许开始另一项平行的学科学习。施韦泽只能作为一名旁听生进行医学学习，但这样他就不能参加系里的考试，也就得不到听课证明和学分，更不被允许参加国家的医学考试。在施韦泽一些医学教授同事的说情下，斯特拉斯堡的行政长官终于同意给这位编外讲师——已经通过教授资格考试的神学博士和哲学博士阿尔贝特·施韦泽——颁发一份特别许可。这样施韦泽就能参加所有相关的医学考试，并且如果得到相应课程的教授或讲师允许，可以前去免费听课。

　　大学新课程的学习，并没阻止这位此时已经30岁的编外讲师继续每个星期天在圣尼古拉教堂布道，在巴黎巴赫协会和全欧洲参加管风琴音乐会的演出，定期在神学系举办讲座。在开始学医的最初几个月里，他还撰写了关于制作管风琴的论文。并且直到1906年春，他都继续担任着圣托马斯修道院的主管。当他辞去主管一职后，他的老朋友，此时已经是科尔马教区长且任阿尔萨斯路德教会主席的弗里德里希·库尔提乌斯，允许他继续住在圣托马斯修道院顶层的四个小房间里，这里紧邻大学和大学医学院。所以他的这次搬家，也就是他曾经的学生把他的家当和一大批书籍从一个房间搬到另一个房间去罢了。从1906年春开始，施韦泽没有了作为修道院主管的收入，只能用管风琴音乐会的收入和书籍的版税取而代之。

　　如同他的神学学习，施韦泽在医学学习上也是一个令人信服的行动者。在临床学期开始时，他就因为与病人直接接触，学习医学的热情大增。施韦泽有时会抱怨自己逐渐退化的记忆力："尽管对所有的学习材料都很感兴趣，但这不能帮助我绕过这个事实——一个过了 30 岁的人，记忆力不会再像一个 20 岁的学生那样好。"[88] 而且长期的睡眠不足对他来说也是一种折磨。基于这些原因，许多人将施韦泽学医的决定描绘成一种巨大的牺牲。但是他们忽略了，施韦泽从这项学习中也获益匪浅。其理由不仅在于他获得了实践和医学技能，还在于他有机会将自己对自然科学的热爱付诸行动。自然科学的研究方式毕竟完全不同于人文社会科学——

　　　　学习自然科学，不只是满足了我充实自己的渴望，它也给我带来了一种精神上的体验。自那以后，我把自己以前一直从事的人文社会科学看成一种心理上的危险，因为在所谓的人文社会科学中不存在一种自明的真理，而是某种见解被当成了真理。[……]因此，经常会出现这样的情况，一种观点被看成进步的，但其实只是因为它论证精湛，而且它还会把真实的见解长期排斥在外！我总是不得不观看这种场面，并且更糟糕的是它在许多方面还与人有关，但是人在其中却失去了对真实的感知。这对我来说是一段段令人沮丧的经历。现在，我突然进入了另一个科学领域。我把自己交付给了由真实组成的真理，并且还身处那些信奉真理的人中间，他们坚持认为：任何断言都必须得到证实，这是一件再自然不过的事。我认为，这对我的精神发展来说，是一段必不可少的经历。我沉迷在这种确认真实的研究中，但也绝不会像其他人那样对人文社会科学不屑一顾。相反，通过学习化学、物理、动物学、植

99 物学和心理学，我比以前更清楚地认识到，思想的真理在多大程度上是与简单自明的真理并存的，且是合理和必要的。通过创造性思维方式获取的对真理的认知，当然会夹带一些主观意愿，但它同时又是一种高于纯粹事实的形式。[89]

至于谁是那些"失去了对真实的感知"的人，实际上，施韦泽首先认为是那些神学家。他的话反映了他对神学，特别是对与神学家打交道的经历感到相当的沮丧。施韦泽认为学习医学，无论是从他个人来说，还是从专业来说，都是一种自我解放。而我们知道，只有在此前已经感受到压抑，才会有这种重获自由的感觉。施韦泽在 20 世纪初的几年里，被扯进了一场科学权力的较量中。他最初用学医的方式来躲开它，最后通过彻底离开这个国家，前往兰巴雷内完全摆脱了它。因此，可以说施韦泽学习医学的决定，不仅为他打开了去非洲工作的大门，而且标志着他人文社会科学职业生涯的结束。施韦泽已经不再往这条路上努力，也不再因它而感到充实了。

正因为如此，我们难免有些吃惊，施韦泽在自传和写给他忠实的同伴海伦妮·布雷斯劳的许多信件中，很少叙述自己学医的经历，也没有提及那几年繁忙的工作，尽管在 1905 年至 1912 年，学医占用了他每天大部分的时间。他只是详细叙述了在 1905 年作出的学医决定，在 5 个学期后的 1908 年 5 月准备医学预科结业考试的努力，以及较为轻松地通过了临床医学考试一事。对一个医学预科生来说，非常难得的是，施韦泽在 1908 年 4 月，也就是医学预科结业考试前的一个月，还为布莱特科普夫和黑特尔出版社（Verlag Breitkopf und Härtel）校对了巴赫传记一书的校样。不仅如此，他同时还答应一家在巴黎的出版社，用法语撰写一本关于弗朗茨·舒伯特

（Franz Schubert）的书。只是虽然该出版社已经公布了这一消息，但施韦泽最后不得不因为学习和工作过于繁忙而解除了这一约定。[90] 临近医学预科结业考试时，施韦泽仍在布道、演奏管风琴，甚至去利古里亚（Ligure）的圣玛格丽塔（Santa Margherita）住了几天，还在给海伦妮的一封信中叙述了这些活动。当然也不忘顺便带上一句："我突然有些恐惧，考试的日期已经越来越近。"[91] 他在圣玛格丽塔度假屋里写给海伦妮的一封信中列出了他每天的时间安排，使海伦妮确信，他像所有其他考生一样，是用刻苦学习和死记硬背通过这次大考的——

> 我现在要再次离开你，回到埃瓦尔德（Ewald）的讲义中去了。上午9点半到12点半，复习生理学；下午2点到4点半，复习解剖学；晚上8点到10点，复习物理和植物学。这是我的生活，我的生活只能如此。这就是我每天的生活。[92]

但在自传中，施韦泽承认他的医学预科结业考试差点没通过。对于考试需要复习的内容，他最早是用学术研究的方法，通过广泛阅读学科内的专业文献来融会贯通的，而不是如他信中提及的那样，是通过考前冲刺和考题清单。

> 直到考试前几个星期，我才在同学们的劝说下加入了一个"复习冲刺小组"，才知道有一份考生们自己编写的可能会出的考题清单，里面列出了教授们习惯考查的题目，以及他们喜欢听到的答案。它的顺利程度超出了所有预期。尽管在考试这几天里，我经历了一生中最严重的超负荷记忆危机，但还是熬了过去。接下来那几个学期的临

100

床学习则相对要轻松许多。[93]

瓦尔德马·奥古斯蒂尼（Waldemar Augustiny）说施韦泽在"最短的时间"[94]内完成了他的医学国家考试，如果从他当初准备医学预科结业考试的情形来看，这是不确切的。但是如果考虑到他在学医的同时，还从事了文学和其他学术方面的工作，瓦尔德马·奥古斯蒂尼的说法也就不足为奇了。与他自己预测的结果相反，施韦泽以良好的成绩通过了这项国家考试。关于接下来近四年的临床学习情况，施韦泽主要记述了那时经历的一些奇闻轶事。在医院里的实习被大多数学生当作一段面
101　向病人的、更加实际的同时也压力较小的工作经历。显然，它对阿尔贝特·施韦泽来说同样相对轻松。1910 年 12 月 17 日，施韦泽毕业于医学专业，成绩为"非常好"。结业考试后，在和外科老师马德隆（Madelung）的一次散步中，老师称赞了他在学业中取得的成就。[95]施韦泽有理由对自己取得的这一切感到骄傲。

　　即使是在学医时期，施韦泽作为牧师和斯特拉斯堡教区委员会成员的生活仍在继续。作为牧师，他主持了记者埃莉·克纳普（Elly Knapp）和后来的联邦德国总统特奥多尔·豪斯（Theodor Heuss）的婚礼。埃莉·克纳普或许可以说是海伦妮在阿尔萨斯最亲密的朋友。1908 年，施韦泽被请求在斯特拉斯堡的圣尼古拉教堂，也就是他担任助理牧师的那个教堂，为两人主持婚礼。这恰好是他医学预科结业考试的四个星期前。婚礼前的那一夜，施韦泽还在帮助一位即将分娩的妇女，这一过程拖了很久，以至于施韦泽在第二天早晨直接从产房去了教堂。参加婚礼的客人很快发现，这位牧师全身散发着一股强烈的消毒水气味。[96]四十年后，施韦泽在写给他的朋友——第一任联邦德国总统特奥多尔·豪斯的信中，不无自豪地回忆

了这一场婚礼——

> 我在村子里走来走去，见人就说，"我为联邦总统主持过婚礼"，这是我的荣耀。[97]

施韦泽参加那次婚礼穿的小礼服也成了他节俭的象征。这件小礼服是他有一次在巴塞罗那举办巴赫音乐会之前，请京斯巴赫的一位裁缝缝制的，因为据说西班牙国王也将出席这场音乐会。这位诚惶诚恐的裁缝尽了最大努力。施韦泽也对成品极为满意，以至于他不仅在西班牙国王面前，在特奥多尔·豪斯的婚礼上，而且在二十年后的歌德奖颁奖典礼上，甚至在半个世纪后的诺贝尔和平奖颁发仪式和英国女王授勋典礼上，穿的都是这件礼服。当有次被问及服装的经久耐穿问题时，施韦泽幽默地说："当然，这件礼服还可以用上两百年呢。"[98]

1911 年通过临床医学国家考试后，施韦泽还必须在斯特拉斯堡医院实习一年，才能得到一份行医执照。但即使在这一年里，施韦泽仍然拿出时间，继续撰写他那本《使徒保罗的神秘主义》。

随着他所接受的医学教育的深入，施韦泽对神学的兴趣更浓厚了。因此，1911 年夏季学期和 1911—1912 年的冬季学期，施韦泽在斯特拉斯堡大学神学系举办了有关"历史批判性神学和自然科学之成果对宗教价值评估的影响"（Die Ergebnisse der historisch-kritischen Theologie und der Naturwissenschaft für die Wertung der Religion）的系列讲座。这个系列讲座最后一次演讲的是歌德的"最初，是行动"（Im Anfang war die Tat）这一主题。[99] 施韦泽举办这个系列讲座的目的，是想把神学、宗教史和自然科学融会贯通。这个意图也贯穿了他的第三篇博士学位论文《对耶稣的精神病学评估》(*Die psychiatrische Beurteilung Jesu. Darstellung und Kritik*)。[100] 这篇博士学位论文使他于 1912 年 12 月在斯特拉斯堡获得医学博士学位。他还很想在生理学或临床领域进行一些更烦琐的实验研究，但他实在太缺乏时间了。其实他想通过这类医学研究，用他现在学到的医学知识，来反驳神学系曾经对他的末世论论点的批判。

施韦泽论文的重点是精神病学。即使后来在兰巴雷内，他仍然很迷恋这个研究课题，他将其视为与医疗实践并行的一项重要工作。施韦泽的批判者们称他的神学论文中的核心论点是，耶稣作为一个犹太人，在祂的那个时代就宣告了天国将临，但是当天国没有像祂说的那样如期出现时，祂又感觉自己被召唤为弥赛亚。批判者们这样概括施韦泽的论点，就好像施韦泽认为耶稣痴迷于妄想，是个精神病患者似的。对于这个批评，施韦泽现在试图不再仅从神学一个方面，而是也从他新学到的精神病学知识方面，来加以反驳。只是这项工作需要研究的文献实在太多，施韦泽后来考虑，也许应该换个研究主题。[101]

如果施韦泽想对耶稣有精神错乱这一猜想作出相应反驳的话，那么他就尤其应当研究偏执狂方面的内容。精神病学家，如格奥尔格·洛默［Dr. Georg Lomer，也称卢斯腾的乔治（George de Loosten）］，还有威廉·希尔施（William Hirsch）、埃米尔·拉斯穆斯（Emil Rasmus）都认为，耶稣患有幻觉症、妄想症、麻痹性痴呆症和一种自我感知障碍。[102] 最初，这类假设在大学正兴旺发达的精神病学系几乎没遭到什么反驳。因为这一假设的目的是引起医学界的重视，并且也因为它来自医学界，而不是神学界。但是，一个医生怎么能认真判断历史上的耶稣的言行的真实性呢？刚刚通过了临床医学国家考试的阿尔贝特·施韦泽决定填补两个不同学科之间的这一空白，并进而得出了一个与他自己的神学研究一致的可预见的结论：拿撒勒的耶稣不是偏执狂，而是一个人；他把自己理解为弥赛亚，与他所处时代期望天国将临的认知有关。施韦泽的论文几乎没有引起医学界的任何反响，而这也是他唯一的医学著作。

施韦泽还把这篇论文与他和神学老师海因里希·尤利乌斯·霍尔茨曼曾经展开的争论联系在了一起，仿佛他感觉必须纠正些什么。这篇论文的前言更是强化了人们的这一认识。施韦泽在前言中提到此时已经去世的霍尔茨曼曾经指出他在神学博士学位论文中描述的那个耶稣，"祂的世界观看起来就像一个'幻觉系统'"，这激励了施韦泽从医学研究的角度来证明自己。[103] 霍尔茨曼和神学系的其他一些教授总是指责施韦泽从末世论的角度把作为历史人物的耶稣的世界描绘成一个幻想的世界。他们指出，一个人如果认为只有通过自己才能实现弥赛亚的天国将临，那么肯定可以说他是有精神病的。因此，施韦泽感觉"有义务"在《耶稣生平研究史》的基础上，再写一篇论文。他认为："他比这个领域的任何一个研究者，都更详细地用末世论和现代概念研究了拿撒勒人的想象世界。"[104]

施韦泽认为（至少他自己是这么看的），自己代表了与那些人的指责完全相反的立场：拿撒勒的耶稣作为那个时代的孩子，对天国将临的（落空的）期望，就如同哥白尼之前的人只能认为太阳是绕着地球转的那样。[105] 但绝不能因此就认定耶稣是个偏执狂般的幻想家。为了证明这一点，他没有简单重复他的神学博士学位论文中的论点，而是阅读和分析了大量分析耶稣为精神病人的精神病学论文。首先引起他注意的是，这些著作的所有作者都不加批判地引用了《圣经》中的资料作为其假设的证据。他们最常引用的是《约翰福音》，但就连海因里

104

希·尤利乌斯·霍尔茨曼也从没把它看作耶稣生平真实可信的一手资料。施韦泽从医学史角度对耶稣进行研究得出的结论，与他的神学博士学位论文相同。精神病学家们未能成功地把耶稣作为那个时代的人来描述，只是因为他们对耶稣生活的那个时代的巴勒斯坦人的宗教思想没有足够的了解。他们自以为有权对耶稣的宗教观念作出一种精神病学上的判断，却不知道这一宗教观念形成的历史条件是什么。施韦泽最后的结论是：拿撒勒的耶稣虽说确实有些不寻常，但从精神病学的角度来看，他是个完全健康的人。

为了得出这一结论，施韦泽的这篇医学博士学位论文的写作比预期多花了一年的时间。这主要还是因为他参考了大量有关精神病和幻觉病理的最新研究。这篇论文的真正价值在于：尽管只有一个临床案例（即耶稣），施韦泽仍清晰地揭示了精神病学的知识体系，如"异常"或"幻觉"，是何等受限于文化语境。针对施韦泽医学博士学位论文从精神病学角度的详细论证，詹姆斯·布拉巴松强调说，施韦泽后来对心理分析方法的批判，肯定不是源于施韦泽对这类事情一无所知。[106]

此后，施韦泽又在巴黎参加了一个热带医学课程讲座。该讲座 1912 年春开始，1912 年底结束。在这期间，他也取得了医学博士学位。这样一来，他在欧洲的医学学习可以说是正式结束了。近二十年之久的大学教育，三个博士学位，以及一份神学教授资格证书，现在都可以说是他的过往了。他是以"非常好"的成绩从医学系毕业的。尽管从学术的角度来说，他的医学博士学位论文无法与他的神学博士学位论文相比较。他获得的第三个学位，主要还是有赖于他能够借用前两份论文的研究结果。因此，他在叙述自己学习医学的经历时很少谈到医学，更多的是说些音乐、管风琴制作和他对文化哲学的思考。施韦泽每天都会把自己的这些事情和经历写信告诉一个人，没有这个人，也许施韦泽作为医生前往非洲的愿景永远也实现不了。这个人就是：海伦妮·布雷斯劳。

忠实的同伴

海伦妮·布雷斯劳在阿尔贝特·施韦泽的生活里扮演的究竟是个怎样的角色？关于这一点我们可以从他们的照片中看出。在照片中，施韦泽旁边堆放着一些箱子和包裹。我们可以看到，这些箱子和包裹上都贴着"ASB"的标签，这种缩写是用来标识物品的主人，以防止物品被盗的。兰巴雷内医院的毯子和餐具上都贴有这一标签。在那个结婚后使用双姓还不常见的年代，"ASB"表示的是"阿尔贝特·施韦泽·布雷斯劳"，象征着他们的联结。到此时为止，他们已经分开了很长时间，相隔数千英里，完全谈不上是正常的婚姻状态。通过 1992 年出版的阿尔贝特·施韦泽与海伦妮·布雷斯劳在 1902—1913 年的书信，以及韦雷娜·米尔施泰因（Verena Mühlstein）在 1998 年撰写的关于海伦妮·施韦泽·布雷斯劳的详细传记，我们可以看到海伦妮在施韦泽生活中的重要意义。[107]

海伦妮的一部分信件是她去世后由女儿蕾娜发现的。据蕾娜回忆，在交谈中好像听母亲提起过曾经销毁了自己的一部分信件。[108] 这就解释了为什么在收录这些年里两人私人通信的出版物中，施韦泽给海伦妮的信要多于海伦妮给他的。蕾娜·施韦泽·米勒在说起母亲时，认为她母亲经历的是一种典型的"女人命运"。[109] 因为她在一个"伟大男人阴影"下生活得并不容易。除了长期分离，海伦妮还忍受着各种严重疾病，不仅有 1907—1908 年冬季滑雪事故造成的严重背部损伤，还有肺结核，这些都使她有十多年的时间无法前往非洲陪伴自己的丈夫。

图9　1924年，大学生们在斯特拉斯堡圣托马斯修道院帮助阿尔贝特·施韦泽整理第二次前往兰巴雷内的行李箱。箱子上贴的标签缩写为"ASB"，表示阿尔贝特·施韦泽·布雷斯劳。

107　　　海伦妮·玛丽安娜·布雷斯劳，1879年1月25日作为德国—犹太裔大学教授哈利·布雷斯劳（Harry Breslau）的女儿出生在柏林，但在奥格斯堡宗教会议后，海伦妮接受的是新教洗礼。[110] 哈利·布雷斯劳努力追求融合，退出了犹太人社区，并且让海伦妮和她的两个兄弟接受基督教新教的洗礼和教育。在接到斯特拉斯堡大学历史系正教授职位的聘书后，哈利·布雷斯劳全家于1890年复活节那天迁居阿尔萨斯。在当时，一个未受基督教洗礼的犹太人被任命为正教授，是多么不寻常的事情。只要看一下下面这个事实就可想而知了：直到1909年，在整个德意志帝国，总共只有25位犹太人被任命为正教授。[111]

　　1896年底，海伦妮通过中学女校教师资格考试，然后又在斯特拉斯堡音乐学院学习了两年时间。在意大利逗留一些日子后，1899—1900年的冬天海伦妮又开始致力于艺术史的研究。可以说，海伦妮的兴趣范围几乎和施韦泽一样广泛。

图 10　为第三次出发去兰巴雷内做准备：1929 年，阿尔贝特·施韦泽与埃米·马丁
　　　　（Emmy Martin），他的秘书和得力助手，以及其他人员。

施韦泽和海伦妮的爱情关系是以一种非常传统的方式开始的。1898 年，在丽娜·哈斯（Lina Haas）与担任建筑委员的威利巴尔德·康拉德（Willibald Conrad）的婚礼上，阿尔贝特和海伦妮相邻而坐。这是经过婚宴主持人精心安排的：海伦妮是新娘的朋友，阿尔贝特则因为父亲路易斯与凯泽贝尔地区的法官理查德·哈斯（Richard Haas）是熟人而参加了婚礼。[112] 之所以说这是非常传统的做法，是因为那时的海伦妮已经 19 岁，到了可以结婚的年龄；而新晋的神学家阿尔贝特也已经 23 岁。因此这样的一场婚礼可以说是一个备受欢迎的社交场合，它会为下一次婚礼的两位当事人提供相互认识的机会。但是从另一个角度来看，他们两人又来自完全不同的家庭：施韦泽是一个自由主义的、在文化和政治上更倾向于巴黎的阿尔萨斯乡村牧师的儿子，出身贫寒；海伦妮是一位来自大城市的有民族自由主义倾向的德国—犹太裔教授的女儿，她的父亲又是乌尔

108

图11　海伦妮的母亲与父亲：卡罗琳·布雷斯劳［Caroline Bresslau，娘家姓伊赛（Isay）］和哈利·布雷斯劳（中世纪历史学家和斯特拉斯堡大学校长）。

岑（Uelzen）银行家和砖厂老板的儿子，从犹太中产阶层的视角来看，甚至也可以说她是在富裕市民阶级的环境中长大的。从社会的角度来看，一位编外讲师与一位教授女儿的婚姻，按当时的衡量标准还是蛮般配的。但这对一个神学家来说，却是不寻常的。

109　　　他们直到1901年才再次见面，并且阿尔贝特在这期间，尤其是在巴黎居住的时候与其他女性有过接触。这表明他们之间并非一见钟情。海伦妮的两位兄弟在大学学习的专业分别是医学、自然科学和数学；而她在通过中学教师资格考试后，选择了艺术史作为自己大学学习的专业。这门专业在那个时代是典型的"门第较高的家庭的女儿读大学"的首选。不过，这种

110　陈词滥调完全不适用于海伦妮。她同时也学习医护知识，而她从事的护理工作肯定不是寻常教授家女儿会选择的职业。倒是海伦妮的传记作家韦雷娜·米尔施泰因说得比较恰如其分。她

图 12　海伦妮·布雷斯劳在（美因河畔的）法兰克福接受护士培训。
这张照片摄于 1910 年。

认为：海伦妮的家人并没有把他们的女儿设想成一个全职的职业女性，即使她的自由主义教养也意味着她不可能成为"像她母亲那样得体的、几乎顺从的妻子"。[113]

从这个角度来说，争取女性自由解放的海伦妮，恰恰是她母亲卡罗琳·布雷斯劳的另一面。海伦妮经历了那个时代典型的家庭矛盾：父母对她做一个受过教育的女主人和妻子的期望，与她自己追求的职业（最好是社会工作）之间的矛盾。相反，阿尔贝特·施韦泽同意甚至支持他未来的妻子在职业上的自由解放，支持她除已经学习的专业外，再学一门护理专业。

他们在上述那场婚礼后的再次见面，是在 1901 年 2 月。当时海伦妮的朋友埃莉·克纳普、艾尔莎·哈斯（Elsa Haas）和弗里茨·哈斯（Fritz Haas）与其他朋友一起，组成了一个"自行车爱好者俱乐部"，海伦妮以此为由，向那场婚礼中的邻座提议，一起参加骑车运动。施韦泽在 1901 年 3 月 2 日回复了一张明信片，除了说同意参加，显然还记得海伦妮在婚礼上纠正过他的阿尔萨斯口音，因而在明信片中还加了一句："为了写这张明信片，我在晚上想了三套表述方式，希望所写句子的形式能得到它的批评者的赞扬。"[114] 施韦泽开始参加骑车运动，没过多久，骑车便成为"我们'合法'见面的正当理由，而且越到后来越不以骑车为目的"。[115] 海伦妮的名字第一次出现在京斯巴赫牧师公馆里，是 1903 年圣灵降临节的那个星期一。"自行车队"那天郊游的目的地就是施韦泽家所在的村庄。阿尔贝特从一开始就给海伦妮留下深刻印象的是他那富有远见的理性主义，同时又有一种"非同寻常的敏感性"。就这样，她爱上了他，他也爱上了她。许多年后，施韦泽坐在他最喜爱的京斯巴赫山丘的岩石上，给海伦妮写信——

111   我觉得，你一定能感觉到，我有多幸福。是的，我相信我仍然还能学到一切我需要学习的东西。你知道吗？有时候我头脑中的思想的"广泛性"会让我感到害怕，它就像一个沉重的包袱。这时，我就会对自己说：只学一门专业或只从事一门职业的人是多么快乐。但是，当我再次有力量把头牢牢扛在肩上（或是说在肩膀之间），不再感到沉重的时候，我为自己比别人更多才多艺而感到更加自豪，相信自己有能力应付一切。那是一种真的高兴！傍晚，在入睡前，我会用双手捧着头，也许还会幸福地抽泣。［……］你知道吗？你是唯一能够与我一起真正为此高兴的人，因为你生活在我的思想中。我的感觉是如此强烈，强烈到我无法告诉你。这是我的幸运。给你写这封信，我已经写了一个小时。我写完每句话，都会停下来想一想，以便把我的想法完整地表达出来。[116]

在上学时就容易害羞的施韦泽，即使在成年后，也只对两个人全面开放他的思想和情感世界。一个是他在 1902 年去世的姑妈玛蒂尔德·施韦泽（Mathilde Schweitzer）。他的德语版巴赫传记就是"出于感谢"献给她的。她一直是他最信任和最亲密的人，他向她倾诉了自己收养孤儿和将为此放弃婚姻的全部想法。[117]另一个是海伦妮。施韦泽早在 1902 年 11 月就对海伦妮产生了极大的信任，他告诉她，姑妈的去世给他带来了巨大的痛苦，这是"我在这个世界上第一次经历的巨大损失，自己的一部分也随之而去了"。[118]相互间的这种信任之所以能够建立，是因为施韦泽在极短的时间内，也就是 1902 年 3 月 22 日，就在莱茵河边向海伦妮表达了对她的喜爱和情谊，他还告诉海伦妮自己的一些计划，比如将会优先去做一些为人类服务的事，而不是去追求一种学术生涯。[119]海伦妮从自己的经历出发能够理解施韦泽为人类服务的这一需求是极其严肃的，因而表示愿为他分担一部分服务。三年后，当施韦泽决定攻读医学时，这已关乎他们两人的基本承诺，即无条件地帮助对方实现愿望。

112

　　瞧瞧，所有这些思想，从远方渐渐渗入我的生活，并终于击败了我。这是我可怕的命运［……］，让我无法逃避，它迫使我为自己寻找可以填满生命的东西！这就是我所处的位置。不能当面向你叙述，只能写信给你，这是很难的。还记得"当初"在莱茵河畔，在阳光下和鲜花丛中，我向你倾诉的样子吗？［……］那时，我比你更接近目标，但现在你已经在行动，而我只是一个私人讲师——只是一个泛泛而谈而不是在做实事的人。我为你感到高兴，而且我不再为让你背井离乡而责备自己。你现在自然会找到你的路。你会为此感到高兴。而当家庭和家人在等待你的时候，你会为此感到很幸福。如果你不得不独自走自己的路，那么你的生活仍然会很充实。还记得我在莱茵河畔对你的承诺吗？当时我说："如果你需要我，请答应我，你一定会联系我。"这是我当时作出的承诺，我经常会想起它。如果某个时刻我需要你的话，我也会联系你。我珍惜你的这一承诺，就像珍惜一颗无价的宝石那样！[120]

阿尔贝特·施韦泽和海伦妮·布雷斯劳两人的关系从一开始就在与一种观念角力。他们懂得：为人类服务的愿望首先意味着放弃。因此，尽管在那次莱茵河畔的倾诉后海伦妮与施韦泽有了亲密的关系，但海伦妮仍然接受了布莱顿（Brighton）女子寄宿学校的邀请，于1902年9月到那里担任音乐、德语和法语老师。[121]但不久之后，海伦妮就已经在向施韦泽暗示她思念家乡，并于1903年初经伦敦又回到了阿尔萨斯。

施韦泽在1905年开始医学学习之前，曾说过海伦妮已经比他离为人类服务的目标更近了，其实指的是下面这件事：海伦妮在1903年5月14日被任命为孤儿抚育员，负责照顾斯特拉斯堡老城区的孤儿。施韦泽当时刚被任命为圣托马斯修道院主管，他也想收养孤儿。为此他曾与负责修道院的大学神学院院长发生了激烈的争吵。他想要一个大一些的公寓和一份固定的工资，因为如果没有这两样的话，他就不可能实现收养孤儿的计划。但最后，在1903年被任命为孤儿抚育督察员的不是他，而是海伦妮。斯特拉斯堡市的管理机构给施韦泽制造了许多官僚主义的障碍，使施韦泽最终没能如愿。毕竟，一个单身汉想抚育孤儿，难免会让当局怀疑。而在这期间，海伦妮已经开始家访，每天都不得不见证着贫穷、营养不良和婴儿死亡。在某种意义上，海伦妮把他们二人的愿望概括为——

> 我们相遇在一种责任感中，即我们应当对我们生活中感受到的一切"善"负责，并且通过有意识地去帮助他人来作为回报。[122]

由于对彼此的想法有不同的意见，他们很快就出现了冲突。例如，阿尔贝特·施韦泽认为，他不能指望海伦妮接受一种对外应当保密且没有婚姻承诺的柏拉图式的关系。他深信，不应该用他的道路和他的计划去过分要求任何妇女。这就是为什么他在认识海伦妮之前，就已经告诉他的姑妈玛蒂尔德，单身对他来说是最合适的生活方式。面对海伦妮，他也总是不得不提及这类话题——

> 我这几天，对我们的事想了很多。我总是向自己提出这样一个问题：我是否在毁掉你的生活？你的人生道路是如此平坦，如果我没有认识你的话，或是至少在面对你时我能够表现出一种无所谓的态度，你肯定会有自己的家庭。但是我又在想：我现在已经把你带离了原先的人生道路，而我从你那里得到的一切，其实就是偷走了你的幸福。这使我灰心丧气。我眼看着你出发去俄国，我知道这给你的父母带来了多大的悲痛。如果我不曾出现的话，你

肯定会安静地留在这里，不会远走。因为我知道，你不是一个喜欢闯荡世界的人，而是一个生活在家庭圈子里的真正女人。[123]

114　但是海伦妮已经多次向阿尔贝特解释过，她对这样一种友谊的憧憬，即使没有婚姻也会感到幸福。因而当她收到上述这样的信件时，自然会感觉这是阿尔贝特在想与她保持距离，认为他在考虑他们的关系，以便找出哪条路对她是好的，哪些是他期望她可以接受的，哪些不是。但是，海伦妮并不认为自己在与阿尔贝特的这种不同寻常的友谊中是个牺牲品；她认为恰恰相反，正是这种友谊，才是对她践行的助人和服务的一种保证和鼓励。

当然，从社会角度看，他们确实面临诸多困难。她知道，她不允许自己把阿尔贝特从他原定的道路上拉回来，也无法和阿尔贝特结婚，在她的家庭看来这也是不应当的。她在去英国南部旅行时，就已经决定不结婚和继续工作。[124]但是，当施韦泽一再建议她去找个合适的人结婚，回到符合她身份的中产阶级生活时，他们之间的距离便逐渐拉大了，虽说这个男人曾为她实现自己的愿望——服务邻人——打开了大门，并且她也感到彼此之间因此而生出一种连接。无论是因为受到了伤害，还是为了再探究一下自己的思想，海伦妮决定从现在起，要有意识地与阿尔贝特保持距离。她的父母禁止她按原计划去俄国旅行。因此在1903年冬，她出发前往柏林，去比她父亲年长12岁的表姑约翰娜·恩格尔（Johanna Engel）那里。约翰娜是位画家，海伦妮亲切地称她为"我最爱的汉娜"。[125]

约翰娜令海伦妮特别着迷之处在于她是一位单身的职业画家，而她现在的这种生活状态正是海伦妮所要争取的。鉴于上述冲突，海伦妮直到出发前，都迟迟没有把自己的计划告诉阿尔贝特。等施韦泽最终得知这一消息后，他十分惊讶——

> 你想走的那条路，你知道那是怎样的一条路吗？独自
> 一人在这个世界上，成为一位"老小姐"，想独立却又不
> 能！你重视社会——但你不会站在它之上。你将无法再脱
> 身，但又不能把自己锁定在一种职业上。我最好最好的女
> 友，我非常担心你。[126]

施韦泽在海伦妮的柏林之行中已经预见了这是她力求解放的一 115
次注定失败的尝试，因为她很快就会遇到她那个时代的社会和
性别的限制。得不到最亲密朋友的信任和鼓励更加伤害了海伦
妮。这导致他们的关系在接下来的几个月中几乎出现了一种危
机。他们最后约定在莱茵河老地方见面，却因天气恶劣不得不
取消。而且两人几乎不能公开见面，以免为斯特拉斯堡的谣言
推波助澜。不得已，施韦泽只能在那个周末写了四封长信给海
伦妮。在海伦妮的回信中，也能感受到她并非赌气，而是有一
种深深的悲伤。阿尔贝特认为自己无法与海伦妮结婚，因为他
觉得他本人以及他的生活方式是不适合婚姻的。而从海伦妮的
角度来说，她也不想改变阿尔贝特的生活，即使在这个时间点
上，她比他更希望能够订婚。她只是用一张小小的明信片回答
了施韦泽四封长长的信。然后就在 1903 年 11 月 2 日独自启程
前往柏林了。

现在，两人算是分开了，但在两人的内心却是满满的忧
伤，在海伦妮身上甚至发展成了忧郁症。[127] 但她仍然坚持按自
己计划的路走下去：把照顾孤儿作为自己为人类提供服务的一
种方式。因而海伦妮在柏林走访了一个孤儿院，她想看看自己
是否可以在这个专业领域工作，以及如何工作。阿尔贝特对她
这期间的情况一无所知。她只向一个人叙述了自己的近况，那

就是她最亲密的朋友埃莉·克纳普。埃莉·克纳普也许是唯一知道她与阿尔贝特有这么一层关系的人。在当时的情况下，也许是唯一能在这两个不幸的爱人之间搭建桥梁的人。在接下来的时间里，海伦妮虽说收到了施韦泽的许多来信，但都没有给他回信，只是在圣诞节前寄了一张写着简短圣诞问候的卡片给他。

> 感谢你做的一切。但我请求你，不要要求我回信。你是对的，我应当将一些事情写信告诉你，但我无法强迫自己写。我希望，你是强大和快乐的，你必须这样，并且你有充分的理由这么做。不用为我担心，我不希望你为我担心。[……]到我这里来得最多的那个人，是一位65岁的老太太，她有一颗年轻的心。她叫玛蒂尔德。祝你一切都好！生活幸福！[128]

116

海伦妮在圣诞贺卡中提到的玛蒂尔德，实际上是暗指施韦泽的姑妈，她是他第一个最爱的亲人。如果谁在写有关海伦妮的文章时，硬是把她塞进她那个时代典型的女性角色中，或是把她描绘成一个在伟大丈夫的背后温顺支持着的妻子，那他肯定对真实的海伦妮一无所知。与那个时代绝大多数的女性不同，海伦妮试图以一个未婚妇女的身份来安排自己的生活。

海伦妮与约翰娜·恩格尔一起度过1903年的圣诞节后，便于1904年1月1日在什切青（Stettin）市立医院开始学习医疗护理课程。虽说她的父母这期间对她的社会活动越来越迷惑不解，但海伦妮在身体和心理上都恢复得很快。尽管波美拉尼亚（Pommern）医院的管理极其严格，但海伦妮越来越适应那里的生活。她遇到的唯一的问题是当地医院那位虔诚牧师严厉的道德观。针对这一点，阿尔贝特·施韦泽在新年那封长达

8 页的信中不无讽刺地写道：

> 你真的对牧师的布道感兴趣？我无法想象你会出现在
> 那里，因为相对正统教会来说，我们都是异教徒，很可能
> 会给一位尊敬的上帝仆人带来恐惧。但是，我们又都认识
> 我们的上帝，愿意为祂服务。正因为如此，我们都在为祂
> 的服务中受苦和挣扎。[129]

与牧师严厉的道德观相比，更令海伦妮感到困扰的，是那里压制一切个人主义的倾向。海伦妮的职业选择，以及她在波美拉尼亚作为医护学生的整个停留期间，都展现了她追求独立自主的意愿，但现实是：医院的工作规则要求她的个人兴趣和愿望都要服从医院的工作进程。不过，尽管有这样或那样的问题，海伦妮还是成功地完成了她在医院的培训。

在此期间，海伦妮父亲的职业生涯有了进一步的突破。他在 1904 年 2 月被任命为大学校长。这是德意志帝国大学第一次任命一个没有接受过基督教洗礼的犹太人为校长。它也从另一个角度证明了，新成立的斯特拉斯堡大学有其特有的自由。其实在一年前，享有盛名的《日耳曼史料集成》（*Monumenta Germaniae Historica*）补选编委会主席时，有意跳过了已是该编委会资深成员的哈利·布雷斯劳，不把他放在考虑补选名单之内，就是因为不想让一个犹太人成为德国历史重要研究机构的负责人。[130] 在这种情况下，他辞去了《日耳曼史料集成》的编辑职务，尽管他已经从事这项工作长达 15 年。因此可以想象，现在他被任命为斯特拉斯堡大学的校长当然令他十分高兴。

在斯特拉斯堡，哈利·布雷斯劳和家人感到自己是与其他人有同等权利的公民，感到自己是德国人，至少比身为阿尔

117

萨斯人的阿尔贝特·施韦泽更觉得自己是德国人。这可以从阿尔贝特和海伦妮在第一次世界大战爆发前不久的政治讨论中看出来。1902年4月，海伦妮完成了在什切青的护理课程，搬到汉堡的一个姨妈那里居住。这让她的父母很高兴，因为他们的女儿作为一个待嫁的姑娘，可以在那里学习和重新适应资产阶级市民阶层的生活，也可以学习身为一个大学校长的女儿在公共场合应有的一些礼仪。但是在这个时间点上，阿尔贝特比她的父母更清楚，海伦妮对自己的人生道路有着完全不同的想法，她不会仅仅满足于为家庭当个社交礼仪的代表或是履行家庭主妇的职责。

海伦妮在汉堡时写给阿尔贝特的信明显增多，两人在信中更加密集地讨论了宗教和文化哲学方面的问题。并且她与未来的丈夫有着相同的观点：耶稣的追随者，只能是有意识地将祂作为自己的榜样，实践祂的事业的那些人。基督徒不期望死后的生活，决定他们行动的不是天堂也不是地狱，而是耶稣精神中的服务邻人。虽说在见解上仍有某些差异，但阿尔贝特和海伦妮都感觉他们在宗教和文化哲学方面的观点非常接近。毕竟，他们共同的服务邻人的计划，他们的生活态度和相同的道德理念，终于成为1902年在莱茵河畔将他们联系起来的纽带。

118

冬季学期开始时，海伦妮又回到斯特拉斯堡，遵循父亲的期望，参加为她安排的社交活动。在回到斯特拉斯堡最初的一些日子里，海伦妮与施韦泽并没有终于重逢的极大喜悦，反而表现出一种距离感，这也许是因为她父母的压力，正如韦雷娜·米尔施泰因强调的那样："很难想象，如果到处都在传海伦妮是那位编外讲师施韦泽的情人，对这个家庭来说意味着怎样的耻辱。"[131]

可能今天的人会感到好笑，但在当时不管是对施韦泽还是对海伦妮来说，没有婚姻承诺的交往，确实是一个真正的大问题，而且相比于影响施韦泽在神学院的声誉，它给海伦妮的社会名誉带来的危险更大。不顾父母的不满，海伦妮从 1905 年 4 月 1 日开始，认真走上自己独立的职业道路。在社会责任感极高的市长鲁道夫·施万德（Rodolf Schwander）博士的鼓励下，她接受了斯特拉斯堡孤儿抚育第二督察员的职位。自此，海伦妮负责照管由国家监护的 1200 名儿童。[132] 每个月，她都必须走访 200 多个家庭。[133] 她的职责范围很广，但社会认可度并不高。因为她主要照看单身母亲和她们的孩子，这些单身母亲大多是在怀孕后被解雇的女佣，没有足够的生活来源，并且孩子也极易生病。海伦妮的职责是为母亲和孩子提供一些生活资源和医疗服务。与海伦妮的父母不同，施韦泽支持同伴的工作选择并鼓励她接受这个职位。

施韦泽在 1904 年 12 月告诉海伦妮·布雷斯劳，自收养孤儿的计划失败后，他已经在考虑申请参加巴黎传教士协会，并听从协会的安排。在这样的情况下，他们原先共同约定的实践道德行动的计划，从 1905 年初开始便有了越来越清晰的轮廓。海伦妮重申了自己对施韦泽的支持。1905 年 3 月，施韦泽最终作出了学习医学的决定。他们先是见了一面，然后在往来信件中几乎不再有任何疑问，已经有医护知识的海伦妮将与他一起前往非洲。两人的关系因此又变得非常亲密，危机似乎已解决。施韦泽很坚定地开始了他的医学课程，其间海伦妮仍在继续孤儿抚育督察员的工作。

与后来出版德语版巴赫传记的情况相同，海伦妮在 1905—1906 年就已经开始帮助施韦泽校对他的《耶稣生平研究史》，并且不仅是纠正错误拼写，也会与施韦泽讨论其中的神学问题。1906 年，海伦妮的父母终于认可了他们的关系。他们早就知情，只是因为以前没有正式订婚，就总是用怀疑的眼光来看这件事。1906 年秋，阿尔贝特和海伦妮第一次共同前往巴黎。[134]施韦泽给她上管风琴课，身为孤儿抚育督察员的海伦妮则安排了进修课程。他们以这样的方式度过了施韦泽漫长且艰辛的学医时光。

1907 年底，海伦妮的活动与施韦泽相当，她在斯特拉斯堡郊区的一个由捐赠者支持的母亲之家的建造过程中发挥了重要作用。但是繁忙的工作损害了海伦妮的健康，她累得昏过去了一次。医生的诊断是过度劳累。为了休养，她在圣诞节去了京斯巴赫她未来的公公婆婆那里，不久又决定与施韦泽的弟弟保罗一起去滑雪。当时，滑雪对女性来说还是一项不寻常的体育运动，但海伦妮早就学会了。在一次没用滑雪手杖支撑的滑行中，她不幸跌倒，脊椎严重受伤。[135]施韦泽终生都对体育运动不感兴趣（"什么足球？不就是一群人在追逐一个球吗？难道人没有比追逐一个球更重要的事可做了？"）。[136]现在，他比海伦妮自己更担心她的健康。施韦泽的担心是有道理的。此后，海伦妮终生都遭受着失眠和背疼的折磨。但即使出了这样不幸的事故，海伦妮仍继续全职工作。海伦妮并非布雷斯劳家族唯一自我解放了的女性。1908 年，她的兄弟恩斯特与海伦妮的朋友路易丝·霍夫（Luise Hoff）结婚，她是斯特拉斯堡商业学校的教师。埃莉·克纳普也在 1908 年与柏林的编辑特奥多尔·豪斯结婚。她们是一群有自我意识的现代女性，海伦妮很看重这个朋友圈，并且与她们保持了终生的友谊。

自此，海伦妮越来越频繁地到京斯巴赫做客，这并不令人意外。虽然还没正式订婚，但她还是有些顾虑：自己对于施韦泽的家庭，特别是施韦泽那位有些保留意见的母亲，是否"太德国化、太犹太化和太城市化"？[137]与对施韦泽后来去非洲的决定不同，他的母亲逐渐接受儿子选择海伦妮的决定，再加上海伦妮与阿尔贝特的父亲路易斯的关系从一开始就很融洽，因此，每年圣诞节的假期，海伦妮几乎都是在京斯巴赫度过的。

　　两人去非洲当医疗帮手的计划被确定下来。1909 年 10 月
1 日，海伦妮在法兰克福（美因茨）市立医院开始了为期一年
的护士培训，她参加这次培训就是为了在共同出发之前能有一
份护士专业毕业证书。她已经在 1909 年 4 月辞去了孤儿抚育
督察员的职务。现在的护士工作每天甚至要干 16 个小时，而
所得的工资却少得可怜，几乎就像是份零花钱。但正如她在
什切青接受医护培训那样，她也总算熬过了这段艰难的日子。
1910 年 9 月底，海伦妮参加了国家护士考试。而这期间，施
韦泽正在慕尼黑的法国音乐节演奏管风琴，以筹集他参加医学
国家考试的费用。

　　但可惜的是，海伦妮遭受了比上次滑雪事故更严重的不幸
事件，这次事件对她以后生活的影响更大：她患上了肺结核。
她可能是在 1910 年前后在法兰克福市立医院接受培训期间感
染了肺结核，只是最初的症状看上去还比较轻，直到去非洲后
才恶化。[138] 在那个还没有抗生素的时代，肺结核是不言而喻的
不治之症。这对两人原定的计划究竟意味着什么，我们不难想
象。1911 年 2 月，海伦妮不得不在疗养院接受了四个月的治疗。
1912 年元旦，施韦泽在给海伦妮的一封信中，既回顾了过去，
又展望了未来——

　　　　现在，"我们的新年"已经到来……当这一年结束的
　　时候，我们将会怎样？［……］我们能够一起工作，做我
　　们计划的事，这对我们来说，是多么的荣幸……哦，这与
　　去年是多么的不同，当时我充满了恐惧，充满了焦虑……
　　你知道吗？我是多么为你担惊受怕！[139]

在这个时间点上，海伦妮的病情已有些好转。但施韦泽也知
道，完全治愈几乎可以说是不可能的。韦雷娜·米尔施泰因曾

经指出这样一个事实：在二人的信件中都没有出现过"肺结核"这个词。鉴于感染风险极大，"肺结核"在当时几乎具有类似于性病的污名化效果。但与此同时，至少从长期来看，施韦泽似乎还是相信海伦妮能够康复。正如他告诉巴黎传教士协会主席阿尔弗雷德·伯格纳（Alfred Boegner）的那样，不用为他找护士，因为他已经有了自己的护士。这里自然是指海伦妮。如果他认为不可能治愈的话，肯定不会让她冒险去非洲。

1911 年 12 月 22 日，施韦泽请求海伦妮的父母，允许他牵手他们的女儿。海伦妮的父母同意了这一婚事。他们完全清楚这两人不同寻常的计划，因而也很不情愿地兼带同意了这项计划。阿尔贝特和海伦妮在 1912 年 6 月 18 日结婚，并且在做着前往非洲的最后的准备工作。人们对阿尔贝特·施韦泽与海伦妮·布雷斯劳之间的关系有很多猜测。许多传记作者错误地认为海伦妮只扮演了一个小角色。二人从未公开谈论婚前的多年友谊和婚后的生活，这一点强化了人们的这种印象。比如，施韦泽在自传中对二人的关系只提及了一次，此后便完全不再提起了——

122 　　我在 1912 年 6 月 18 日与斯特拉斯堡历史学家的女儿海伦妮·布雷斯劳结婚。我搬出圣托马斯修道院的住所，为了与我的妻子一起。在去非洲前的最后几个月里，只要我不用出差，我就住在父亲的牧师公馆里。我的妻子在我们结婚之前，就已经是帮助我完成手稿和校正印刷错误的一个宝贵助手。现在，在我出发去非洲前必须完成的所有文献工作中，她对我帮助很大。[140]

海伦妮·布雷斯劳是施韦泽著作的校对员——这就是公众起初对她的全部了解。施韦泽在这里提及海伦妮的口吻，看上去更

图13　1912年在京斯巴赫，阿尔贝特·施韦泽和海伦妮·布雷斯劳在施韦泽家人、
布雷斯劳家人、沃伊特和埃雷斯曼的陪同下举行了婚礼。婚礼的主持人是
阿尔贝特的父亲路易斯·施韦泽（最右边的那位）。

像是在谈一件公事，而且这还恰恰出自一个丈夫之口。但是他
写给妻子的私人信件是充满情感的，而且即使在学医最繁忙的
时候，他们也几乎每天都有书信来往。但是，海伦妮也不认为
去兰巴雷内是一次"伟大的冒险"，她认为兰巴雷内是一个能
够实现自己愿望的地方，在那里她可以作为一名受过正规培训
的护士，与丈夫一起为他人服务。只是结核病迫使她需要经常
回到欧洲。旧病的反复发作，使她无法在施韦泽身边建设两人
的共同事业，甚至还不得不把这个位置让给其他年轻妇女，对
她来说，这比生活在"伟大丈夫"的阴影下更糟糕、更严峻。
担任施韦泽秘书的埃米·马丁是一位牧师遗孀，她曾经是歌剧
演员。她与施韦泽的关系经常让海伦妮·施韦泽感到紧张。更
糟糕的是，马丁夫人作为施韦泽的得力助手，有时会被误认为
施韦泽的妻子。之所以造成这种误会，也与海伦妮因病常常无

123

法陪伴丈夫外出处理事务有关。鲍里斯·M.诺西克就这件事得出这样的结论："海伦妮很接近德国理想妻子的模样，以无私的方式把自己献给丈夫和丈夫的事业。"但这番评价与事实相差甚远。[141] 相反，我们应当认为，施韦泽与布雷斯劳是两个长期保持独立的人，他们不愿意在公众面前讨论后来的"异地恋"。与此同时，二人的书信都表现了极为细腻的情感。正因如此，后来人们用施韦泽甚少在回忆录中提及私事来指责这位"丛林医生"性情淡漠，便更让人伤心了。德国《明镜》周刊在 1960 年写道——

> 母亲的去世（第一次世界大战中，在阿尔萨斯马路上被德国骑兵的马踢倒后不治身亡），女儿的出生，以及自己的婚姻，这三个事件，在他就像洪水般泛滥的文字中，都只用了一个句子就结束了。施韦泽的道德力量是很强大的，但只有当他看到某个人在经受痛苦时，他才会用自己的道德力量去解救他。[142]

《明镜》周刊编辑克劳斯·雅各比受委托撰写一篇有关施韦泽的头版文章，被派往兰巴雷内。他所在的编辑部想对这位日益被看作圣人的备受尊敬的丛林医生祛魅。[143] 然而，尽管雅各比保持了一个记者应有的批判性的距离，但在兰巴雷内期间，他还是被施韦泽的魅力和工作深深吸引，就像去兰巴雷内的大多数访客那样。正如雅各比自己所说，他根本没有能力去打破施韦泽的"神话"。但是，从《明镜》周刊主编的角度来看，似乎还是要找到一些批判点的。最终找到的第一点是施韦泽对待非洲人有一种家长式的作风。我们在后面还将对此展开讨论。第二点是批评施韦泽对海伦妮感情冷淡，所举的证据就是施韦泽在自传中只用了一句话就打发了海伦妮·布雷斯劳。但《明镜》周刊忽略了，在有关个人的情感和事务上，施韦泽是很拘谨的。有一次，他这样说道——

　　一个人不应该想着要渗透到另一个人的内心中去。分析他人（除帮助纠正精神错乱的人外）是一种不守规矩的不良行为。人不仅有身体上的羞耻感，也有精神上的羞耻感，这应当得到我们的尊重。[……] 我们不能强求别人。[144]

3

一个思想冒险者

——从斯特拉斯堡到原始丛林再回到欧洲 （1912—1917）

一个人，只有把他的计划认定为再自然不过的，而不是非同寻常的事，并且不是出于英雄主义，而是在清醒的热情中承担这一责任，才有能力成为这个世界需要的精神冒险家。

——阿尔贝特·施韦泽

出发，去赤道非洲

　　巴黎传教士协会为施韦泽预定的传教点兰巴雷内，是一位名为纳索（Nassau）的美国医生和传教士在 1876 年建立的。美国人 1874 年在奥果韦河流域开始传教。加蓬作为法属刚果的一部分，在 1892 年沦为法国殖民地 ①，巴黎传教士协会在同年接管了那里的传教工作，只是还缺个医生。因此，遇到施韦泽这个有行医执照但不拿工资的医生，对巴黎传教士协会来说，简直是天赐良机。但是，与他以前在神学院的处境相同，由于他的自由主义立场，很快他就触到了一个"相当正统"的、虔信

————————————————

① 此处疑为原书作者笔误：1839—1885 年，法国采用订立政治条约的方式，诱使加蓬各部落首领交出主权换取"保护"；1886 年，法国任命布拉柴为驻中央刚果特派员并兼管加蓬事务；1888 年，法国宣布加蓬和中央刚果合并，为法属刚果；1891 年，法国占领加蓬全境。——编者注

的传教士协会的界限。传教士协会要求他首先通过一项"宗教信仰考试",但施韦泽拒绝了这一要求。他在与协会领导层的谈话中强调,如果有需要,即使是一名穆斯林提出独力接管奥果韦的医务室,也不能出于神学原因拒绝他。但施韦泽的这一辩解,并没有使整件事变得容易些。最后,施韦泽主动提出,他可以单独拜访协会委员会的每个成员,当面回答他们的问题,以便他们能够亲自确定"我是否真的会对黑人的灵魂和传教士协会的声誉构成一种巨大的威胁",[1] 从而化解了这场冲突。

在谈话中,许多人都表示自己主要担忧的是:作为学者和神学家的施韦泽可能会用他的观点迷惑传教士们。因此,施韦泽不得不向他们保证,自己在兰巴雷内只是作为一个医生从事他的活动;作为一个神学家,他会像一条鲤鱼一样安静。尽管他答应了这些条件,但在他被任命之前,还是发生了一场严重的冲突,并且持续了许多年。传教士协会对施韦泽的批评,不仅因为他的宗教立场,还因为施韦泽拒绝放弃他的德国国籍,不愿归化为法国人。通过会议记录,我们得知:他因此遭到来自日内瓦的牧师绍特尔(Sautter)的批评。[2] 最后,主要还是通过施韦泽与巴黎传教士协会主席团每个成员进行一对一的谈话,解决了这些问题,他们作出了肯定他的决定。施韦泽和海伦妮将不是作为传教士,而是作为"独立的医护助手"被派往赤道非洲,为期两年。直到两年后的 1911 年 11 月,施韦泽在与法国殖民部的勒布伦(Lebrun)部长的一次私下谈话时,说服这位部长承认了他的德国医生执照。此后,他在非洲的医疗工作就不再有法律上的障碍了。1912 年,他就已经开始负责为兰巴雷内医院采购医用物资和其他材料。他通过捐赠筹集了购买这些材料的资金。他在法国殖民地建造的医院甚至还得到了斯特拉斯堡德国教授们的慷慨支持,这使施韦泽深受感动。[3] 还有一项资金来源,是施韦泽去非洲前通过巡回音乐

图 14　1912 年，海伦妮和阿尔贝特·施韦泽在共同准备他们第一次前往非洲的旅行。

127　会募集的捐款。施韦泽在 1913 年 2 月主要用捐款购买了 70 箱所需材料和药品，贴上"ASB"的标签，封箱运送到波尔多（Bordeaux），再从那里装船运往非洲。这些货物箱都是特制的，能够轻易地改装成家具。

　　由于担心战争，施韦泽在随身行李中带了 2000 金马克，而不是纸币。他认真考虑了战争爆发的危险，不仅是出于务实的理由，而且有政治的原因。他在第一次世界大战之前就已经从政治的范畴来思考战争了。为此，他对自己还是满意的，"多年来都在致力于德国和法国之间的相互了解"。[4] 与其他许多人相同，施韦泽在 1913 年仍然认为，德法战争是可以避免的。他针对德国扩大武装力量发出的警告，实在是太有先见之明了。京斯巴赫沦为战争的重灾区。1916 年 7 月，施韦泽的母亲被德国骑兵的一匹受了惊的马踢倒，不治身亡。在那之前，施韦泽最后一次见到母亲，是他和海伦妮从斯特拉斯堡
128　出发去波尔多的那天，也就是 1913 年 3 月 23 日耶稣受难节。

图 15 大约 1913 年，京斯巴赫，阿尔贝特·施韦泽与母亲和弟弟保罗合影。

在这个时刻，他的母亲仍然没有同意或者说是理解儿子去非洲的决定。她认为，儿子走出的这一步是对他自己才华的巨大浪费。施韦泽的外甥女苏珊娜·奥斯瓦尔德（Suzanne Oswald）清楚地记得那天的情景：在离开的那天早上，施韦泽从楼上下来向他"最爱的奶油圆蛋糕"（Lieblingsgugelhupf，母亲的昵称）告别，但他的母亲"咬着［……］嘴唇，一声不响地离开了房间。这对儿子来说，是很痛苦的。但是他知道他对她做了什么"。[5]

那天，村里有一半人都在京斯巴赫的小火车站上同他告别，唯独他的母亲不在告别的行列里。这个场景有些《旧约》中的味道，因为儿子并没有从他最亲近的那个人那里得到他所期望的祝福。即使现在要远离，但施韦泽还是希望能与他的家人、他的家乡和整个地区保持一种紧密的联系。为此，他特意租下了京斯巴赫山上的一块名为坎兹林（Kanzrain）的岩石，这是"他的岩石"，租期 99 年。因为当他还是个孩子的时候，他就经常坐在这块岩石上休息遐想；成年后又是坐在这块岩石

图 16 这位老"舅舅贝里"——外甥女苏珊娜·奥斯瓦尔德总是如此称呼阿尔贝特·施韦泽——攀登上了他心爱的"坎兹林"岩石，他在第一次出发去兰巴雷内前，向京斯巴赫社区租下了这块岩石直至其离世。

上给海伦妮写信；还有《耶稣生平研究史》书稿的部分内容，也是他坐在这块岩石上写就的。

施韦泽在离开之前还特意澄清了他的学术地位。1912 年 12 月，德意志帝国驻阿尔萨斯 – 洛林的总督冯·韦德尔伯爵（Graf von Wedel）为表彰编外讲师施韦泽"以往杰出的科学成就，特授予其'教授'称号"。[6]1904 年退休并在 1910 年去世的海因里希·尤利乌斯·霍尔茨曼，没有参与到这个"安慰奖"事件中去。初看上去这像是在晋升，但事实却恰恰相反：现在，虽说允许他自称荣誉教授，但与此同时，他也被告知，他申请去非洲传教的假期只有两年，如果超过的话，他必须放弃他的教学资格。以休假期限为由，剥夺他的上课权利，这一决定只能是在与神学系协商后作出的。而他在这个系并不只有朋友。早在 1912 年 6 月，这位编外讲师递交请假两年的申请时，就被拒绝过一次。就连当时已任大学校长的哈利·布雷斯劳也帮不上忙。这样一来，施韦泽以后再回神学系任教的道路就被堵死了。可以说，在第一次前往兰巴雷内时，施韦泽就已经放弃在斯特拉斯堡学术界的一席之地了。

基于这样的情况，施韦泽几乎没用过这个荣誉教授称号。虽然他收到的许多信件都会正式称呼他为"施韦泽教授"，但他在回复中通常只用"AS"、"阿尔贝特·施韦泽"或"阿尔贝特·施韦泽博士"作为签名。唯一的例外是，1921 年 5 月在给他的伟大榜样——老师阿道夫·冯·哈纳克的信中写道："无论我在哪里，是在赤道非洲，还是在太平洋的某个地方，在此之前，我一定会来见您的。最好的问候！您的阿尔贝特·施韦泽教授和博士。"[7]这一显著的例外蕴含着许多意味：自 1899 年第一次相遇后，他们一直保持着一种轻松的联系。他会写信告诉老师，自己正在从事文化哲学研究，并希望很快回到他的人道主义工作中。施韦泽最后并没有去太平洋，他在喀麦隆建造一个兰巴雷内分部的设想也没有成为现实。与 1913 年的情况相同，他在 1924 年仍然选择了兰巴雷内，并继续反对学院式神学。

不只是施韦泽母亲的沉默使施韦泽和海伦妮出发去非洲的心情变得沉重，还有另一件悲痛的事加重了他们本就沉重的心情。1913 年 2 月，海伦妮的弟弟赫尔曼（Hermann）在一次阑尾切除手术中意外死亡，年仅 29 岁。葬礼由他的姐夫阿尔贝特·施韦泽主持和致辞悼念。在不到一个月后，女儿又要离开他们去到一个遥远的地方，这对海伦妮的父母来说，该有多难。

其实，当时其他在场的人都不清楚，关于此次出发去赤道

非洲，这对夫妇计划"只在"那里停留两年。[8]1903 年，100
个人中有 14 个人在加蓬的利伯维尔（Libreville）去世。[9]非
洲内陆（包括兰巴雷内）的气候有着 100% 的湿度和典型的热
带夜晚，也就是说，即使在夜晚也不会比潮湿闷热的白天凉爽
多少。赤道非洲几乎还没有被欧洲人探索过。因而，感染疟
疾、血吸虫病、黄热病或其他疾病的可能性并不小。这些疾病
在东非或奥瓦姆博兰（Ovamboland）的整个传教站肆虐，并
且这类疾病在赤道附近地区发生的频率，远远高于西南非洲、
摩洛哥或南太平洋等温带地区殖民地。

可以想象，施韦泽夫妇选择的这个法国殖民地上的传教
点（兰巴雷内），气候条件有多恶劣。即使只在那里停留两
年，也是漫长且危险的。在两年后的 1915 年，他们究竟能不
能回到欧洲，还是一个很难说的问题。1913 年 3 月 26 日，他
们在下午 4 点离开波尔多的波雅克（Pauillac），搭乘"欧洲
号"轮船经比斯开海湾前往加蓬。在经历了海浪翻腾的航行和
晕船之后，他们在塞内加尔的达喀尔（Dakar）第一次登上非
洲的土地，"这就是我们想为之献身的地方。我们真想马上就
庆祝一下"。[10]在此后的航行中，深受晕船之苦的施韦泽终于
理解为什么有人会建议把自己的行李穿上缆绳绑在那些会晕船
的旅客身上。他们乘坐的船终于在 1913 年 4 月 13 日到达利伯
维尔。一位名为福特（Fort）的美国传教士拿着一束鲜花和一
篮水果，已经在码头上等待他们了。这些来自巴拉卡传教士站
花园的鲜花仿佛在鼓励施韦泽，给了他勇气。但这也给了他们
对自己目的地的一种扭曲和理想化的印象，因为兰巴雷内那个
传教士站需要施韦泽完全重新改建才能投入使用，而且那里的
气候也比沿海地区的气候糟糕很多。第二天，轮船到达地处洛
佩斯海角（Cap Lopez）的让蒂尔港（Port Gentil），他们必
须在这里换乘可以在奥果韦河上航行的小型汽轮"阿莱比号"

131

图 17 1913 年，在奥果韦河上观望法国 – 赤道非洲兰巴雷内附近安登德的传教士站。山丘左边是巴黎传教士的住房，右边是前任传教士莱昂·莫雷尔（Léon Morel）的住房，后由阿尔贝特·施韦泽居住。这些房子下面的建筑物属于医院。

（Alémbé）。他们一登上船，"阿莱比号"的船长立刻向大家喊道："赶快再享受一下清爽的海风！在兰巴雷内，你们会经常想念和渴望它的。"[11] 事实也的确如此。他们后来有多次假期都是在加蓬海边度过的。"阿莱比号"在 1913 年 4 月 16 日到达兰巴雷内的码头。那里有一些法国殖民地管理机构的楼房和贸易行。施韦泽夫妇必须再次换乘一条独木船。独木船将把他们带到 3 千米外的传教士站。

132

施韦泽夫妇到来的消息在兰巴雷内及其周边都已经传开了。兰巴雷内学校的学生和巴黎传教士协会的传教士埃伦贝格尔（Ellenberger）和克里斯托尔（Christol），在地处被非洲人称为"安登德"（Andende）的兰巴雷内传教士站内热情地接待了施韦泽夫妇。传教士站的那些白色小房子分布在 3 个小山丘上，周围种满了各种果树。整个传教士站一眼就能望到边，大约有 600 米长、200 米宽。直接建在法国刚果殖民地省加蓬奥果韦河边上的兰巴雷内传教士站，离赤道只有 60 千米，离大西洋海岸 200 千米。兰巴雷内的气候对欧洲人来说，几乎是不可忍受的。这里没有之前向他承诺的铁皮屋顶房，在最初的几个月里，施韦泽不得不在传教士站的鸡舍里搭建了他的医疗诊所。

非洲的风景让施韦泽感到震撼。他最初那些对非洲风景的描述，让人不禁想起那个对印象派风格的"科尔马悲伤黑人"雕像非常着迷的小学生。施韦泽激动地描写了他在奥果韦河上第一次坐船航行的经历——

133

　　阳光照射下的水面，闪烁着粼粼波光。在每个弯道处，大河都会延伸出一条新的分支。一只苍鹭笨拙地飞了起来，却又落在了一棵枯树上。蓝色的小鸟在水面上跳跃，高处盘旋着一对鱼鹰。在这里，一个错误都不可能发生！正在来回晃动的，是棕榈树上两只猴子垂下来的尾巴！现在，两条尾巴的主人变得清晰可见。这才是真实的非洲。[12]

施韦泽把他第一次在奥果韦河上坐船的感受写进了1921年出版的《在水和原始丛林之间》（*Zwischen Wasser und Urwald*），到1945年，这本书已经发行了50多万册。正是这本书使施韦泽在整个德语区成为著名人物。[13]这本书的副标题是《一个医生在赤道非洲原始丛林中的经历和观察》（*Erlebnisse und Beobachtungen eines Arztes im Urwalde Äquatorialafrika*）。施韦泽以此确定了他在非洲的自我形象，不是一个神学家、传教士或文化哲学家，而是一个医生。这篇关于亲身经历的报道很成功，但也成为施韦泽在欧洲最初主要被当作一名热带丛林医生，而不是一名神学家或伦理学家的原因。他在这本书中向读者描绘了"非洲大陆"特有的异国情调，给读者留下了深刻的印象。但他马上又转到关于非洲严酷现实的话题——

就这样坐在船上一直航行下去，一个又一个小时。每个角落、每个弯道，都与下一个相同。总是相同的森林，总是相同的水面。单调使这种自然暴力变得不可估量。即使闭上眼睛一个小时，当你再睁开时，你会再次看到与先前完全相同的情景。[14]

施韦泽接管的这个兰巴雷内传教士站的工作环境极其恶劣。繁荣的木材贸易导致酗酒和性病在非洲合同工中广泛传播。传统的乡村生活结构已遭摧毁，如同非洲许多其他的殖民地那样。

134

航行在继续。河两边尽是些被遗弃的破旧小茅屋。坐在我边上的一位商人说："我在 20 年前来到这里时，到处都还是繁荣的村庄。""那为什么现在不多了呢？"我问。他耸了耸肩，轻声说："烧酒……"［……］"如果我们的船白天停在这里的话，"这位商人告诉我，"那么现在所有黑人乘客（我们船上大约有 60 个黑人），都会离船上岸去买酒。通过木材贸易进入这个国家的大部分钱，都换成酒精了，我到过殖民地各个不同的部落，酒精是文化工作的敌人。"[15]

坐船航行在奥果韦河上的第一天，对这些所听所闻的反应，有着典型的施韦泽特色——

在对自然的崇高印象中，混合着痛苦和焦虑。在奥果韦河第一个夜晚的黑暗中，非洲苦难的阴影笼罩了我。［……］此时此刻，我比以往任何时候都更加确定，这个国家需要帮助，需要那些不因此丧失勇气的人的帮助。[16]

兰巴雷内

　　阿尔贝特和海伦妮在到达兰巴雷内的最初一些日子里，几乎在所有方面都要自力更生。法国的殖民地政府官员只是暂时会在奥果韦地区停留几天。该地区处于法国海军利伯维尔基地的军事控制之下。这个城市之所以形成，是因为在 1849 年有一艘贩运奴隶的船被劫持，奴隶们便在这里安顿了下来。随着美国内战的结束和奴隶制的废除，从洛佩斯海角中转的外国奴隶贸易也就逐渐趋于消失了。但奥果韦河边的非洲各国间的奴隶贸易到施韦泽抵达非洲时仍在继续，并且法国殖民地政府也没有对此严加禁止。利伯维尔的法国殖民政府机构，除抱怨黑人掠夺法国人的工厂和运输货物外，也只能派出一些小型的炮船，示威式地在奥果韦河上游来晃去，偶尔向一些村庄打出几发炮弹。[17]

135

　　这里根本谈不上存在一个管理有序的中央政府，能够控制边缘地区的局势并确保那里的正常秩序。过去，甚至还有白人被卷入非洲部落间的血仇争斗。对刚到这里的施韦泽来说，过去在兰巴雷内发生的这些事件非常重要。因为兰巴雷内地处"方"（Fang）部落领土与受欧洲影响极大的"加洛斯"（Galos）部落领土之间。尽管加洛斯部落在 19 世纪的部落冲突中已经元气大伤，但为了能够在兰巴雷内生存下去并且成功发展，施韦泽必须清楚了解这些背景情况。他不允许自己的医院被夹在战线之间。基于这一理由，施韦泽为医院制定的一些必须执行的行为准则，如"不准随地吐痰！"或是"把药品铁罐送回医院！"，他都请人为非洲患者翻译成"方部落语"（Pahouinian）和"加洛斯部落语"（Galoan）。他的德语祈祷词也是。为了能够在当地招聘到助手和工作人员，施韦泽有先见之明地在一开始就走访了周围的村庄。但是与他的后继者瓦尔特·蒙茨（Walter Munz）不同，并且也与许多把学习当地语言看作自己义务的传教士等不同，施韦泽不想尝试学讲当地的非洲语言。这使他后来被指责为典型的殖民主义者。

与阿尔贝特相同，海伦妮也被非洲的自然环境所征服。她很快就迫使自己适应了那里的居住条件：一个漏水的小屋，地上还有许多大蜘蛛爬来爬去。他们两人都用冷静和幽默来应对日常生活中的问题。从当时写下的日记来看，他们是一对紧靠在一起互相扶持的夫妻，尽可能以幽默和现实主义使自己的日常生活过得更好些。[18] 海伦妮的相关文字给人留下的印象是：尽管在兰巴雷内的工作非常艰苦，但却是他们婚姻中情感最圆满的几年。他们的一天通常是伴随着早上 6 点的钟声和儿童的合唱开始的。传教士团给出的指示，比如在紧急情况下有大约三个星期的宽限期可以用来适应这里的气候和工作环境，被他们故意忽略了。在他们到达的第二天，诊所门口已经排起了长队。但是他们托运的行李在两个星期后才通过天主教传教士团的帮助运了过来。在药品到来之前，施韦泽只能用他随身携带的那些药品救急。在 1913 年 4 月 26 日到 27 日的夜里，他们收到了这 70 箱货物，也包括那架能防热带气候和白蚁并带有风琴踏板的钢琴。这是巴黎的巴赫协会赠送给施韦泽的，至今仍保存在京斯巴赫的施韦泽档案馆中。

随着行李的到来，药品的问题终于解决了。但现在更大的问题是，最初由施韦泽自己聘请的一位非洲口译员，没有如期来到医院工作。幸运的是，他的首批患者中有一位会说法语的名为约瑟夫·阿祖瓦尼（Joseph Azowani）的厨师。同时，他还是一名天主教徒。他不仅承担起施韦泽口译员的工作，而且成了施韦泽的第一位医务助手。海伦妮在这期间则担任施韦泽的护士和手术助理，同时必须介入组织医院和家庭的工作。事实证明，不识字的约瑟夫适应能力极强，技术娴熟，尤其是在

136

人体结构方面他证明了自己的聪慧和善于学习，尽管这位前厨师喜欢用"排骨"或"里脊"对病人的不适部位进行表述，或者当患者的脉搏过快时，他会说那个病人的时钟走得太快了。[19] 施韦泽从约瑟夫那里学到很多关于当地传统、文化、迷信、禁忌和巫医方面的知识，也越来越信任他，放手让他参与更多医疗工作。但约瑟夫并不是在最初的几个月中唯一与施韦泽有密切接触的非洲人。这就有力反击了一些观点：施韦泽作为一个白人，与黑人保持的仅仅是一种单纯的工具性关系，只是把他们当作重要劳动力而已。

137　　除了约瑟夫，施韦泽在来到兰巴雷内后不久就与黑人木材商埃米尔·奥古马（Emile Ogouma）成了朋友。这位朋友经营的是木材运输业务。这对医院的建设来说是至关重要的，因为木材行业在丛林中的运作必须遵守严格的规定。大约一半的森林通过特许权分配给了欧洲人，另一半则由非洲人自己分配，施韦泽和奥古马用的就是这另一半中的份额。施韦泽的《在水和原始丛林之间》全书169页中光是说到木材交易和砍伐的，就有15页之多。[20] 他在书中强调，木材贸易的关键不是拥有森林，而是拥有砍伐后的树木。非洲人提供的树木，当然要比以出口为主要目的的欧洲贸易商提供的树木便宜些。施

138　　韦泽通过与非洲工人和如奥古马这样的木材贸易商友好合作，充分发挥了这一优势，并且也有意识地将这种联系作为他社交网络的一部分加以培养。通过这种方式，他能够以合理的价格为其医院购买足够的木材。

　　因为一件悲剧性的事情，施韦泽在约瑟夫之外又赢得了一位名为纳-肯德尤（N'Kendju）的年轻非洲人作为自己的治疗助手。当地频繁发生河马袭击人的事件，有一次，纳-肯德尤不得不目睹工作同伴丧生。按照传统，死者的叔叔在回村前需要找到一个罪人。由于事发时纳-肯德尤正好在场，死者的

图 18 身着热带服装的欧洲人（从左到右）：木材商人理查德·克拉森（Richard Classen），传教士夫妇莱昂和乔吉特·莫雷尔（Georgette Morel），海伦妮和阿尔贝特·施韦泽，以及小狗卡兰姆巴。此照片拍摄于 1913 年前后，地点为兰巴雷内 – 安登德。

叔叔便认为他就应该是这个罪人。事发后曾经试图抢救遇袭者的施韦泽，此时站出来帮助纳 – 肯德尤，警告死者的叔叔，如果他把死因归罪于纳 – 肯德尤的话，施韦泽就会去法国殖民机构的地区长官那里告他。最终那位叔叔让步了，而施韦泽又赢得了一个当地的治疗助手。[21]

1915 年 4 月，施韦泽家除了他的狗卡兰姆巴（Caramba），还有 52 只鸡、3 头山羊、2 只鸭子、1 头绵羊、1 头羚羊、1 只猫和 1 只鹦鹉。[22] 在接下来的几十年中，施韦泽在兰巴雷内的家庭成员，还会增加名字叫作安提戈涅（Antigone）、科西玛（Cosima）、佩内洛佩（Penelope）、爱洛伊丝（Heloise）的猴子，以及叫作特克拉（Thekla）和舒夫特勒（Schufterle）

的野猪。施韦泽那几只名叫帕西法尔（Parsifal）、特里斯坦（Tristan）和罗恩格林（Lohengrin）的鹈鹕，因施韦泽作为瓦格纳崇拜者撰写的一本畅销书而闻名于世，它们有时甚至会陪着他出诊。[23] 海伦妮也从一开始就负责管理作为食物重要来源的果园，这对他们在非洲的生存来说是至关重要的。

施韦泽作为医生，很快就获得了成功。没过多久，那些非洲病人就称他是他们的白人"奥甘加"（Oganga），就是加洛斯语的"灵验男人"（Fetischmann）。来到施韦泽用鸡舍改装成的诊所的最初一批病人，都患有典型的热带病。施韦泽还在欧洲时就特意对此进行了学习和研究，并且他曾经在"欧洲号"轮船上遇到一位经验丰富的军医，后者在航行中的某个早晨给他补了两个小时的课。[24] 作为一名外科医生，施韦泽最经常要处理的不是癌症或胃溃疡，而是嵌顿疝，这只需做一个最常见的小手术就能够解决，可以说很容易治疗。但是，如果不进行治疗的话，就会像阑尾炎那样导致死亡等严重后果。同样十分常见的还有皮肤溃疡、麻风病、昏睡病、疥疮、痢疾（菌痢）、疟疾、心脏病、性病、牙痛、骨折等。

施韦泽开始治疗后的第一个重要后勤任务是建立一个治疗室，以取代原先那个用鸡舍改装的临时诊所。为此，传教士团会议特批了4000法郎的经费。在这样的情况下，拥有三个博士学位的施韦泽，立马变身成为一名建筑师和一个急脾气的工头。即使在建造房屋这一方面，施韦泽也证明了自己很强的学习能力，他很快就掌握并内化了热带地区可持续建造的基本原理。长条形的茅屋应当按东西方向建造，以免太阳对着长边在屋顶上纵向照射，否则屋内的温度会让人无法承受。[25] 周边有树木遮阴的房屋不允许有窗户或围墙。在这些屋子的四周安上木桩，便可用一顶蚊帐覆盖整个房间，而这些木桩不仅要用硬木制成，还必须事先用火烧成焦木，以具有防白蚁的功能。施韦泽亲自设计出一种双层屋顶结构，使空气能在房间中自然流通，而不会再堵塞在天花板下。地板和屋顶的桁架用木头制成，屋顶则用波纹铁皮，这样一来，即使是猛烈的赤道雨水，也能够顺畅地从屋顶上流下来。为了表彰施韦泽在适应热带气候的建筑方面的创新，（德国）不伦瑞克工业大学土木工程学院授予了他工程学荣誉博士学位。这些坚固且有防白蚁功能的支柱使施韦泽建造的房屋非常稳固，而且由于采用了双层屋顶结构，屋内也比较凉爽。

为了尽可能地利用日光，施韦泽制定了一个"施韦泽时间表"，它会按照当地季节的日光移动而前后调整，就如欧洲的夏令时和冬令时那样。但它仅在兰巴雷内的诊所里应用。因此，施韦泽诊所里的时间是"与众不同"的。

但与此同时，施韦泽这位新医生的到来和存在，以及他为病人的服务，也产生了一些新问题。比如，危重病人的亲属会很自然地把患者放在医院门前，然后，就怀着对施韦泽的期望——他反正会以某种方式照顾他们——一走了之，不管不问了。[26] 此外，对非洲患者来说，在一个狭小的病房内，眼看着某个其他的病人死去，也是很难的。因此，施韦泽从一开始就试图尽量扩大自己医院的规模。由于有太多的疝气手术（相当于"非洲的阑尾炎"）要做，施韦泽在1913年8月开始建造他的第一个外科专用手术室，并因此得到了一个"波纹屋顶医生"（Doktor Wellblech）的绰号。[27] 他急急忙忙地寻找和采购建筑材料，最后终于建成了一间事故手术室，虽然只有13平方米。[28] 除了需要足够的资金购买不易被白蚁侵蚀的硬木，还需要有尽可能多的非洲工人。

新建的医院很快就有了相应的利用价值，施韦泽与海伦妮很高兴地看到许多病人前来求治。他们虽忙于建房，但并没有急于治疗工作。在来到这里的前9个月中，他们为近2000名

140

患者提供了治疗。[29] 每次手术，海伦妮都作为护士操作着欧洲捐赠的麻醉机，约瑟夫则作为助手与施韦泽一起站在手术台边上。

随着时间的推移，施韦泽对他现在所处新环境的历史和生活方式，如奴隶和食人、禁忌习俗，以及巫医永不消失的神奇力量，有了越来越多的了解。他甚至正在逐渐成为后者的竞争对手。在刚开始的那段时间里，主要是他的治疗助手约瑟夫向他介绍当地病人的一些思考和生活方式。约瑟夫也从一开始就向施韦泽建议，一定不能接手治疗那些已临近死亡的病人或是没有治愈希望的病人，以免与"那些巫医，施韦泽的当地同侪"相比，损害自己的声誉。[30] 因为后者——

> 倒是和欧洲诊所中的一些教授一样，他们不想用可预见的治不好的病例，来损害他们的统计数据。如果一位患者出乎巫医的预料还是死去了，那么他为了维护自己的名声，肯定会立即找出是谁对这位病人施加了魔力，以致他必须死去。在非洲黑人看来，医学的首要知识，就是一个医生必须能够辨别这个病人是否将要死去，并且不必再对那个将要死去的病人使用自己的医术。[31]

141　部分是因为遵循了这些建议，但最重要的还是因为在新建的手术室中进行了至关重要的疝气手术，施韦泽的声誉在最初几个月稳步上升。人们怀着极大的敬意谈论施韦泽的麻醉术：那位医生首先杀死病人，去除疾病，然后再将他唤醒。他每天治疗的三四十个患者中，有一些也清楚知道施韦泽工作的价值。[32]例如，有人坚持向施韦泽支付一笔少得可笑的 40 法郎的小钱，就是为了支付施韦泽用于缝合伤口的细线费用。

从施韦泽管理医院的记事簿和患者档案中，我们可以清

晰地看到：兰巴雷内对他来说，不仅仅是一个作为过渡的中间
站。他坚定地认为，他将为病人多治疗几次。

> 每个病人离开时，都会收到一个由硬纸板制成的穿着
> 一根细麻绳的圆纸片，上面写着他的号码。在我的病人记
> 录本上，可以按这个号码查到他的病情和他所用的药物。
> 这样的话，如果他再次来看病，我只用查看一下相关那一
> 页上的记录，就能马上知道他以前的病情，不必再耗费时
> 间重新询问。[33]

施韦泽的经济考虑不仅表现在医院的行政管理上，还表现在他
坚持着一种近乎迂腐的节俭原则上。但这对一个处在偏僻地区
的传教士站来说，是合适和必要的。为此，他不遗余力地要求
收集铁盒以及绑带；剃须时拒绝使用肥皂，认为这太奢侈；他
会把法国殖民地政府寄给他的表格的背面、旧的日历纸或是木
材经销商发票的背面，都用来写字，尤其是写他关于文化哲学
的思考，因为纸张在兰巴雷内很短缺。[34] 在他的这种节俭习惯
中，金钱一直占据着一个核心的地位，因为一件从欧洲寄来的
货物，光是因为运费、关税和途中的损失缩水，到达兰巴雷内
时，价格就几乎是货物自身价值的三倍了。施韦泽的这种节俭
绝不是一种病态，而是他必须省钱，因为他的兰巴雷内医院直
到 1950 年，几乎一直深陷在财务困境中。

施韦泽的另一个特点，是他对医院的全部财务状况有着清
晰的把握。直到去世前不久，他仍不愿让女儿蕾娜接管记账等
财务方面的事务。其实在他获得诺贝尔和平奖之后，已有足够
的捐款流向兰巴雷内。施韦泽对医院财务状况保持沉默的一个
原因可能与他在 1913 年和 1917 年间的危机经历有关：当他作
为被拘禁者第一次离开加蓬前往欧洲时，由于他的慈善事业，

142

他已经在巴黎传教士协会那里累积了超过 21000 法郎的债务。战后，他通过极大努力才还清了这些债务。

1913 年底，阿尔贝特和海伦妮与传教士莫雷尔夫妇一起，度过了他们在非洲的第一个圣诞节。与其他人相同，海伦妮也受到了气候和繁重工作的影响。但起初她的背部问题和她从欧洲就患有的结核病似乎都没有给她带来太多问题。周日下午的大部分时间，他们都会在丛林中散步或是划船。即使是在非洲特定的卫生条件下，经受过严格培训、特别爱干净的护士海伦妮，也会尽可能打扫干净和安排好一切。比如有一次，厨师的儿子用厨房的菜刀从脚上赶走跳蚤，阿尔贝特只是轻声地斥责了他，但海伦妮却忍不住批评说："他就是个非洲人。"[35] 医院日程的规则化逐渐发挥了效用。因此，当他们夫妇去海岸边度假三周时，约瑟夫很好地担任了他们度假期间的代理人。现在，来接受治疗的白人患者，甚至还很享受海伦妮准备的食物。当然，他们的生活中也有一些在当地无法解决的细小的医疗问题，比如施韦泽有了脓肿后，不得不在 1919 年前往欧洲进行手术。但总体来说，在兰巴雷内过了 15 个月后，他们逐渐适应了当地的气候环境，心情也很好，原先的许多担忧烟消云散了。

战争爆发和被送往拘留营

143

由于爆发战争的可能性日渐增大，法国在 1914 年 8 月 2 日发布全民动员令，施韦泽夫妇的处境也发生了巨大变化。他们二人都持有德国护照，突然间便成了不可信任的有嫌疑的敌对国的人。他们至少在形式上已经是法国军队的战俘。他们离开兰巴雷内前往喀麦隆的第一步计划失败了。兰巴雷内地区的法国殖民官科尔托（Cortot）通知他们，他们可以继续在传教所内自由活动，但不准离开这个范围。[36] 此外，他们被四名非洲警卫和一名军官监管着，被禁止与欧洲人和非洲人接触。[37] 只是不允许施韦泽行医的禁令很快就被解除了，连那几名非洲监管人员也找施韦泽为他们治病。然而，对阿尔贝特·施韦泽来说，更令人难过的是这一事实：通过几个月以来的良好合作，他与一些法国传教士不仅没有发生预期的神学冲突，甚至还建立起了友好的关系，现在却因战争一下子恶化了。比如，法国传教士奥特曼（Ottmann）作为一个爱国者，突然之间完全改变了对待施韦泽的态度，在传教士站故意为难施韦泽的日常工作，尽管施韦泽并不赞同德国在欧洲的行动，并且也一再中立地强调现在每个人都不得不在经历"历史上最恐怖的危机"。[38]

由于海伦妮父母的身份背景和政治立场，与丈夫相比，她比较赞同德意志帝国的政治，但她始终保持着沉默，以防止整个状况再度恶化。但是在战争爆发后不久，德国的阿尔萨斯很快便成为敌方领土，因而也就不再允许从德国向法国殖民地加蓬提供援助和药品，这给施韦泽的医院带来了非常紧迫的实际困难。施韦泽被迫决定借钱来购买基本的必需品。第一次世界大战开战后的第一个圣诞夜，医院的情况更是急剧恶化，因为施韦即使有借来的资金，也很难把买来的医用品从海岸运送到兰巴雷内。1915 年的情况就更加严峻了。蚂蚁爬满了因缺少焊条而没有完全密封的储备食物。此外，在施韦泽不得不将他的第一位医疗助手约瑟夫·阿祖瓦尼的薪水减半后，这位医疗助手也撒手不干了。[39] 施韦泽因为解约之事对约瑟夫感到很失望，毕竟两人合作了很长时间；同样让他失望而且或许更难受的，是他现在与几个爱国的法国传教士的关系特别紧张。施韦泽与巴黎传教士协会的纠纷一直持续到战后的 20 世纪 20 年代。由于食物稀少、缺乏营养，如预期的那样，阿尔贝特和海伦妮都患上了热带贫血，随之而来的是经常性的疲倦状态。

在这段时间里，施韦泽很少收到来自祖国的消息。即使有，也是已经延迟了数周的消息。就连家里发来的电报，通常也必须先经过利伯维尔和洛佩斯海角才能到他的手里。1915 年，德国和法国之间的战争前线正好穿过明斯特塔尔中心地区。发生在离德国的京斯巴赫没几千米的林根科普夫（Lingenkopf）的那场战役，在从 1915 年 7 月 20 日至 10 月 15 日不到三个月的时间里，就有超过 17000 名德国和法国士兵丧生。1916 年 7 月 3 日，施韦泽的母亲成为德法这场战争的间接牺牲品：在从瓦尔巴赫（Walbache）到京斯巴赫的回家路上，施韦泽的父母在两名德国骑兵经过他们时，撑起了一把雨伞作为防护，但是当第三个骑兵经过时，那匹马因雨伞受惊，将施韦泽的母亲阿黛尔·施韦泽撞倒在地。1916 年 7 月 4 日凌晨 2 点，他母亲因头部受伤去世。尽管此前曾有两位来自苏尔茨巴赫（Sulzbach）和斯特拉斯堡的医生尝试救治她，但她自头部受伤后再也没有恢复意识。[40] 施韦泽直到 1916 年 8 月 15 日收到父亲的来信后，才得知这一不幸的消息。他回信道——

> 我有一些奇怪的预感：当船的警笛声在远处响起时，我知道它给我带来的是这次死亡的消息。她的相片在房间里向我问候。我们今天剪了棕榈枝和橙橘枝，来装饰她的相片。我仍然需要费力去理解这件事，以便首先向我自己解释清楚这一切。我眼前总是浮现盛夏时分墓地一角的景象，想象着我和海伦妮一起回家在她的墓碑前问候她时，会是怎样的一番感受。[41]

145

当施韦泽写下这几行字的时候，他当然很清楚，母亲曾经为他学医和去非洲的决定，有过特别艰难的挣扎。没过多久，他们

的亲属中又出现了其他战争受害者。1917 年夏天，海伦妮的
表哥理查德·伊赛（Richard Isay）死于战争。

海伦妮在 1916 年和 1917 年间，越来越无法承受热带气候
给她带来的痛苦，因此她不得不经常去非洲西海岸度假和休养。
1916 年 10 月中旬，阿尔贝特和海伦妮前往奥果韦河入海处，
在那里，他们用了 9 个月的时间休养生息，恢复体力——这也
许是他们在整个非洲停留期间最无忧无虑的日子了。在非洲西
海岸，有朋友提供了一幢房子让他们使用。也就是在第一次世
界大战的危机中，施韦泽开始写他的文化哲学作品。因此可以
说，他的文化哲学，就像是这场危机的"孩子"，或说是产物。

1917 年，阿尔贝特和海伦妮在兰巴雷内的工作条件变得
更加恶劣。随着乔治·克里孟梭（George Clemenceau）夺取
政权，殖民地政府把在法属刚果的战俘押送到法国，以便进行
更严格的监管。1917 年政府下达命令，所有"敌对方的外国
人"都应立即用船押送至波尔多，并且每人只能携带 110 磅的
行李。这一命令对施韦泽来说意味着：在这个限额以外的所有
物件和昂贵药品，都不得不暂时存放在兰巴雷内那个有着波纹
铁皮屋顶但并不怎么能严防风雨的茅屋中。他匆忙出售了部分
家庭用品，以便至少可以用这些钱来偿还他欠巴黎传教士协会
的超过 21000 法郎的债务中的一部分。为了保护他用德语写
下的文化哲学著作草稿免遭没收，施韦泽又用了两个晚上的时
间，用法语撰写了一份简短的摘要，然后把原稿交给忠于《圣
经》的美国传教士福特保管。福特虽然认为施韦泽的自由主义
思想有害，恨不得把手稿扔进奥果韦河中，但"出于基督教的
爱心，他还是愿意保留它，以便在战争结束后再还到我手中。
因此，我也就能够稍稍安心地与我的妻子一起踏上去波尔多的
旅程"。[42] 直到 1920 年夏，他才又拿到这些手稿。

他的亲戚对发生在兰巴雷内的这些新情况一无所知，因

146

图 19　1917 年，阿尔贝特和海伦妮作为德国战俘被软禁在兰巴雷内内，
由非洲警卫战士监管，后来又被驱逐出法属赤道非洲。

为阿尔贝特·施韦泽在 1916 年 12 月 12 日写的最后那封信，
需要通过国际红十字会拘禁人员服务机构转送，直到 1917 年
3 月 18 日才到达京斯巴赫。自那以后，路易斯·施韦泽直到
1917 年 12 月 10 日都没有收到关于儿子的消息。

147　　　被迫返回欧洲的旅程，差点以悲剧的方式结束。1917 年
秋天，当被遣送者从塞内加尔的达喀尔港口上岸时，偏偏有一
艘由马丁·尼默勒指挥的潜艇 U-151 潜伏在港口前，"跟踪着
我们的船"。后来，施韦泽和尼默勒在 1961 年的通信中，相互
都证实了这一事件。[43] 当时很可能发生的情况是：非常受人尊
敬并且后来因为忠于教会而被纳粹关了起来的牧师兼潜艇指挥
官马丁·尼默勒，用鱼雷炸了后来诺贝尔和平奖获得者施韦泽
恰好乘坐的船！最后，施韦泽夫妇在 1917 年 11 月中旬，登
上了没有被鱼雷击中的"非洲号"（Afrique），前往法国目的
地——波尔多港。

4

善就是：维护生命
——阿尔贝特·施韦泽的文化哲学

> 善就是：维护生命，促进生命，把有发展潜力的生命
> 推向它的最高价值。恶则是：毁坏生命，伤害生命，压制
> 有发展潜力的生命。

——阿尔贝特·施韦泽

"我们都只是模仿者"

阿尔贝特·施韦泽利用 1914 年至 1917 年发生战争的
这几年时间，为他题为《文化的衰落与重建》（*Verfall und
Wiederaufbau der Kultur*）的文化哲学研究奠定了基础。在
这次世界大战期间，他着重考虑了文化和伦理对于人类共处的
重要性，而战争这一事实又使他的考虑拥有了一种特殊的意
义。他的判断是：就连远离欧洲战场数千英里的地方也出现了
文化衰退。这就表明，施韦泽是那些特殊的实践哲学家中的一
员，与康德不同的是，他们将人类的日常经验，而较少将哲学
范畴的体系，作为自己反思的出发点。施韦泽思考的最初的问
题是，在距离他京斯巴赫的家不到 3 千米的那个地方，战争屠
杀是怎么开始的。他不断反问自己：事情怎么会发展到这种
程度？除了政治因素，是什么样的精神畸形把世界推入这场
灾难？

这些是施韦泽在 1915 年写下的第一本文化哲学著作中探讨的主题。标题为《我们是模仿者》(*Wir Epigonen*)的这份草稿，起初并没有拿去出版。在施韦泽的文化哲学著作中，他最早是想用"文化和文化国家"来替代"模仿者"这个词的。"模仿者"这个关键词是他 1899 年在库尔提乌斯家的柏林沙龙中意外听到的，这给了他思考的灵感。

即使在到达非洲后，他也一直在思考着这个文化哲学的核心问题。据施韦泽自己说，1915 年 9 月当他在奥果韦河上巡游时，他对这个问题的思考才有了关键的突破。因为自战争爆发以来，他一直在撰写《我们是模仿者》一书，虽说他能够在书中解释造成当前世界政治危机的意识形态原因，但是他无法在这种令人沮丧的政治经验的基础上，推导出一种肯定世界和生命的个人伦理(individuelle Ethik der Welt- und Lebensbejahung)。这扇"铁门"，在 1915 年向他打开了。

149

几个月来，我一直生活在内心的动荡中。由于没有任何成果，我更加集中地思考这个问题，即使在忙于医院的日常事务时也没有放下它。我总是在思考肯定世界和生命以及道德的本质，以及它们之间的共同点。我游荡在灌木丛中，找不到出路。我就像在撞一扇不让打开的铁门。[……] 1915 年 9 月，当我和妻子为了健康而在洛佩斯海角边度假时，我被召唤前往恩戈莫(N'Gômô)，离洛佩斯 200 千米的地方，给传教士团的佩洛特(Pelot)女士治病。[……] 我们缓慢地往上游方向行进着。正值旱季，说是在河里行进，实际上是在沙洲上艰难向前。我心不在焉地坐在驳船的甲板上，全神贯注地思考着我还没有在任何一种哲学中找到的那个基本和普遍的伦理概念。我把一些不连贯的句子写在一张张纸上，只是为了让自己的注意力集中在这个问题上。直到第三天的晚上，日落时我们径直穿过一群河马，我没有任何预感，也没有寻找，但是突然间，"敬畏生命"（Ehrfurcht vor dem Leben）这个词在我眼前冒了出来。那扇铁门，终于打开了，灌木丛中的路，已经变得清晰可见。现在，我终于有了一种理念，肯定世界和生命与道德将在其中相互依存！现在我才知道，伦理上的积极处世的世界观连同它的文化理念，是在思想中建立起来的。[1]

150

随着敬畏生命原则的诞生，施韦泽也突然眼前一亮，看到了一个完整的文化哲学体系——

> 整个文化哲学的计划，现在非常清晰地出现在我的眼前。它好像从本身出发就分为四个部分：1.论当代文化的缺失及其根源；2.讨论欧洲哲学迄今为止在论证肯定世界和生命的世界观方面的尝试，观照敬畏生命的理念；3.详述敬畏生命的世界观；4.论文化国家。[2]

除第四部分（也是最后一部分）外，施韦泽在接下来的几十年中，将自己关于文化哲学的思考写在了纸上。只是我们对于施韦泽描述的在奥果韦河上得到启示的美好经历，必须持一种怀疑的态度。因为他其实在1911—1912年冬季学期的讲座中，就已经使用了"敬畏生命"这个概念，当时讲座的主题是"历史批判性神学和自然科学之成果对宗教价值判断的影响"。在这个讲座的框架内，他向学生讲述了——

> 生命究竟是什么？它对我们来说不仅是一个谜，也是一个秘密——我们只能凭直觉知道它的存在，而且远远不

能用我们已经掌握的自然力量来再造它。因而当"敬畏生命",秉持这个原则的人,哪怕是最坚定的唯物主义者,也会慈悲为怀,在大街上避免碾死蠕虫或无目的地踩蹦花朵。"敬畏生命"也应当是所有文化的基调。印度文化的伟大,恰恰就在于此。[3]

在那次传奇般的奥果韦河之旅后,1915 年 9 月至 11 月,施韦泽在兰巴雷内和洛佩斯海角利用晚上的时间写下了他的文化哲学著作的第一卷。在写作期间,苏黎世的施特罗尔(Strohl)教授和施韦泽的叔叔奥古斯特通过红十字会为施韦泽提供必要的文献,而海伦妮则帮助打点医院事务,让他尽可能少地为之操心。[4]1915 年 11 月 21 日,海伦妮在离开兰巴雷内前一天的日记中简单写道:"阿尔贝特向我朗读了'模仿者'的第一部分。"[5] 不过,最初完成的这本《我们是模仿者》只是一份草稿,直到 1917 年秋,施韦泽才在拘留营里重新拿到这份手稿,并且直到 1920 年才又进行了根本性修改,因而从没有把原先的手稿送去出版。其原因是,战争的爆发使他在自己的第一本文化哲学著作中,显现出一种特有的悲观视野和论调。

从尼采(Nietzsche)到斯宾格勒(Spengler)再到卡西尔(Cassirer),关于西方文化逐步衰落的思考在当时已较为普遍。施韦泽的哲学老师威廉·温德尔班德,就是新康德文化哲学家中的一位重要成员。此外,1899 年,施韦泽在柏林还听了文化哲学家格奥尔格·齐美尔的讲座,因此,这个主题对他的吸引力在学术上也是显而易见的。但《我们是模仿者》中的文化批判实质,与施韦泽后来在 20 世纪 20 年代撰写的著作有些不同:在 1915 年时,"文化衰落"这个主题实际要比"文化重建"在他的思考中占据更大篇幅。相应地,施韦泽把在 1923 年出版的《文化哲学》第一卷,叫作《文化的衰落与

重建》。这本书其实是 1915 年那本《我们是模仿者》的重要
修订版。而以后再出的《文化哲学》第二卷的标题则是《文化
与伦理》（*Kultur und Ethik*）。第二卷共 21 章，其中有 13 章
回顾了问题的整个发展历程，其余几章则论述了敬畏生命的世
界观。[6]

基于《我们是模仿者》的悲观特性，施韦泽文化哲学著作
的第一卷，其实很难系统地与施韦泽整个文化哲学体系中后来
出版的那三卷融合在一起。因为后三卷不是从社会出发，而是
从个人和个人的道德责任出发展开讨论的。在施韦泽看来，他
的敬畏生命的世界观，必然会导致一种肯定生命的伦理和世界
观，而 1915 年版的《我们是模仿者》则是他当时的一些悲观
分析。在第一卷的第一章中，施韦泽定下了阴郁的，几乎可以
说是绝望的基调——

152

因为在我们的精神生活和公共生活之间存在着独特
的、无法解决的联系，使我们不愿相信会有转变的可能
性，这些联系在持续的、似乎不可阻挡的相互损害中存在
着。这是我们精神上的颓废的一种特征。［……］席卷欧
洲文化国家的政治灾难，也显示了这种双重形象。从它的
起源来说，它是文化已经完全衰落的表现和结果。但与此
同时，它还预示着这种状况将进一步恶化的事实。这些外
在事件对我们的精神造成了极大的破坏，以至于我们还将
深陷在造成这些事件的状况中。［……］深陷在这种命运
中的我们应当做的，就是驱赶它和超越它。但是文化的衰
落和下降是如此之快，并且对所有状态和事件都产生了巨
大的影响，我们作为个人即使极为愿意去改变这一事实，
也无法撤回和保存我们在这个世界正在失去的自己。这是
一种精神上的颓废。它将在两代或三代人的时间里结束并

彻底改变每个人，而不像古希腊、古罗马的衰落那样经过了许多个世纪的漫长演变。[7]

施韦泽在这里对西方文化衰落的分析，与奥斯瓦尔德·斯宾格勒的西方没落论（1918—1922）极为相似。现在，尽管第一次世界大战也许可以证明施韦泽的批判性分析是正确的，但"应当如何重建我们的文化"这个问题，在《我们是模仿者》中只是占据着次要的地位。不过，这不是因为施韦泽无法就这个问题给出答案。他本人"就是一个彻头彻尾的个人主义者，也就是说，不仅是遵从自然性，而且基于经验和思考，他是一个与生俱来和坚定的集体主义反对者"。[8]第一次世界大战后的1919年5月4日，在圣尼古拉教堂的一次后来经常被引用的布道中，施韦泽就这种相互关系曾说——

> 人永远不能停止做人。在一切活动中，你都绝不能违背自己个人的意愿，成为某件事情的执行人或是社会的受托人，而是必须用你自己所有的个人道德感对此进行思考。虽说这会使你感到极不舒服，也令你困惑，但是一定要在你必须做的一切事情中，尽最大努力用符合人性的方式去行动，摆脱他人强加给你的责任。[9]

他所提出的观念的基本问题，是把社会和组织作为一种集体性结构去理解。在另一次布道中，施韦泽概括如下——

> 我们在困难时期遇到的许多组织机构，不是几乎就像一些在空荡荡运转的石磨吗？任何一个以慈善为理念的组织，从长远来看，只有在有能力的人的能量活跃在其中时才有价值。因为个人的主动性和多方面的适应能力是

一个统一体，而这种统一又是实现任何一种真正成就的基础。[10]

在这两次布道中，施韦泽都没有抽象地谈论整个社会，没有抽象地描述它的集体上升或衰落，而是具体地谈论了作为所有社会行动组成部分的个人。人不应该被解除对其个人行为所承担的道德责任，即使他的行为似乎是为了他的公司、他的社会或国家利益所做的。任何一种秩序构想，任何一种共同利益的假设，任何一种经济的束缚，都不能成为个人摆脱对自己行为承担道德责任的借口。"你什么都不是，你的人民才是你的一切"，这是与个人道德责任相反的对立面。以人始终承担个人道德责任为前提，将人视为上帝的创造物和上帝形象之体现，我们便会了解到：人需要承担敬畏生命的责任。这种责任在施韦泽后来的文化哲学研究中，成为构建那个由他设想出来的"文化国家"的主要支柱。他的"文化国家"已经不仅仅停留在——像《我们是模仿者》所展示的那样——一种对文化衰落的分析上。这成为施韦泽后来在文化哲学著作中重新构想《我们是模仿者》的一个重要理由。

施韦泽的文化哲学著作，最后由三个不同的部分组成，只是其中一些只能停留在草稿层面：在1923年之前，他完成了文化哲学著作的第一卷（《文化的衰落与重建》）和第二卷（《文化与伦理》）。施韦泽想展示的不是他的学术构想，而是一种20世纪的日常伦理学。事实证明他这一想法是成功的：他侧重于探讨文化批判的第一卷和侧重于探讨伦理的第二卷售出了近10万册。而与此同时，学院式的哲学家，除恩斯特·卡西尔和卡尔·洛维特（Karl Löwith）外，其他人的著作几乎没引起人们的注意，甚至被贴上了大众哲学的标签。[11]

施韦泽在1931年至1945年撰写的文化哲学著作的第三

卷，是为了扩大和突破欧洲思想的框架，其中，施韦泽特别研究了印度和中国思想。这一卷是在他去世后以《敬畏生命的世界观》（*Die Weltanschauung der Ehrfurcht vor dem Leben*）为题在 1999/2000 年出版的，全卷分为四个部分。这次发行的版本，除各种不同的文字片段外，还附加了一份详细的注释，以及一个补充性的档案附录，这就使整卷有了一种明显的碎片化特征。[12]

但是，施韦泽原先计划的文化哲学著作第四卷《文化国家》最后并没有写成。与他在 1915 年写《我们是模仿者》时的情况不同，施韦泽现在把他文化哲学著作的第一卷和第二卷理解为对他那个时代"历史宿命论解释"的反驳。[13]具体来说，作为站立在奥斯瓦尔德·斯宾格勒《西方的没落》（*Untergang des Abendlandes*）对立面的施韦泽，还在斯宾格勒的理论中，看到了一种忧郁的浪漫——

> 要说斯宾格勒他敲打的世界事件的节奏，就像一个孩子跟着军乐队的节奏踏步行进那样。他的历史作用，就像一位用高薪请来的哭丧女为我们的文化送葬唱哀歌。[14]

但是，施韦泽和斯宾格勒的私人关系，可以说还是比较友好的。在 C. H. 贝克出版社（C. H. Beck）邀请这两位作者与该出版社的一位代表会面时，他们两人分别走在代表的两边共同前去吃午餐。施韦泽对此评论道："这个场景，使我想起了一个农夫牵着他的两头奶牛。"[15]尽管施韦泽认为有必要用文化哲学的一种肯定生命的态度，来矫正斯宾格勒的"西方没落论"，但这并未改变施韦泽与斯宾格勒的良好关系，正如施韦泽 1932 年写给斯宾格勒的一封信中所展示的那样——

　　亲爱的斯宾格勒先生，非常感谢您寄来您的政治著作集让我阅读。这对我来说很有价值。您为我提供了一个极好的可能性：对您的整个观点和理论有一个全面的了解，以及有一个整体的看法。我深深沉浸在您那令人着迷的著作中，甚至为此忽略了我的工作。致以最诚挚的谢意！您真诚的阿尔贝特·施韦泽。[16]

尽管如此，施韦泽仍将自己思考的重点，放在与斯宾格勒"为我们的文化唱挽歌"的相反方向："单一个人的道德，是一种弦乐四重奏；社会的道德，则是一种军乐。"施韦泽是斯宾格勒的对立面；而斯宾格勒与"黑格尔没有什么不同，只是没有黑格尔的乐观主义"。[17]施韦泽的道德关注是双重的。第一，受非洲影响，施韦泽眼中的古典哲学范式转变，在经历了一战整整一代人的大屠杀后，现在不再存在于优雅的"公园"里，而是暴露在丛林中、"荒野"中，施韦泽现在正试图从中开拓一条精神和文化上的新道路。第二，作为研究方向的一个指南针，其实他在《耶稣生平研究史》中就已经详细地探讨了整个问题史。在《我们是模仿者》中，施韦泽更进一步地展开了这个问题，以便以文化哲学为道路，引导人们走出文明荒野。但1915年的《我们是模仿者》只是一份初稿，其中的内容涉及多样化的主题领域。比如，施韦泽在其中批判了天主教的自由和文化概念，[18]谴责欧洲极端的民族主义是造成战争的原因之一（"欧洲近几十年来出现的这样一种不受约束的，并且在精神上毫无意义的民族情感，以往任何一个民族都不曾有过"[19]）。在某种程度上，施韦泽认为议会共和国的君主制，是一种较好的政体（"相对来说，君主制共和国的真正优势在于有更好的稳定性和连续性。[……]真正君主制的本质，是真实"[20]）。此外，施韦泽还预测了文化国家的人口将会逐渐

156

减少。[21] 作为一个对欧洲颓废和纳粹主义政治文化的基本批判者，施韦泽于 1915 年在《我们是模仿者》中写下的一些内容，要比他后来撰写的《文化哲学》更为严谨些。

在描述了欧洲的"文化国家"与非洲的"非文化国家"之间的区别之后，施韦泽在 1915—1916 年写下的原始手稿中，加上了迄今尚未出版的章节"文化国家与殖民地"（Kulturstaaten und Kolonien）。只是这部分内容在 2005 年首版的《我们是模仿者》中也没有出现。[22] 施韦泽为《我们是模仿者》一书增加的这最后一章从根本上证明了欧洲殖民大国的权力政治优势，因为它们具有更高的文化主张。他还以此为由，为其拒绝给予非洲人充分的公民权进行辩护。这无疑证明了，施韦泽是一个有着父权主义色彩的倡导者，主张一种致力于文化提升的更负责任的殖民主义，但他拒绝非洲殖民地的政治独立。他赞同对非洲人实行适度的体罚，因为短暂的监禁惩罚不太会改变他们的行为。与此同时，他又一再强调，任何在殖民地行使的权力，都必须始终伴随着义务，即为非洲人的利益及其文化发展作贡献。并且他认为同时应当批评的，是殖民地和欧洲的任何形式的颓废。

正是这些考虑，使他在增加的这最后一章中，只想表达一个理念：最好让非洲人远离欧洲的那些衰败现象。但同时，他仍然坚持认为：文化的进步只会来自西方启蒙了的文化，而不会来自非洲。他的这些说法，初看起来似乎是相互矛盾的，但只要想一下，作为一个斯多葛主义者的施韦泽，在精神史上自然是最接近于 18 世纪的启蒙运动的，便能理解貌似矛盾的这两者之间的关系了。对他来说，晚期斯多葛主义的伦理学，"就像是让近现代思想发酵起来的酵母"。[23] 内化在施韦泽身体里的斯多葛主义和启蒙主义格外明显地出现在《我们是模仿者》中，他试图以此来定义"文化"和描述它的根源——

"文化"（Kultur）意味着对个人和社会的精神生活的培养，以及为这一精神生活创造其发展所需的外部条件。因为这个词反映了事物的本质，故在语言中，它比近义词"文明"（Zivilisation）更佳、更常被用到，即使它似乎因滥用而多少有些败坏了自己的名声。我们的文化是在文艺复兴运动以及 18 世纪末至 19 世纪初的启蒙运动、理性主义和其他伟大哲学中创造的。它可以追溯到古希腊罗马文化，以及经过中世纪的消耗还剩下的那些东西。文艺复兴就是从更新这些残余开始的。文化的衰败，开始于 19 世纪下半叶。这一进程起初进行得非常缓慢，而且难以察觉。[……] 总体来说，其特征是这样一个事实：在过去建立起来的理性主义理念，被它一个接一个地废除了效用。[24]

施韦泽在启蒙运动和斯多葛主义的共生中看到了他的哲学家园。但同时似乎又很奇怪：施韦泽在非洲工作期间撰写了《我们是模仿者》，却没有恰如其分地指出非洲在其中的实质性作用。即使当时比较流行把欧洲人简单地说成文化颓废的民族主义者，但施韦泽在他的多次讲话中，仍然把非洲人说成（尚未开化的）"自然之子"。[25] 克劳斯·京茨勒（Claus Günzler）就这一现象犀利地指出，这说明施韦泽是一个"批判殖民的殖民主义者"。作为一个有历史使命感的欧洲人，施韦泽希望即使在非欧洲环境中，也能不变地代表他理想的欧洲文化。[26] 与当时在非洲的大多数欧洲人相比，施韦泽对殖民地企业和欧洲文化更持批判态度。尽管如此，他仍然终生都深信欧洲启蒙运动及其古典渊源是一种恩赐，有它的优越性。《我们是模仿者》一书中无边无际的且并不总是系统性的文化批评，与他在 1923 年后写的文化哲学著作的共同之处是基于生活和经验的、

158

本原的格调，正是这一点驱动了施韦泽的文化哲学研究。

正是施韦泽思想中的这个"本原"，使他的伦理学对非哲学家来说也具有很强的可读性，但在一些哲学家看来未免有些太平庸。我们可以明显看到，施韦泽是从自然科学家歌德那里得到的启发，并终生保持了对他的热情。施韦泽1928年被法兰克福市授予歌德奖之后，总共对此作了四场相关演讲。如他所强调的那样，是巴赫承担了他学医的费用，他现在补充说，自己在京斯巴赫的房子也是歌德资助的。1932年，值歌德去世100周年之际，施韦泽在法兰克福和乌尔姆分别作了两场演讲。然后在1949年7月又为纪念歌德200周年诞辰，在科罗拉多州（Colorado）的阿斯彭（Aspen）作了关于"歌德，这个人和他的著作"（Goethe，Der Mensch und das Werk）的演讲。[27] 尽管这四场演讲有不同的侧重点，但在所有演讲中都能清楚地看到，施韦泽对歌德是如此着迷——

> 当我自己感悟并又回到自然哲学时［……］，歌德对我来说，就像是在为迷路的我指出方向的那个人，现在我又可以回到本位，开始工作。[28]

159　　这项"工作"，对施韦泽来说，就是歌德在自然科学和哲学基础上建立的一种肯定世界的道德伦理，尤其要将它付诸实践。歌德作为魏玛皇家剧院院长、诗人、自然科学家和政治家，让施韦泽感觉很亲近，因为他的思考比思辨哲学更基础、更实用。施韦泽也不需要特地将"敬畏生命"描述为一个道德—教育学方面的概念，而是在歌德《威廉·迈斯特的漫游年代》（*Wilhelm Meisters Wanderjahre*）第二卷中找到了一个和它相映照的思想体系——

"敬畏！"威廉听了一怔。"敬畏！"又在重复。[……]
我们把基于敬畏——敬畏凌驾于我们之上的事物——的宗
教称为民族的宗教，它是人民的宗教，使人第一次摆脱
了低层的恐惧。所有被称为异教的宗教，用的都是这种
形式，它们也可以有任何自己喜欢的名字。第二种宗教建
立在我们对与我们平等的事物的敬畏之上，我们称之为哲
学。因为把自己置于中间状态的哲学家，必须把所有高的
拉低，把所有低的抬高。只有保持身处这种中间状态，他
才能赢得智者的称呼。现在，通过观察他与同类（也就是
与整个人类）的关系、他与地球所有其余部分的关系，当
他必要且偶然地看穿了这一切时，他便在宇宙的意义上独
自生活在真理中。但现在我们必须谈谈第三种宗教，它建
立在对我们之中所有人的敬畏之上，我们称它为基督教，
因为这样最能体现这种品性。这最后一种宗教是我们人
类都可以而且必须信奉的。但是我们同样必须做到不独
占地球，也不必高呼自己出身高贵，而是承认卑鄙和贫
穷、嘲笑和蔑视、耻辱和悲惨、痛苦和死亡也同样是神
圣的。[29]

歌德的这个"敬畏"概念塑造了 19 世纪的教育学，也塑造了
施韦泽的文化哲学，并且出现在施韦泽 1909—1910 年的布
道中。[30]甚至早在 1915 年之前，施韦泽就主要通过热爱歌德
的海伦妮·布雷斯劳熟悉了歌德的书籍。在他关于"歌德，这
个人和他的著作"的演讲中，他就已经把柏拉图、黑格尔、谢
林或叔本华的哲学称为"教条主义空谈哲学"，而歌德的则
是"非空谈的"自然哲学，更接近于赫拉克利特（Heraklit）、
泰勒斯（Thales）或阿那克西曼德（Anaximander）等人的
哲学。[31]

160

尤其是歌德在《浮士德》(*Faust*)中的那句话"最初,是
行动",让施韦泽感觉自己与歌德有一种心灵上的亲近感。[32]
在这一基础上,施韦泽也想把他偏爱的第二种,即被歌德优先
使用的哲学形式,认定为一种斯多葛式的自然哲学,尽管施韦
泽认为自己终生都有必要极为尊重康德的智慧与启蒙运动,视
它们为文明的成就。但是,对施韦泽的世界观和自然观来说,
康德并不是基本的,对他由此产生的伦理学来说,也不是基本
的;不同于神秘的宗教体验,后者不应被视为基础哲学的竞争
对手,而应被视为基础哲学的平等的补充。康德缺少一种在歌
德那里非常自然而然的意识——一种对"原始的、自然的、恶
魔般的但却是每个人与生俱来都内在的"命定而不完美的事物
的意识。[33]与康德相反,歌德则认为:正确的道德行动,应当
是一个人的一种最内在感觉的结果,而不是仅仅出于理性的计
算或义务。

在他文化哲学著作的第三卷中,施韦泽进一步发展了上述
思考,因而也就更加靠近了另一位哲学家,此人尽管与他有太
多的不同之处,但对他的思想产生了非常早期和持久的影响,
施韦泽甚至必须用此人来证明自己。这位哲学家就是尼采。施
韦泽在 1893 年开始大学学习时,就读过尼采的著作。[34]如果
施韦泽把"人格区分为两种类型",即"自然人格"和"思维
人格",并且认为,自然人格代表着命运般统一于一体的直觉、
本能和能力,而思维人格通过思考和理性来决定他们对环境的
态度,那么施韦泽的思想也就与尼采"超人"构想中关于这两
类人的共生性的理论非常接近了。

尽管尼采关于允许强者以牺牲弱者为代价来全面提升自己
价值的观点,与施韦泽关于道德高贵之人的理念截然不同。但
是,有一个构想无疑联结着施韦泽和尼采,那就是人的天性和
他的生命意志不应当受到压制,而应当通过思考得到发展。两

161

162

人都坚信："生命意志"是人的一个基本和主要的决定因素。正是这种重要的元素和人类意志的力量，使年轻的施韦泽对尼采非常着迷。因而在大学时代，他就觉得自己的思考与尼采很相似。施韦泽伦理学构想的最终目标，是实现人作为个体的自然本质，而不是作为一个无定形群体的一分子；实现"真正人性化的理念"，以及通过人的理性调节行为使其得到完善。如此，施韦泽就又回到了康德的思想影响中。

图20 "生命意志"属于人类。施韦泽与尼采不仅分享了这一见解，小胡子、发型、立领和严厉的目光也把这两位牧师的儿子联系在一起了。图为34岁时的施韦泽。

图 21　38 岁时的弗里德里希·尼采。

163　　　应当承认，尼采对施韦泽后来的文化哲学产生了持续性的影响。尼采对施韦泽思想的意义原本出现在《我们是模仿者》的原始手稿的关键位置，但施韦泽后来删除了一些内容。在最终修改后的文本中，这一段现在是这么写的——

　　　　个人主义，只要不是仅仅停留在文字的表达上，就会认识到自己面临着一种危险，那就是单一个人有被集体吞

没的危险。尼采的伟大在于：他能够在一个对道德和人格
完全失去认识的时代，宣告这两者的统一。[35]

手稿中原本紧接其后的一段文字是："尼采通过他的这一行为，
使自己成为苏格拉底和耶稣之后的第三个道德主义者。他的声
音与他们的融合在一起，再也不会不被听到了。"[36] 海伦妮在
这段话边上加了个旁注："哦！"但这段话后来被施韦泽删除
了。1903 年，在一封写给海伦妮的信中，我们可以清楚看到，
施韦泽对尼采的赞美绝非没有"边际"——

> 我正在读尼采《善恶的彼岸》(*Jenseits von Gut
> und Böse*)，这是对生命的伟大和美丽的呼唤，是对生命
> 的肯定。我在这一呼唤中，听到美妙和奇特的和声，这是
> 一种混合了力量、自豪、大笑和迷人魅力的声音。如果不
> 是因为我的职责［……］，这也将是我的声音。奇怪的是，
> 自从我听了他用语言发出的伟大笑声后，我就能更好地理
> 解耶稣的话了。《善恶的彼岸》中的这种笑声和为人的自
> 然本质自豪的这一"新的契约"，其实正有一些东西是人
> 们想扼杀的。尼采是有某些基督精神的，但是这么说又是
> 一种亵渎。无论怎样，这确是真实的，毕竟，只有亵渎神
> 灵的话语，才是真实的。但是他缺乏相应的行动，因而他
> 的"骄傲"像笼中的狮子一样徘徊，无法走出洞穴去捕捉
> 它的猎物，最后只能撕裂自己。但这个男人，是高贵的。
> 如果早生两千年的话，那他就会成为保罗。[37]

不难想象，这种令人惊讶的尼采与耶稣的比较，以及把尼采描
述为险些成为保罗，会在施韦泽众多的神学同事那里引起怎样
的看法。不过，施韦泽并没有对他的学生掩饰自己对尼采的热

情。因此，1911—1912年的冬季学期，施韦泽在关于"历史批判性神学和自然科学之成果对宗教价值判断的影响"的讲座中，作了如下陈述——

> 　　三位伟大的伦理大师是苏格拉底、康德和尼采。粗略地说，苏格拉底把伦理规定为自我的规范，并把自己从传统伦理中解放了出来。康德证明了伦理相对于所有只想直接局限在社会和有用性构想上的世界观的绝对性。至于尼采，也许可以说是最伟大的伦理学家，无论如何，他对自由地站立在他对面并且没有陷入他话语的那些人来说，是最有发言权的。实际上，他已经宣告：整个活生生的人，就是伦理学的主题。[38]

读了这样的句子后，我们就会很清楚，为什么施韦泽会如此看重研究尼采的著作，尽管他最后得出的伦理学结论与尼采的截然不同。神学家汤姆·克莱夫曼（Tom Kleffmann）指出：施韦泽对这位哲学家的研究，是他"整个生命进程的一个重大事件，是他人生的一个转折点"，它把施韦泽以及其他神学家如保罗·提利希（Paul Tillich）从一种"传统的、纯粹是强加于人的基督教信仰体系及其道德"的异化中解放出来。[39]尤其是施韦泽敬畏生命的原则，在根本上与尼采关于"超人"和强者伦理的言论是格格不入的。但是在1932年关于歌德的演讲中，此时已对歌德赞不绝口的施韦泽，仍然再次提到了尼采，并讲述了尼采那些令人非常着迷的"基础要素"。这些"基础要素"对施韦泽来说，就是回答"人的道德和本性如何才能结合起来"这个问题所必需的。在他看来，哲学对这个问题的回答是失败的，但这不是歌德的失败——

歌德在这个问题上走了一条很简单的道路。他并不在意他那个时代冒出来的所有道德派生理论和论证的尝试，他把在人类史上出现过的伦理思想作为自然对我们人类的启示而加以接受。如他所说：上帝的自然，不仅在物质世界中，也在道德的原始现象中，它处处都在给予我们启示。[……]爱的空气，就像来自以色列先知的宗教和耶稣的宗教那样，在歌德的思想中大放异彩。他在尼采之前就感觉到了这个高尚而又伟大的问题。怎样能够成为一个高贵的人？那就是要发展自我。怎样才能成为一个善良的人？那就是要与他人友好相处。这才是他真实的哲学意义！[40]

165

从这个意义上讲，施韦泽敬畏生命的原则绝不是平庸的（虽然有时有人会这么指责他）；相反，它是基础性的。它也不是思辨性哲学模型的一部分，而是斯多葛自然哲学在歌德意义上的一种实践哲学的表达。施韦泽的目的是将道德与自然结合起来思考，而这两者的联结点，则是他基于拿撒勒人耶稣的爱的伦理。

敬畏生命

施韦泽在 1911—1912 年冬季学期已经给他的学生提出了"敬畏生命"这个术语。他不是把它看作一个抽象的戒律，而是将其理解为一种表述模式，用来表达生命被其他生命取代的这样一种意识。[41]有指责认为这种道德观念太偏向于弗里德里希·尼采的思想，但在施韦泽看来，他在这里只是把已有的黄金法则表达得更极端化。[42]对施韦泽而言，每个人都在努力与世界建立联系，并以一种"存在"的方式，即通过思想和知识来实现这一目标——正如笛卡尔那句"我思故我在"所表达的那样。然而，施韦泽是拒绝了笛卡尔这条道路的。他认为：当人们开始用抽象思维描述自己与世界的关系时，人们就会"无可救药地陷入抽象的轨道"。[43] 与抽象相反，施韦泽坚信——

166

> 人类意识最直接的事实是，"我是生命，想活下去，我就生活在这样的生命当中，它们想活下去"。人在开始思考自己以及周围世界的那一刻，就会在生命的意志中感受到自己就是生命的意志本身。[……] 此刻，他必须作出决定，应当如何对待自己的生命的意志。[44]

人可能会否认它，如同叔本华或印度哲学所主张的那样。但在施韦泽看来，这将会导致自身的不一致性。[45] 当然人也可以肯定它，施韦泽认为这才是"自然"和"真实"的。肯定生命作为施韦泽伦理学中的核心概念，描述的不是一种本能，而是一种对每个人都合理的伦理决定，以使人对自己的生命和所有其他生命有一种独一无二的敬畏，从而赋予生命真正的价值。[46] 不仅如此，施韦泽的伦理学说还要求："尽管我有生命的意志，但我仍敬畏其他生命"，同时，"正因为我有生命的意志，所以我必须用同样的敬畏来对待自己周围的所有生命"。

> 这个变得会思考的人，同时也会在自己的内心中萌生一种对自己的强制：面对所有生命意志，应当有与对自己的生命意志相同的敬畏。他在自己的生命意志中经历了其他人和生物的生命意志。从这一刻起，对他来说，善就是：维护生命，促进生命，把有发展潜力的生命推向它的最高价值。恶则是：毁坏生命，伤害生命，压制有发展潜力的生命。这就是道德的基本、绝对的原则。[47]

施韦泽承认：在自然界中，一个人的存在常常以牺牲另一个人的利益为代价。这是一种"神秘且残酷的法则"，即使是那些愿意敬畏所有其他生命的人，也不得不服从这一法则。只是一个具有思想和以此行动的人，不会就这么简单地接受弱肉强食、吃和被吃的残酷逻辑。

> 然而，作为一个有道德的人，他会努力逃避这种必要性。并且作为一个知识渊博和仁慈的人，他会竭力在他存在影响的范围内，解除生命意志的自我残杀。他渴望以自己之力保护他人，帮助他们在苦难中获得救赎。[48]

施韦泽肯定也由此描述了自己前往非洲当医生的动机。尼采则完全相反，他虽然也肯定了自然的基础，但却刻意强调强者的权利，认为完全没有必要对弱者仁慈。根据尼采的观点，主流道德理念之形成应首先归功于弱势群体的自卑经历。[49] 这个群体试图在另一种道德意义上，通过一种假定的优势来补偿他们生命中所经历的永久屈辱。为了达到这个目的，这个群体就会使用许多技巧来证明自己的道德优越性，尽管这在尼采看来是不可信的。与所有这类低层次的、只有低级趣味的、卑劣的和有暴力倾向的人形成对比的，是那些原本就高贵的、居于高位的、对自己要求较高和有较高思想境界的人。他们认为自己和自己的行为是善的。在这种"距离之惆怅"（Pathos der Distanz）① 中，他们为自己"获取了创造价值和彰显这些价值的权利"。[50] 尼采认为，只有在与这种"自然的"价值设定的比较中，才有可能理解后来道德发展的这种变态性——

167

————————

① 或译"距离感""等级差别的激情"等。——编者注

> 也就是说，唯有可怜的人是善良的人；唯有贫穷的人、无能为力的人、低贱的人，是善良的人；唯有受苦受难的、灰心丧气的、有病的和丑陋的人，才是虔诚的人，才是得到上帝赐福的人，因为上帝只赐福于他们。[51]

经过最初的"价值观念的转换"，尼采认为的"奴隶在道德中的反抗"开始了——

> 这场已经有 2000 年历史的叛乱，之所以今天呈现在我们眼前，只是因为它获得了全胜。[52]

这整个伦理学的历史，在尼采看来，一方面主要可以追溯到苏格拉底—柏拉图式的思想传统，另一方面则可以归结到犹太—基督教传统。一旦人们认识到这一点，就像施韦泽后来做的那样，它便不可能只涉及一种新的伦理，或涉及一种道德观念的重新定向，而是必然要废除它。因此一种"超越善与恶"的状况，便成为值得追求的目标。[53] 尼采认为，在"生命"这个概念中已经有了价值评判的钥匙。对始于怨恨的传统道德的谴责是有道理的，因为这种道德反对生命和自然选择。弱者关心的只是用自己的优势驯服自发的、自然驱动的生命，然后给它套上抽象正义理念的紧身衣。

与此相反，在施韦泽敬畏生命的世界观中，没有丝毫"怨恨"。他承认每个生命都认同其他生命有同等的价值。在对尼采的最初的热情消退之后，随着年龄的增长，施韦泽便更注重强调他与尼采相反的那一面。

施韦泽认为文化和伦理是紧密相连的。他的文化哲学著作的第三卷主要写成于第二次世界大战时期，也就是说他又是在一个危机的时代进行着文化哲学的研究。他在其中写道——

什么是真正的文化？一般来说，文化进步就是个人和民族的物质与精神进步。并且主要是精神的进步［……］。最高的文化，不是在那些最大的物质进步中实现的，而是通过我们最崇高的人性的进步达到和得以确认的。精神的和道德的理想决定了文化的本质。在人类历史上发生的一切事件，都可在相应那代人的思想中找到其最终的真实原因。[54]

施韦泽在这里所说的"最崇高的人性"（das edelste Menschentum），有着典型的施韦泽特征，这是他从歌德那里借用过来的。他在其他地方也把人的道德发展进一步描述为"最高价值"。[55]基于这个理由，可以说，施韦泽并不是马克斯·舍勒（Max Scheler）或尼古拉·哈特曼（Nicolai Hartmann）主张的 20 世纪初很受欢迎的价值哲学的捍卫者。在施韦泽看来，价值哲学创造者用思辨哲学和蛊惑民众的启示神学，创造了一个价值等级体系，而不是像他在兰巴雷内那样专注于价值的实践。[56]

文化哲学与宗教

施韦泽的文化哲学和他基于神秘主义的神学是如何结合在一起的？施韦泽认为二者没有相互矛盾之处，反而能够和谐地相互补充。人们不是非要成为基督徒才能够实现敬畏生命的原则。施韦泽在这里称为"肯定生命"或"乐观主义"的东西，在《新约》里就有这么一句话可以表达："因为凡要救自己生命的，必丧掉生命。凡为我丧掉生命的，必救了生命。"（《路加福音》9:24）在施韦泽看来，"经典哲学无法衡量耶稣爱的诫命的伟大之处。它是成为一个完美的人的道"。[57]尽管如此，

169

当他讲述敬畏生命时，为了强调这一原则是一种普遍性诉求，他还是会故意避免谈论上帝。

> 到目前为止，我的原则是：不再把哲学说成什么绝对逻辑思考的经验。这就是为什么我在哲学中从不谈论"上帝"，而只是讲"普遍的生命意志"，因为它以两种方式出现在我身上：作为我外部的创造意志和在我意识中的道德意志。［……］这也是我为什么宁愿停留在描述思维的经历上，从而让泛神论和有神论在我内心处于一种未定胜负的冲突。［……］但是，如果我用传统的宗教语言说话，那么我就会使用"上帝"这个词，来表示它历史的确定和不确定的意义。我不是为了放弃对世界的认知，而是为了越过泛神论—有神论的冲突。[58]

虽说哲学意义上的上帝在施韦泽的文化哲学中占有一席之地，但他敬畏生命的原则，既不需要一个复活了的基督，也不需要上帝作为圣父、圣子或神灵。[59]

对施韦泽来说，宗教和道德与经验和主体相关，在这个意义上可以说是"基础的"。谁如果在关于道德或哲学的科学讨论中将人类经验排除在外，就如同施韦泽指责几乎整个19世纪的哲学那样，谁就错误地判断了道德和宗教的本质。施韦泽在他关于康德宗教哲学的博士学位论文中，对那个疏远的描述性用词"超验"（transzendental）进行了猛烈的攻击："康德发明的最愚蠢的东西就是——超验！"[60]因为这一表述拉开了宗教经验和人类实际存在之间的距离，从而将经验贬低到一个虚无的、形而上学的认识论领域。这样一来，要想通过追溯经验，在神学、文化哲学和伦理学之间建构一种严格分离的界限，在施韦泽看来，已经是不可能的了。作为一个神学家，施

韦泽认为：敬畏生命的原则不是在基督意义上的宗教言论，而
是与耶稣爱的伦理对应的一种世俗的、可普遍化的原则，它独
立于他那个时代的历史环境，能够成为一种普遍的道德存在模
式。施韦泽的这一说法，与他在《耶稣生平研究史》中已经进
行过的尝试没有什么不同。

施韦泽认为有思考的必要性，从自己生命意志（"我是生
命，我想生活"）的意识中，推导出一种对所有其他生物生命
意志的认同，并把这一认同作为普遍生命意志，即"对一切生
命的敬畏"来加以体验。然而，这一"思考的必要性"是没有
信服力的。许多人，甚至可以说是大多数人，都认为自己的生
命具有最高价值，而正是出于这个原因，他们才不会认可别人
的生命也同样必然具有最高价值。施韦泽试图用"上帝广博的
爱的意志"来克服这种等级化的思维方式，他强调：耶稣在拿
撒勒的某个特定时间点给出的启示，就其自身而言是无时间限
制的、永恒的。从这个意义上来说，施韦泽把耶稣理解为一位
老师和榜样，耶稣一生都在展现一种"个人对他人的积极奉
献"的道德。[61]

施韦泽认为，基督徒已经认识到耶稣的这一道德启示。在
这个基础上，所有拥有理性思维能力的人都能超越一切宗教和
意识形态边界，认可自己和其他兄弟为有道德思考的个人。施
韦泽认为，对这种自然的兄弟情谊的认识，早已蕴含在世界宗
教中了。出于这个原因，施韦泽在年纪很大时仍然集中精力研
究世界宗教的伦理，以及它对文化和人类共同生活的影响，具
体可见于他的《中国思想史》（*Geschichte des chinesischen
Denkens*）。[62]

171

施韦泽清楚地知道，他这种跨宗教的道德和文化哲学显然
不会在专业的哲学家中引起共鸣。

但即使在神学家中，他在不同宗教间寻找的一种普遍有

效的伦理学原则，也没有受到多少欢迎。卡尔·巴特（Karl
Barth）批评说，在施韦泽那里，是人要决定什么时候应当有
道德行动，并且对施韦泽来说，重点是对生命的敬畏，而不是
上帝的话语。[63] 施韦泽1928年11月在明斯特曾与巴特有过一
次短暂的会面，在1965年还两次向巴特表达了友好的祝福。
因此可以说，他们的关系是友好的。但巴特还是坚持认为，在
施韦泽的理论中，人扮演了一个实在太活跃的角色，而作为道
德榜样的上帝和耶稣则沦为道德行动的被动陪衬。尽管有着这
样的批评，但是他在巴塞尔1961—1962年冬季学期最后一次
神学导论讲座中，还是对施韦泽表现出了一种独特的、拒绝与
钦佩混合的态度——

> 治愈病人的伤口、给饥饿的人饭吃、给口渴的人
> 水喝、给无父母的孩子一个家，从神学的角度来看，有
> 谁还能比那个有问题的神学家阿尔贝特·施韦泽做得更
> 好些？[64]

反过来说，让文化哲学家施韦泽感到迷惑不解的，是像卡尔·
巴特这样的所谓的辩证神学家，在第一次世界大战后于德语国
家内单方面地把耶稣"教条化"。虽然像鲁道夫·布尔特曼这
样的《新约》专家试图用他的"去神秘化"方法来调解这个问
题，但是从施韦泽的角度来看，他们的这一调解并没有传递到
普通基督徒那里。他因此在20世纪50年代末期写信给南非的
一位牧师好友——

> 自从我从您那里知道，您与我有着相同的对真理的
> 热爱，我就总是在担忧，这对您可能会是致命的。如果您
> 因此丢了职位，请您一定要告诉我。那位亲爱的布尔特曼

用"去神秘化"这个术语，做了很多恶作剧。他使人感到
害怕和不安。耶稣不是神话，也从来没有"神秘化"过，
只是被"教条化"了。随着逻各斯理念在希腊神学中被
采用，希腊的形而上学也进入了对耶稣人格的教条化概
念。因此，这里涉及的是对耶稣这个人的去教条化。我从
一开始就无法容忍"去神秘化"这个词，完全理解基督教
意识对此的反感。因此，请您向我保证，您再也不会用这
个术语，而只需谈论教条的耶稣和福音的耶稣。通过想
象耶稣就是肉身的逻各斯，基督教开始为希腊人所熟悉。
他们无法接受关于犹太弥赛亚的想法。[……]相反，我
们能够进入上帝天国的想象，就像耶稣之灵降临来统治
这个世界。在所有新教异端中，我是最勇敢也是最虔
诚的……能够比教会更好地引用《马可福音》和《马太
福音》。[65]

对于作为文化哲学家的施韦泽而言，起决定性作用的不是相信
宽恕罪过或复活，而是肯定生命的要素。因而他试图在一切世
界宗教中找到和确认这种要素。如果没有人对生命的肯定，伦
理就将是"一个不能为生命遮风避雨的浪漫废墟"。[66]

施韦泽的这种想法也就解释了他的某些奇怪的说法，例
如把丹麦神学家索伦·克尔凯郭尔（Søren Kierkegaard）说
成"一个精神变态者"，认为其神学有着一种"毁坏生命意志"
的特点。[67]施韦泽对叔本华的批评也有类似的方向。虽然他对
叔本华的态度就像对尼采的态度那样，他也很敬佩叔本华对基
础问题的表述，但他严厉拒绝叔本华否定世界和否定生命的世
界观——

173

叔本华没有像印度的智者那样，以宏大而冷静的方式

去思考他的悲观主义世界观。他在这种思考方式中，只是一个神经紧张、心理有病的欧洲人。他用那些所获得的解放性的知识，雄赳赳气昂昂地走出伦理，进入超伦理，并把善和恶作为同样被克服的东西抛在身后，这一切都证明了他是一个可怜的西方怀疑论者。他无法按自己宣告的世界观生活，他依赖生命就像依赖金钱，看重享受美食和爱情，对人的鄙视多于怜悯。[……]"把世界的整个本质抽象地、一般地、明确地用概念来重述，并把这种本质作为反映出来的写照固定在不变的、经常备用的概念中，这就是哲学，也再没有别的什么是哲学。"叔本华的哲学已经通过这些句子自杀了。[68]

施韦泽用他强调个性的生命概念，来反驳克尔凯郭尔、叔本华和其他这类哲学家，并且他的"生命"概念并不只是特指人的生命。

动物的意义

在施韦泽看来，与动物打交道绝不是一种无关紧要的道德行为，而是对是否坚定不移地贯彻他的全面保护生命原则的一种测试。他认为这是自亚里士多德以来所有哲学伦理学的一个主要错误，即都只是单独地观察和研究了人与人之间的互动行为，却没有把人与植物的关系包括在内。[69] 如海伦妮在 1915 年写道：他们在兰巴雷内的家里，有 52 只鸡、3 头山羊、2 只鸭子、1 头绵羊、1 头羚羊、1 只猫和 1 只鹦鹉。这不只是在描述一个可爱的私人动物园，更是在身体力行敬畏生命的世界观。[70] 施韦泽认为敬畏生命的原则也适用于动物，尽管有时人的生活实际使动物的问题有其特殊性。在他兰巴雷内的屋里，有一条供蚂蚁经过写字台的爬行路线。为了不伤害蚂蚁，他用糖浆为它们铺设了一条不用再经过他写字台的特殊爬行路线。为了保护办公室里的文字手稿不被动物损坏，他将手稿一页一页地挂到晾衣绳上。他在兰巴雷内的圣诞节布道中，总是会像他敬佩的阿西西的方济各（Francis von Assisi）那样，宣讲对所有生命的敬畏和赐福。在杀害或伤害动植物生命的问题上，施韦泽有着自己明确的立场——

图 22　为了防止他的手稿因潮湿或动物受损，阿尔贝特·施韦泽习惯把它们挂在麻绳上，或是装在亚麻布袋里。直到今天，人们在整理和标记他写于兰巴雷内的作品时，仍需要将麻袋里的手稿进行归类。

图23　大约1950年，兰巴雷内，人和动物都在聆听施韦泽的圣诞致辞。

175 　　　　在伤害任何动物和植物的生命之前，我都必须认真确
定这是否必要。在任何事情上我不允许自己不加思考便认
为这是不可避免的，即使有时貌似是件很微不足道的事。
比如一位农夫，在他的草地上已经割了一千朵鲜花喂养他
的奶牛，但即使这样，他应该注意不要在放牧回家的路上
漫不经心地在路边摘下一朵鲜花，因为他这是在伤害一个
生命，却又没有自然的必要性。[71]

但作为非素食者和猎人，阿尔贝特·施韦泽在这里不免有一个
伦理的困境：为了扩大书籍销量来有效资助他在兰巴雷内的项
目，而为欧洲读者撰写有关在非洲狩猎的文章。[72] 他有一把枪，
有时会杀死蛇，也会杀死掏空他屋前织布鸟巢的猛禽。相反，

趴在树上的猴子和在水上盘旋的鸟，在他的枪前则是安全的。在房屋建造期间，他也会非常注意尽可能不伤害其他生物——

> 但是，即使在荒野的最野蛮行为中，仍然可能生出 176
> 对可怜生物的同情心，我有幸在建房安桩时经历了这种体
> 验。在木桩进入洞中之前，我会检查一下洞里是否还有蚂
> 蚁、蟾蜍或其他小生物没爬出来。如果有的话，我会用手
> 将它们掏出来，以免它们被木桩捣碎或是被用来填实木桩
> 的石头和泥土压住。我也会要求那些与我一起建房的工人
> 这么做。有些人在听了后，会露出尴尬的笑容；有些人不
> 管听多少次，还是我行我素、不以为然。[73]

但在另一些地方，施韦泽又说起在"对付爬行生物的战斗中令人昏厥的无能为力"，它们甚至会攻击他焊封了的食物储备。[74]

这里的问题是，施韦泽扩展到所有生命的上帝造物伦理学，在理论上是有选择性的，但在实践中，而且特别是在非洲，显然是极不易确定也极不易把握的——施韦泽也深知这一点。动物会杀死人，而人每天也在食用他们杀死的动物。但是按施韦泽的理解，杀戮是敬畏生命原则的对立面，因而几乎在每一次杀戮前，都必须先在道德上作一次抉择。对每一个动物的屠杀，哪怕是杀死蚂蚁，按施韦泽的理解，都需要有令人信服的理由。

施韦泽的世界观并不是一系列静态规则、例外、等级和美德的集合，而是一种坚定的信仰，如果一个人意识到他的行为将会带来的后果，就能从自身出发并且自由地按照道德规则行动。对施韦泽来说，比邪恶的人更加危险的是一种"对任何事都不加思考"的心态和越来越严重的"人性沦丧"，特别是当

每个生物的命运都与我们有些许联系时。[75] 施韦泽拒绝了《圣经》中创世所代表的任务，即征服大地——如果这意味着人类无条件地支配自然。

施韦泽通过对斗牛和猎鹰的评论，明确地公开支持保护动物的主张。苏黎世的《亚特兰蒂斯》(*Atlantis*) 杂志曾登载一篇欢迎猎鹰复兴的文章。施韦泽在 1931 年的第一个基督降临节针对该文给杂志写了一份回应。这份杂志在 1932 年 3 月以《再次关于猎鹰》为题，公开发表了施韦泽的这封读者来信。[76] 与原文作者的观点相反，施韦泽不觉得狩猎有什么"浪漫"之处，并批评说，在这件事情上，人们打着热爱自然的幌子，只是想看到："一个弱者是怎样遭受强者的折磨并沦为猎物的。"[77] 与此相反，真正的自然之友"懂得自己与自然有一种内在联系，因而愿意与自然的一切和睦相处，参与其他生物的命运，尽可能拯救他（它）们于痛苦和苦难，并在可能的情况下避免伤害或是毁灭他（它）们的生命"。[78] "为生存而斗争"确实是造物者不得不非常痛苦地面对的一部分事实，但绝不是可以用来娱乐的演出。

比这封读者来信更加明显也更有公众效应的，是施韦泽在 1964 年，即在他去世前几个月，以《法国与斗牛》(*Frankreich und die Stierkämpfe/La France et les Corridas*) 为题发表的文章，其中对斗牛采取了更加明显和高调的立场。[79] 在施韦泽看来，这类所谓的体育运动项目的错误之处是对动物毫无怜悯心。令他感到惊讶的是，基督教从来没有认真看待过这个问题，也没有承担起保护每个生物的责任。只有阿西西的方济各是极少几个完全了解这个问题内涵的人之一，但他无法在教会学说中贯彻自己的主张。相比之下，远在东方的宗教对保护动物的态度要积极得多。在施韦泽 90 岁生日的一周后，德国《基督徒与世界》(*Christ und Welt*) 周刊终于刊登了他

的一封读者来信，他热情呼吁保护动物。[80] 一个人不仅必须
"敬畏"生命，而且也应当"对一切生物有一种同情心"，"因
为同情心是无界的"。虽然施韦泽也把"生物"区分为"较高
等的"和"较低等的"，但从伦理上讲，所有生物都是同一层
次的"兄弟"，这和方济各主张的兄弟情谊是一个道理。只有
通过这样的认知，才能实现真正的人道主义。一个人是如何对
待动物的，也反映出他敬畏生命的世界观的内化程度。为了绝
对保护生命，施韦泽甚至不惜被人嘲笑为"蚯蚓的救星"。当
他还是个京斯巴赫的孩子时，就与动物建立了一种内在的亲密
联系，但直到在兰巴雷内的最初几年中，他才把这种内在联系
发展成一种文化。随着在1917年被押送到法国拘留营，他在
兰巴雷内的早期时光结束了。

178

5

铁门打开了

——危机和突破（1917—1932）

> 即使想为这个世界做些好事，也不能因此期望人们帮助自己清除前进道路上的石块，而是必须准备好等待命运的冲击。
>
> ——阿尔贝特·施韦泽

回到阿尔萨斯

作为战俘，施韦泽夫妇于 1917 年 11 月乘坐"非洲号"返回法国。[1] 抵达波尔多后，海伦妮和阿尔贝特与其他被拘留的外国人一起，在地处贝尔维尔（Belville）街的军营里度过了三个星期。施韦泽在这期间染上了痢疾并久久未能痊愈。接着他们被转移到曾是修道院的上比利牛斯省（Departement Haute Pyrénées）的拘留营地。在那里，施韦泽夫妇开始了或许是他们一生中最严重的个人危机。在这个拘留营里，他们预计要从 1917 年一直等到 1920 年才能被释放。詹姆斯·本特利（James Bentley）在他的施韦泽传记中写道，施韦泽在这次囚禁时已经在与一种严重的抑郁症作斗争。[2] 而海伦妮由于在非洲逗留期间健康受到伤害，此时在比利牛斯山的恶劣气候中又患了新的肺结核。这使得她从 1924 年起就再也无法长期陪同丈夫去非洲。从 1917 年的一张照片中可以看出阿尔贝特·施

韦泽被囚禁期间的心理压力，这也许是他一生中最悲伤的一张 180
肖像照。没有了心爱的乐器，他只能在拘留营的桌板上练习管
风琴演奏。一名同营的囚犯用一幅漫画捕捉了这一场景。3

施韦泽被营地主管非正式地增选为营地医生，并致力于书
写他的文化哲学著作的第四卷《文化国家》，他就是这样度过
在拘留营的整个时期的。4 布雷斯劳一家人想方设法，终于成 181
功地送了些钱给这两位被拘禁者。1918 年 3 月底，他们被转
送到位于普罗旺斯的只拘禁阿尔萨斯人的圣雷米（St. Rémy）
拘留营。这个容纳 150 名被拘留者的新营地对施韦泽来说似乎
有些奇怪：文森特·凡·高（Vincent van Gogh）曾作为病人 182
居住在圣雷米疗养院，而这个疗养院又因为这位著名病人的一
幅画作盛名永存。5 施韦泽被带到了凡·高住过的房间——

> 像我们一样，当寒冷的西北风吹起时，他（凡·高）
> 的脚在石砌地板上冻住了！像我们一样，他在高墙后面的
> 花园里转了一圈又一圈！6

在圣雷米被拘禁期间，海伦妮意外怀孕。不过，施韦泽夫
妇的这个独生女儿蕾娜，后来成了全家最大的幸运。当然，怀
孕对于年近四十且又生病的海伦妮来说意味着严重的危险。7

在第一次世界大战正式结束之前，施韦泽夫妇因被认定 183
"患病"，而得以提前获释。8 1918 年 7 月，他们经里昂、苏黎
世和康斯坦茨（Konstanz）回到阿尔萨斯。重新获得自由后，
在阿尔贝特·施韦泽在场的情况下，女儿蕾娜于 1919 年 1 月
14 日来到这个世界，十分健康。

施韦泽女儿的全名是：蕾娜·范妮·苏珊娜·施韦泽
（Rhena Fanny Suzanne Schweitzer）。范妮这个名字来自
施韦泽的朋友范妮·莱纳赫；苏珊娜则是来自苏珊娜·奥斯

图 24　1917 年，海伦妮和阿尔贝特·施韦泽因他们的德国公民身份，
被拘禁在比利牛斯山的修道院里。（图为海伦妮。）

瓦尔德［出生姓埃雷茨曼（Ehretsmann）］，她是蕾娜的教
母，也是施韦泽家最年长的外甥女。苏珊娜·奥斯瓦尔德后来
在回忆录中写道：这个黑头发的女孩，"得到了一个神秘的名
字——蕾娜"。[9] 但是这个刻意挑选的名字，很快就被解释清
楚了：如果是个男孩的话，施韦泽夫妇会给他取名"雷努斯"
（Rhenus），意指莱茵河（Rhein），是为了纪念 1902 年 3 月
22 日阿尔贝特和海伦妮在莱茵河边共同度过的那个傍晚。正
是在那个傍晚，他们相互诉说了为人类服务的梦想，并承诺永
远无条件地相互支持。现在只是从"雷努斯"变成了"蕾娜"。

184

图 25　1917 年，海伦妮和阿尔贝特·施韦泽因他们的德国公民身份，
被拘禁在比利牛斯山的修道院里。（图为施韦泽。）

不过在那个时代，这是个很受人喜爱的德语名字，即使蕾娜自己一生都没怎么特别喜欢这个名字。

施韦泽回到斯特拉斯堡，首先映入他眼帘的是一片惨淡的景象。由于仍有空袭危险，他们到达时，整个城市都笼罩在黑暗中。急迫想返回京斯巴赫的他们，必须首先迈过许多行政管理上的坎，因为京斯巴赫这个村庄位于军事行动区内。他们乘坐的火车只能到达科尔马，然后必须步行 15 千米，才能到达位于孚日山脉（Vogesen）山坡上的村庄。京斯巴赫作为离战壕最近的村庄，显然遭到了极大毁坏，但阿尔贝特和海伦妮

图 26　没有管风琴的管风琴演奏者: 1917 年，一位同营的拘禁者为
阿尔贝特·施韦泽画下了这幅漫画。

图 27　阿尔贝特·施韦泽抱着他三岁的女儿蕾娜。

还是很高兴他们终于安全回到家里，住进了仍有士兵驻扎的牧师公馆。在京斯巴赫，施韦泽的抑郁症略有缓和，但恢复得很慢。

> 我原本希望，我的忧郁症和有时较轻有时却又很严重的发烧（这是我在圣雷米最后一段时期内常有的事），能够在家乡山区的气候和气氛中消失殆尽。但事实却告诉我，这是妄想。[10]

除痢疾外，施韦泽还患有结肠末端脓肿。1918年9月1日，他不得不请斯特拉斯堡的施托尔茨（Stoltz）教授给他做了手术。由于兰巴雷内的项目，施韦泽已经负债累累，为了偿还债务，也为了供养当时怀孕的妻子，施韦泽通过施万德市长的介绍，在斯特拉斯堡医院得到了一个女性皮肤科病房助理医生的职位，并且再次担任了圣尼古拉教堂的助理牧师。这两份工作，施韦泽都一直做到1921年4月才终止。除此之外，圣托马斯教堂教士会还把原本空着的牧师公馆提供给施韦泽夫妇使用。

在非洲待了五年之后，再次回到阿尔萨斯的施韦泽，不可能指望人们会张开双臂欢迎他重归原先的职业。在那个时候仅仅由于他是个德裔，斯特拉斯堡的大学教职就不在考虑范围之内了。在1918年至1919年，不仅对阿尔贝特和海伦妮来说，而且对绝大多数阿尔萨斯人来说，日子都不好过。更糟糕的是，施韦泽1919年不得不又一次在斯特拉斯堡的施托尔茨教授那里，接受另一次肠外科手术，而他的妻子此时也正在与不断恶化的结核病抗争。

但这一切并没有削弱施韦泽的智识创造力。恰恰相反，他想通过工作来恢复健康。当他还住在施托尔茨教授的病房

185

里时，他就写下了 29 页之多的"伦理学研究的笔记和构想"（Notizen und Skizzen für die ethische Arbeit），手稿上记录的完稿日期是 1919 年 7 月 8 日。[11] 他当初被迫离开兰巴雷内时，把《我们是模仿者》的手稿交给传教士福特保管，在能够对这份手稿作进一步研究的期望中，施韦泽现在比以往任何时候都更加深入地探索了他的文化哲学和世界宗教。他尝试在宗教中找出肯定世界的基础，亦即每种文化真正的动力。[12] 从这个观察点出发，施韦泽赞美"印度教的伦理是追求仁慈"，但对伊斯兰教则持较为批判的态度。他当年向巴黎传教士协会陈述的前往非洲的其中一个原因，就是要阻止伊斯兰教的传播。[13]

但施韦泽很欣赏伊斯兰文化中的神秘主义元素，波斯裔伊斯兰教神学家安萨里（Al-Ghazali）曾想把它纳入正统的伊斯兰教。此外，施韦泽也强调了伊斯兰教的道德取向，尤其是出于宗教的理由对穷人进行关怀和帮助。[14] 但是人们对《古兰经》内容之历史真实性的信仰，使这位具有历史批判性的《新约》专家有些恼闷，因而他后来那本《世界宗教中的文化和伦理学》（*Kultur und Ethik in den Weltreligionen*）著作只是着重讨论了佛教和印度教。世界宗教伦理和人类文化活动是这位斯特拉斯堡助理医师的主要研究方向。

滚到家具底下的那枚分币

1919 年 10 月，经过一番周折，施韦泽终于拿到了他的护照。这样，他就可以去阿尔萨斯以外的地方演奏管风琴了。自回来以后，他一直在试图使自己回到一战前的那种乐观精神和高行动力的状态，但是精力匮乏、健康状况不佳以及经济上的窘迫，都成了挡路石，阻碍了他的发展。在斯特拉斯堡，他感到孤立无援，同时又要养活围绕着蕾娜的家庭。

在 1919 年圣诞节的前几天，希望降临在了施韦泽的身上。它大大地改变了施韦泽的生活，使施韦泽和海伦妮摆脱了孤立无援的状态。施韦泽收到了乌普萨拉（Uppsala）亲民的神学自由派大主教拉尔斯·奥洛夫·约纳坦（纳坦）·瑟德布卢姆［Lars Olof Jonathan（Nathan）Söderblom］的邀请，在1920 年复活节前往乌普萨拉大学举办讲座。

> 尊敬的博士！
> 　乌普萨拉大学的奥劳斯－佩特里基金会（Olaus-Petri-Stiftelsen）很荣幸地邀请您在接下来的几年中来我们大学，就耶稣个人、末世论的天国将临对我们时代的意义、当代宗教的任务或另一个由您选择的（也可以与教堂音乐相关）主题，举办系列讲座。［……］这 8 次讲座的薪水是 2000 瑞典克朗［……］。奥劳斯－佩特里基金会在战前就曾打算邀请您的。15

瑟德布卢姆曾于 1894 年在巴黎担任瑞典教会的牧师，部分时间与后来的施韦泽在同一个讲师那里学习，并于 1901 年在巴黎索邦大学获得博士学位。16 关于这一邀请的动机，施韦泽在写给汉斯·瓦尔特·贝尔（Hans Walter Bähr）的信中（施韦泽此时把收到邀请信的日期误写成 1920 年 1 月）说道，很可能是瑟德布卢姆以为他还因禁在法国，因而希望用这一邀请，把他从因禁中解放出来。17 施韦泽后来在回忆录中提到了这一邀请对他的重要意义——

187

> 　1919 年 12 月 23 日晚上，就在我带着最沮丧的心情回到我作为临时助理牧师居住的斯特拉斯堡圣尼古拉教会的住房时，突然看到一个带有印章的大信封。还在读着这

封信时，我非常感动，泪水夺眶而出。所以，我并没有完全忘记这封信对我来说意味着什么！战后的整个时期，在斯特拉斯堡孤独的环境中，我觉得自己就像是滚到家具底下并在那里丢失了存在意义的一枚分币。现在，这封信给了我机会，让我能够把我多年来关于伦理世界观的思考讲出来！还有，讲座的内容也将被打印出来！这是我此前不敢想的事，我几乎已经认命了，这项研究只是为我自己写下的，现在居然有机会印刷发行了！ [18]

瑟德布卢姆的邀请还为施韦泽带来了更多这样的机会。随后不久，剑桥大学向他发出邀请，希望他去那里举办关于文化和伦理学的讲座。随后，又有更多大学发出了这类邀请。对于牛津大学曼斯菲尔德学院（Mansfield College）的邀请，施韦泽在给瑟德布卢姆的信中表示，他猜测也是在他这位瑞典的良师益友的帮助下促成的。[19]这些邀请使曾经自愿退出学术界的施韦泽，自1920年起在国际上赢得了作为科学家的声誉和形象。尤其是在英国，人们对作为神学家和文化哲学家的施韦泽备感兴趣。

瑟德布卢姆突然去世后，施韦泽在兰巴雷内为这位良师益友举行了追思礼，并在1931年7月26日写给其妻子安娜（Anna）的信中，表达了自己对瑟德布卢姆的感激之情——

188

亲爱的总主教对我的生活有着怎样重大的影响，您是知道的。我能够重返兰巴雷内全都归功于他。我第一次被允许举办关于我的文化哲学的讲座，同样全都归功于他。我永远都不会忘记他在我生命中的意义。[20]

作为精神上的兄弟，施韦泽一直都认为他与这位魅力不凡的瑞典人有一种内在的联系。他特别敬佩瑟德布卢姆为实践全体基督徒的普爱运动和国际联盟所作出的努力，以及关于结束第一次世界大战的强烈呼吁——瑟德布卢姆也因此获得了 1930 年的诺贝尔和平奖，恰好在他去世之前不久。

后来，施韦泽得知，瑟德布卢姆的那些来自瑞典、瑞士和德国的朋友们也曾提名他为诺贝尔奖候选人，并且多年来反复写信为此请愿，尽管阿尔贝特·施韦泽曾一再请求他们不要继续推动这件事。当施韦泽在兰巴雷内再次听到他的那些支持者并没有因为他的劝说而放弃自己的计划时，他几乎有些绝望地在 1938 年 8 月特意给他在瑞典的赞助人男爵夫人格蕾塔·拉格费尔特（Greta Lagerfelt）写了一封信，信中施韦泽请求她阻止可能会授予自己的诺贝尔和平奖。他担心这种荣誉所带来的奖金和知名度会使他来自阿尔萨斯和瑞士的最忠实的朋友和支持者——这些人在当时基本上构成了他的白色护理人员队伍——认为他现在反正会得到一切需要的帮助，因此不再同他一起从事兰巴雷内的项目。[21]

1920 年复活节，阿尔贝特和海伦妮作为瑟德布卢姆的客人前往瑞典，在那里住了 3 个月。施韦泽关于伦理学和文化哲学的系列讲座以及他的管风琴音乐会都非常受欢迎。施韦泽意识到，在乌普萨拉大学奥劳斯-佩特里基金会的系列演讲对他的进一步发展有着十分重要的意义。因此施韦泽对讲座的内容作了认真的准备，这些准备不仅体现在讲座内容的科学性上，也体现在他演讲的艺术和风格上。尽管他的声音很高，有些单薄，但他有一种滔滔不绝的论辩魅力，他清楚地知道这一点。就像在兰巴雷内那样，他在瑞典也用了一名译员，站在讲台旁边一句一句地翻译。当然，施韦泽会事先与他一起通读一下全稿，作好准备。与同声传译不同，这位作为口译员的神学系学生埃利亚斯·索德斯特罗姆（Elias Söderstrom），翻译的每

189

句话都应当像施韦泽那样具有修辞性——"他应当把他（施韦泽）的每句话都像接球一样接住，立即抛给听众"。[22]

音色出众的瑞典管风琴很适合施韦泽用来诠释巴赫的音乐特色。通过系列讲座，也通过有幸免遭战争破坏的富有瑞典风格的巡回音乐会，施韦泽在短短的几个星期内，就付清了他因兰巴雷内项目欠下的大部分债款。当施韦泽1920年7月离开瑞典时，他已经决定——

> 重新开始我在兰巴雷内的工作。在此之前，我甚至想都不敢想。我甚至有了有朝一日回到学术界教书的想法，因此，在离开瑞典前，我甚至暗示过，我的希望也许是在瑞士。[23]

施韦泽之所以在这里提到瑞士，一是因为苏黎世大学在1920年就授予了施韦泽荣誉博士学位，二是因为他与伯尔尼神学院历来有一种良好关系。施韦泽对苏黎世大学神学院怀有多少感激之情？我们可以从他1930年出版的《使徒保罗的神秘主义》的题词中，看到他对苏黎世大学神学院的感谢："献给苏黎世大学神学院，感谢它在最困难时期给予的爱。"[24]苏黎世大学神学院授予的第一个荣誉博士学位，对施韦泽来说极为重要，也很有激励作用，因为这时的施韦泽在"科学界的圈子里，感觉自己几乎被完全遗忘了"。[25]

施韦泽在瑞典的赞助人，来自加马基尔（Gammalkil）的男爵夫人格蕾塔·拉格费尔特，建议他写一本关于他在非洲的经历的书，这样他就可以把所得款项用来重建医院。施韦泽听从了她的建议，从瑞典回来后仅用了一个月的时间，就完成了《在水和原始丛林之间》这部经典之作。这本书最初是翻译成瑞典语出版的，后来才用德语在德国和瑞士发行，再然后更有了世界上所有语言的版本。书中有关兰巴雷内的照片是由汉堡的木材商人理查德·克拉森拍摄的，1914年他居住在加蓬。到1927年，仅在德国就有大约10万名读者通过这本书，首次接触到了"兰巴雷内"这个地名。施韦泽用一种清晰易懂的语言，对在欧洲盛行的有关非洲的陈词滥调作了批判性反思。书中所涉及的主题各不相同，从一夫多妻制、巫术到奴隶贸易，再到殖民化问题和非洲人的心态。最重要的是，他用这本书证明了自己是一位细心的观察者和出色的叙述者。他不仅非常了解赤道非洲的木材贸易和牙痛病，也同样了解传教士站的生活。该书超出预期地实现了他的商业目的，由此确保了兰巴雷内项目的继续进行。

从瑞典回来后，施韦泽在1921年4月辞去了他在斯特拉斯堡的助理医师和助理牧师的职位，与海伦妮一起搬回他父亲在京斯巴赫的牧师公馆暂住。如果需要去斯特拉斯堡图书馆查阅文化哲学方面的资料，他便在那里的牧师公馆的阁楼里过夜。1921年复活节前的那个星期日，施韦泽参加了巴赫《马太受难曲》在巴塞罗那的加泰罗尼亚合唱团（Orféo Català）的首次管风琴演出。文化哲学和早期基督教文化演讲得到的收入，确保了施韦泽养家的资金来源。1921年11月，施韦泽经瑞士再次前往瑞典。1922年1月和2月，他前往英国举办讲座，并且是在以新教徒为主的牛津大学曼斯菲尔德学院和最早由贵格会（Quäkern）在伯明翰建立的塞利·奥克学院（Selly Oak Colleges）。在剑桥，他演讲的主题是末世论的重要意义；在伦敦，他举办了关于圣保罗的讲座。[26] 最后，他又经瑞士前往瑞典。对施韦泽来说，因为与总主教瑟德布卢姆的关系，瑞典成为他的一个可靠的基地。除此之外，施韦泽在1922年的整个夏天，仍然继续撰写他的文化哲学著作的第一卷《文化的衰落与重建》，到1923年春，他结束了第二卷《文化与伦理》

的撰写。[27]

在校对印刷稿期间，施韦泽已经打包好第一批准备运往非洲的箱子，他计划 1924 年再次出发前往非洲，并且在那里停留较长时间。临行前，施韦泽又完成了一份 59 页的精简版的《基督教精神与世界宗教》(*Das Christentum und die Weltreligionen*)，其基础是他在伯明翰对学术界听众所作的演讲。[28] 最后，施韦泽又自发地完成了一本回忆录《我的童年和青少年时代》，这本书很快就成了施韦泽的另一本畅销书。这本书的诞生，应当归功于施韦泽对他的朋友，牧师和心理学家奥斯卡·普菲斯特 (Oskar Pfister) 的一次拜访。他请求施韦泽讲述一些自己早年的事情。在施韦泽讲述的同时，普菲斯特用速记法记了下来，然后发表在一份青年杂志上。这本书就是这场长达两个小时的谈话的结果。[29]

詹姆斯·本特利声称，施韦泽当时的心理状态并不稳定，他去那位心理学家那里其实是为了做心理咨询。但这似乎不太可能。普菲斯特的女儿说，这次见面是社交性的。尤其是这次见面的时间点，也无法证明本特利的猜测，尽管施韦泽记错了与普菲斯特这次见面的确切日期。他在自传中说是"1923 年初夏"路过那里时去见了普菲斯特。但事实上，这次见面的正确日期应该是 1922 年 5 月 26 日。[30] 普菲斯特在 1922 年 5 月 8 日写给施韦泽的一封信中，只提到记录了施韦泽青少年时代的回忆和对书写痉挛 (Schreibkrampf) 的治疗——施韦泽终生都受到这个问题的困扰。[31]

至于施韦泽在这次会面 10 年后撰写自传时记错了日期，很像他在自己的简历中写错了医学初考的日期那样，并非有意所为。但本特利不认为这一错误只是由于疏忽，他认为这是施韦泽在故意掩饰自己去心理治疗师那里治病这一事实，就像海伦妮因为害怕遭受社会的排斥而保守着患有结核病的秘密

一样。[32] 施韦泽在 1919 年由于家庭和健康状况，确实承受了
巨大的压力，并且也有精神上的痛苦，但他心态改善的原因，
不是对普菲斯特的偶然造访，而是来自纳坦·瑟德布卢姆的
支持。

在 1920 年和 1922 年间，施韦泽通过讲座和音乐会巡回
演出收入颇丰，最后他不仅能够偿还兰巴雷内项目的欠款，还
在黑森林的柯尼希斯费尔德（Königsfeld）为海伦妮和蕾娜盖
了一栋房子，以便她们在他前往非洲工作期间有自己的房子可
住。鉴于一战后德国经济不景气，在德国拥有这一处房产，对
施韦泽来说无疑是一笔非常好的生意。也正是因为这样，蕾娜
能够去神秘虔信的亨胡特（Herrnhuter）兄弟会创办的那个教
育质量好且又严格的学校上学。与施韦泽相同，亨胡特信徒也
不情愿受一种过于狭隘的教会教义的限制，但就"对《圣经》
的忠实度"而言，他们的基本立场又与施韦泽有明显不同。蕾
娜并不喜欢这所学校严格的教学，但还勉强能接受。[33] 与此相
反，蕾娜的母亲在黑森林从没真正有家的感觉。

至少在组织和财务这类事务上，施韦泽能够在 1924 年信
心满满地第二次前往兰巴雷内。但夫妻二人两地分居，对所有
当事人来说，自然是个沉重的负担，尤其是海伦妮。

重返兰巴雷内

1924 年 2 月 14 日，施韦泽带着作为其个人助手的牛津大
学学生诺埃尔·吉勒斯皮（Noël Gillespie），从斯特拉斯堡
出发，前往兰巴雷内。吉勒斯皮是一对阿尔萨斯裔美国夫妇的
儿子，施韦泽曾答应照顾他。海伦妮因健康原因不能一同前往
非洲，只能计划在下一年，即 1925 年，去丈夫那里。但现在，
她先要带着蕾娜回到地处巴登的柯尼希斯费尔德。施韦泽定期

写信回家，信中充满爱意。他告诉海伦妮，自己在那里有多么想念她。但这一切并没有改变海伦妮低落的情绪。背痛和糟糕心态引起的经常性失眠，更是加剧了这种情况。直到约翰娜·恩格尔特地到黑森林来陪伴了她几周，情况才稍有好转。

韦雷娜·米尔施泰因清晰地指出，海伦妮当时面对的悲剧性处境：她不能也不想告诉家人和朋友，她因阿尔贝特远离、自己又无法陪伴他而处于绝望境地。并且可以预见，这种状况不会是他们生活中的特例，它将成为一种常态。1925 年，当她在阿尔贝特 50 岁生日后，得知他是带着几个年轻女人（而不是她）去非洲的，她顿时感觉天都要塌下来了。因为那些女人现在要做的工作，正是她和阿尔贝特在 1902 年相互承诺的事。

> 接下来的那几个月，完全可以说是海伦妮·施韦泽人生中最黑暗的时刻。她的忧郁症以每个星期的节奏在加重。有时，她甚至害怕自己因为太过想念她心爱的阿尔贝特而丧失理智。更糟糕的是，一直同她关系特别好的公公，在中风后病得很重，并且她患有膀胱癌的父亲哈利·布雷斯劳的健康状况也大大恶化，这一切都使她的抑郁情绪更加严重。[34]

海伦妮几乎没在信里告诉阿尔贝特自己的健康状况。从医生马克斯·格尔松（Max Gerson）为她诊断的病历中我们可以得知，她自 1925 年开始的结核病检测都呈阳性，这意味着海伦妮仍在（或是又）患结核病，因此 1925 年她根本没有机会重返兰巴雷内。

1925 年 5 月，路易斯·施韦泽去世。1926 年 10 月，海伦妮的父亲哈利·布雷斯劳在海德堡去世，享年 78 岁。可想而知，海伦妮在这种情况下的处境：患结核病，越来越多的孤独朝她涌来，而且她几乎就像是单身母亲一样带着一个小孩。尽管遭受了种种苦难，但她仍然竭尽全力用她剩余的所有力量支持丈夫重建兰巴雷内的项目，也希望自己有一天能够回到兰巴雷内，回到丈夫的身边。1926 年 8 月，她甚至参加了在图宾根（Tübingen）的一个传教士医学研究所举办的为期三周的热带医学课程。但欧洲仍是她的生活中心。相比之下，施韦泽很直率，或许可以说是固执己见，认为必要时即使没有妻子和孩子，也一定要实现自己在兰巴雷内的重建计划。他虽然在信中强调，他是如何因想念海伦妮而痛苦不堪的，但他还是在 1924 年至 1927 年坚守在兰巴雷内没有离开。与他母亲1916 年去世时的情况相同，他的父亲和岳父去世的消息，也在 1925 年和 1926 年的晚些时候才传到他那里。

　　但对施韦泽来说，兰巴雷内的项目重于一切。为此，他总是受人钦佩，但也不乏批评：他怎么能够把自己的家庭置于这个医院之下？海伦妮从一开始就容忍和支持着这种做法，尽管她心里很难受，而且越来越沮丧。她起初设想自己将是兰巴雷内这项工作不可或缺的一部分，但事实证明这是错误的。她只能慢慢接受自己无法与施韦泽过上一种正常的家庭和婚姻生活的事实。施韦泽要想了解她的情况，只能从来信中感受妻子的状态。但问题是海伦妮在信中总是表现得比真实的她更强大也更健康。施韦泽在非洲忙得焦头烂额，没有时间也没有精力去考虑太多在欧洲家乡发生的问题。当地要处理的事务，已经耗光了他的精力。1924 年，在前往兰巴雷内时，他带上了满满四大袋别人写给他的信件，想逐一予以回复。[35]

　　当他在 1924 年复活节前一天即 4 月 9 日到达兰巴雷内时，他看到医院的大竹棚只剩下顶上一些波纹铁皮，还有些支撑用的硬木骨架。这意味着，一切必须从头开始。他只得马上动

194

手修理，重新搭建医院的棚子。实际上，施韦泽原本计划用这段时间完成他在 1911 年就开始的《使徒保罗的神秘主义》这本著作，但事实迫使他暂且放弃了这一想法。白天，他是个医生；晚上，他成为一名建筑师。这期间，由于木材贸易，几乎所有工人都无法抽身来帮忙。

195

尽管患者人数在不断增长，但医疗方面的总体状况还是在好转。1925 年，有两位阿尔萨斯的医生来到兰巴雷内帮助施韦泽操持这个医院，一位是施韦泽以前的同学维克托·内斯曼（Victor Nessmann），另一位是马克·劳特堡（Marc Lauterburg）。他还从阿尔萨斯聘请了两位医护来到兰巴雷内，她们是玛蒂尔德·科特曼（Mathilde Kottmann）和埃玛·豪斯克内希特（Emma Haussknecht），后者曾经是一位教师。依靠这些敬业的志愿者的帮助，施韦泽很快就成功地在离兰巴雷内村庄更近一些的上游建造了一所医疗条件得到改善的新医院。这也是今天这家医院的所在地。当时之所以建造这个新医院，不仅是因为常规看病人数的增加，而且也因为 1924 年至 1925 年兰巴雷内地区饥荒爆发导致的痢疾。原先那个旧的、临时修复的医院，是建造在老旧的安登德传教士站无法扩大的地基上的，无法再建造隔离病房，这就导致一些传染性疾病很可能传染给其他病人。除此之外，越来越多的精神病患者也需要可供隔离的空间，而原先那个老医院只有两个这类的房间可用。

施韦泽后来遭到指责，说他没有按照现代的医学标准来建造他的医院。但是，他对精神病患者的医疗护理却表明，他在有些地方还是领先于他那个时代医学的平均水平的。因为当时精神病学在欧洲部分地区还处于起步阶段，尚未考虑到覆盖整个地区的精神病治疗，而施韦泽从一开始就计划在新建的医院里，为精神病患者提供最大限度的治疗和护理。在非洲，这是非常重要的，因为在那里这类病人经常会遭到家人的驱赶、抛弃甚至杀害。[36]

有了内斯曼和劳特堡这两位来自阿尔萨斯的医生，施韦泽从 1925 年起，几乎把医疗工作全部交给了他们。他自己则腾出手来，负责招聘和指导非洲工人，他用了大约 18 个月的时间建造这座新医院。身为文化哲学家的施韦泽，此时摇身一变成为一支建筑队的"监工"。施韦泽的那本畅销书《来自兰巴雷内的报道》（*Mitteilungen aus Lambarene*），正是在这段时间写就的，作为《在水和原始丛林之间》的续集，他每天都会写下一篇有关当天工作情况的报道。[37] 人们是怎样在原始丛林中庆祝圣诞节的？来自欧洲的医生是如何适应热带气候的？丛林医生该如何治疗蛇咬伤和黑水热？豹人是怎么回事？他们的迷信和禁忌是什么？ [38] 写这本小册子的目的是获取精神上以及财务上的支持。"基于对他们（欧洲的朋友）的信任，我们才敢做我们想做的事情，去做我们必须去做的事情，只要这个不幸的国家还需要与痛苦和苦难作斗争。"[39] 施韦泽的出版作品如《在水和原始丛林之间》（1921）、《非洲历史》（*Afrikanische Geschichten*，1938），还有一些叙事性作品如《非洲狩猎故事》（*Afrikanische Jagdgeschichten*）和《欧耶博，那位原始丛林校长》（*Ojembo der Urwaldschulmeister*），[40] 不仅为施韦泽的工作提供了资金，而且使他在欧洲成为一位著名人物。因此，他的大多数读者首先把他看作一位头戴热带草帽、身负危险传教任务的丛林医生，而不是一个文化哲学家或神学家。在施韦泽第二次居留兰巴雷内期间，通过这些畅销书赚得的资金，不仅使他能够按计划停留两年，而且甚至可以将期限延长为三年半。最终，施韦泽完成了新医院的建设。

施韦泽与他的秘书埃米·马丁先是在斯特拉斯堡，然后在他京斯巴赫家中，也和妹夫阿尔贝特·沃伊特（Albert Woytt）

196

牧师一起协调处理所有的捐赠、询问和来信，他可以信任欧洲的这一个运作良好的后勤团队。即使在这项工作中，他也更倾向于与少数几个可信任的助手合作，他"亲近地"——从正面意义上说——带领着他们，而他们又忠诚于他。

1927 年 1 月 21 日，他们从老医院搬离，成功入驻新医院。施韦泽有理由为这个相对现代的热带医院感到自豪——

> 这天傍晚，最后一批前往新医院的，是那些精神病患者。他们的看护一次又一次地告诉他们：在新医院里，他们住房的地板是用木板铺成的。而在老医院里，他们的地板只是潮湿的泥土。[……] 现在，我终于有了一家医院，必要时可以容纳 200 多个病人和他们的陪护。在过去几个月里，通常来治病的人数是 140 人至 160 人。痢疾患者的隔离，现在也方便多了。建造精神病患者住院部的资金，是伦敦古尔德豪斯（Guidhouse）公会为纪念已故成员安布罗斯·波默罗伊 - 克拉格（Ambrose Pomeroy-Cragg）先生捐赠的。[41]

施韦泽知道，让他的那些赞助者得到公众的认可，有重要的意义。因而，他公布了捐赠者的名字。

1927 年 7 月 21 日，施韦泽带着他的医护助理玛蒂尔德·科特曼离开兰巴雷内，前往欧洲，另一位助理埃玛·豪斯克内希特则留在热带丛林医院坚守岗位。接下来在欧洲的这两年时间，施韦泽的日程又排满了巡回音乐会和讲座。因此，即使是施韦泽在欧洲停留期间，海伦妮也只能偶尔见上丈夫一面。1928 年 8 月，施韦泽荣获法兰克福歌德奖，他是继斯特凡·格奥尔格（Stefan George）之后的第二位获奖者。施韦泽在获奖谢词中，表达了自己对歌德的实践理论有一种内在的亲近感。同年，布拉格大学哲学系授予施韦泽荣誉博士学位。他在那里作了关于巴赫、他在兰巴雷内的工作和基督教希腊化的演讲。[42]

1929 年初，施韦泽回到柯尼希斯费尔德的家中，与家人团聚。也是在这里，他又继续撰写他那本关于使徒保罗的书，并且最终完成了在 1911 年就开始的对使徒保罗神秘主义的研究。该书于 1930 年在德国出版。[43] 1929 年 12 月 4 日，施韦泽夫妇共同离开波尔多，前往非洲。实际上，海伦妮的健康状况还不允许她这样做，但在经历了 1924 年到 1927 年的离别的痛苦后，她一心想陪伴自己的丈夫，并且也为了能够亲眼看一下新建的医院。由于热带的气候条件，医院需要不断调换医护人员，所以施韦泽第三次出发前，也招募了 4 名瑞士医生参与到兰巴雷内的工作。如果没有他日益提高的知名度，要想一下子带上 4 名医生去非洲，肯定是不可能的。[44]

如可以预见的那样，海伦妮在 1930 年复活节就又不得不离开非洲。施韦泽在后来的回忆录中有意淡化这件事，没有提及他妻子的病况："1930 年复活节，很遗憾我的妻子又必须回欧洲去，她感觉受不了这里的气候。"[45] 她回去后进行 X 射线检查，结果虽然没有显示她的结核病变得更严重，但她的整体状况非常糟糕，以至于她的医生马克斯·格尔松建议她从 1930 年 7 月 1 日起，接受 8 个月的严格低盐饮食治疗。而这期间阿尔贝特在兰巴雷内主要关注的事项是他的自传。虽然只有 57 岁，但施韦泽已经写下了《我的生平和思想》这本自传。[46]

之所以急急忙忙要写这本自传，一个重要原因是全球经济危机，这直接影响到加蓬的木材市场，医院的白人患者明显减少。他在给海伦妮的信中写道："一些家庭已经无法付清账单了。几乎所有的白人患者，现在都是不付钱来看病的。"[47] 施韦泽必须通过自己的自传找到新的资金来源。

如果说，施韦泽在 1919 年曾觉得自己就像一枚"滚到家具底下并在那里丢失了存在意义的一枚分币"，[48] 那么他现在已经是一位著名的热带医生。从 1918 年负债累累、患有疾病的拘禁者，到 1928 年被授予法兰克福歌德奖，其中有三个重要因素促成了这一转变。一是施韦泽恢复了健康。在他的自传中，他引用了他外科老师的一句话，那是在他 1910 年 12 月 3 日通过了国家医学考试后，二人共同散步时，这位老师所说的话："只是因为你有这么好的身体，你才能够完成这样的事情。"[49] 在一封写于 1937 年的信中，施韦泽提到了自己的情况："我必须感谢上帝给了我这么优质的神经。"[50] 二是他有许多收入丰厚的讲座和音乐巡回演出的机会。如《在水和原始丛林之间》这类畅销书所赚取的稿费，成为兰巴雷内项目的主要经济支柱，并且使这个项目闻名于欧洲乃至世界。三是施韦泽还是一个出色的"人际网络编织者"。光是京斯巴赫的施韦泽档案馆，就保存了人们写给施韦泽的 65000 多封信。[51] 信件是他筹集款项的重要媒介。几乎每天晚上，他都会在兰巴雷内办公桌微弱的煤油灯光下，给他的读者和捐赠者回信。一位女秘书作为"代笔者"，通过誊抄他的文字帮助他回信，但不会代他签名。玛蒂尔德·科特曼的字迹与施韦泽的非常相似，她有时甚至帮忙回复了一部分信件。至于来自部长和主教办公室的信件，情况又有所不同。通常是玛蒂尔德·科特曼以受施韦泽委托的名义，手书回信。[52] 施韦泽另一位工作人员阿莉达·西尔弗（Alida Silver）的手迹随着工作时间的增长，也越来越与施韦泽的相似。几乎可以说，这两位女士"学会"了一种"施韦泽字体"。这里不清楚的是，究竟是施韦泽要求她们把字迹写得与他的相似，还是这两名助手自愿模仿的。无论如何，一起合作了几十年后，这三人在他们年老时，几乎有了一种相同

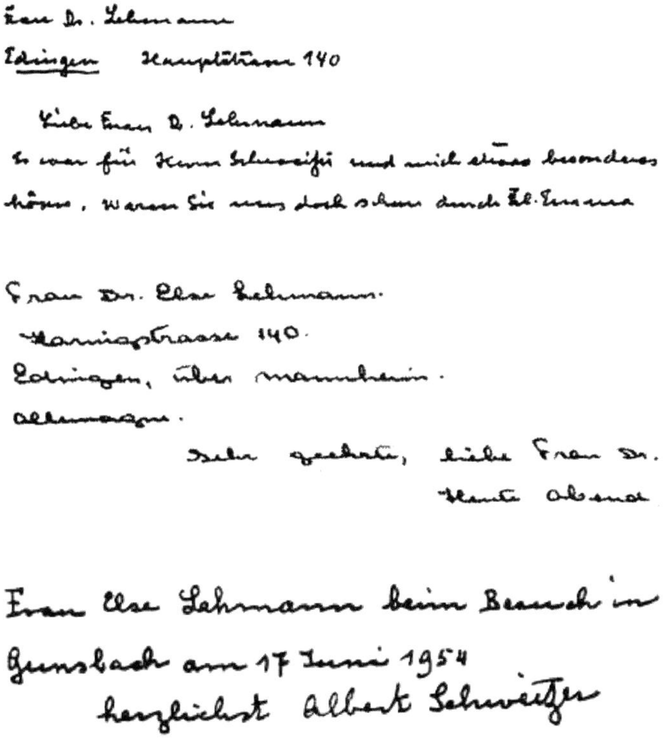

图 28 玛蒂尔德·科特曼（上面）和阿莉达·西尔弗（中间）逐渐有了与阿尔贝特·施
韦泽（下面）相似的笔迹。这就形成了典型的"兰巴雷内笔迹"。
人们以施韦泽的名义用这种笔迹回复了许多信件。

的笔迹，这也从多方面证实了"兰巴雷内精神"的重要性。

施韦泽清楚地知道，他必须维持哪些联系。他的通信
联系人有京斯巴赫的农民、学术界的巨头、国家元首。他
收到过碧姬·芭铎（Brigitte Bardot）、女王伊丽莎白二
世、沃纳·冯·布劳恩（Wernher von Braun）、阿尔贝
特·爱因斯坦、温斯顿·丘吉尔、阿德莱·史蒂文森（Adlai
Stevenson）、卡尔·雅斯贝尔斯（Karl Jaspers）、维尔纳·
海森伯格（Werner Heisenberg）、卡尔·巴特、鲁道夫·布

尔特曼等人的来信，他们就是为了与他展开讨论、交换意见，涉及的话题从动物保护、古巴导弹危机到辩证神学，不一而足。在后来的那些年里，施韦泽的回信通常有一种相似的模式：先是感谢友好的来信，接着转入来信者想要向他传达的主题，然后报告他在兰巴雷内的日常工作以及值得赞扬的事，最后会在许多信的结尾说，他本来想写更多，可是他的书写痉挛使他不得不就此停笔。他经常会尽可能多地向那些赞助者介绍兰巴雷内的工作进展，争取他们继续在财务上支持这个项目。

用正确的方法与土著人打交道

人们对施韦泽的非洲形象众说纷纭。有人把他看作一位善良的丛林医生，全身心地治疗和关怀那些把自己交付给他的非洲患者。但正是在这种"关怀"中，一些批评他的人看到了一种家长式的作风，认为他用严格的手段管理医院，即使他说把非洲人当作他"年幼的弟弟"，他也没有真正走进非洲。

更有人把施韦泽说成一个种族主义者。其理由是：施韦泽认为欧洲对非洲的殖民化在原则上是正确的；只是前提是它是为了支持和建设非洲社会，而不是为了剥削它。施韦泽认为，欧洲人承担着发展非洲的社会组织和经济形式的重大责任，而且只有"在这种形式中，土著人才能在面对西方贸易时维护自己的利益"。[53] 尽管他认为非洲人"生性懒惰，情绪易变"，但施韦泽反对任何形式的强迫劳动，也曾提议采取一项较为文明的措施，即禁止欧洲出口酒精到非洲。[54] 施韦泽把自己定位为一位文化传播者，是在向非洲输入比当地土著文化先进的欧洲文化，用这种方式来帮助非洲人——也就是说，以"兄长"的身份来帮助在他看来仍是"自然之子"的非洲人。[55] 这种家长式的态度在当时是很典型的，并且与当时生活在加蓬的许多白人相比，施韦泽还算是个自由主义者，因为他在很大程度上拒绝将暴力和胁迫作为一种合法的纪律惩罚手段。

年轻的施韦泽在1913年去非洲之前，曾坚持认为非洲人是殖民主义的受害者，并希望自己能够保护他们免受欧洲人的侵害。最初他身上很少让人感觉到有一种文化的优越感。1905年，施韦泽在给海伦妮·布雷斯劳的信中，写下了以下几行字——

> 感谢你特地为我收集了那些有关刚果的文章！你真是一位勇敢的姑娘！从你收集的这些文章中，我清楚地看到了你想提出的问题。现在你理解了，为什么需要人去这个广袤的原始森林保护可怜的"黑鬼"（Neger），使他们免遭白人的掠夺。这项工作不只是宗教意义上的，更是一种人性的行为。为了这项工作，我还会去顾忌什么发烧之类的问题吗？我会克服这些困难的！[56]

"黑鬼"这个词，在20世纪初就已被认为带有一些贬义。与施韦泽不同，海伦妮在信中避免使用这个词，她用"土著"（Eingeborenen）来代替这个词。[57] 就如在那个时代各种殖民主义游记中经常可以看到的那样，当施韦泽亲自踏上非洲的土地后，他对非洲的看法也发生了根本的变化。施韦泽是带着在非洲种族问题上较为自由开放的态度前往非洲的，但在兰巴雷内担任雇主时，就像许多其他欧洲定居者一样，他对非洲的看法发生了根本性的变化。直到这时他才意识到，在巴黎或柏林政治中心的"绿色办公桌"上决定的殖民政策，很少切中非洲各个国家的实际情况。这就是为什么此时的施韦泽思考种族关系的方式与1890年前的他完全不同，仿佛那个曾经坐在"科尔马的悲伤黑人"雕像脚下幻想的施韦泽从未存在。《在水和原始丛林之间》一书中，关于非洲人的工作道德，施韦泽如此写道——

> 我亲身经历了15位黑人不停地划桨36个小时，把一位病重的白人送往上游地区。自那以后，我不敢再毫无顾忌地谈论黑人的懒惰。在某些特定的情况下，黑人能够工作得很好……但他们只在环境要求他时才工作，不愿做更多。而且令人感到不解的是，"自然之子"们始终只是临时性的散工。[58]

> 黑人不是懒惰，而是一个自由人。这就是为什么他始终只是一个临时工，与他们无法进行一种有规则的合作。小到传教士，大到商人或种植园主，都有这样的体验。如果我的厨师认为已经有足够的钱来满足妻子和岳母的需求时，那么他就会离开现在的这份工作，根本不考虑我们是否需要他。[59]

在另一处，施韦泽写道——

> 黑人只适合在他自己的村庄、家里和族人那里做些事，因为他感到对此有一种道德义务。[60]

就强制工作这个问题，施韦泽写道——

> 德国的非洲殖民地在强制劳动这个问题上实行了人道同时又功利的管理方式，其结果有好有坏。我不认为强制劳动在原则上是错误的，但这在实际上又是不可行的。在殖民地没有一些小小的强制性劳动，就什么都无法干。[……]但是，普遍实施强制劳动是件很复杂的事，男人们为了去白人那里劳动，必须离开村庄和家人，还要行走好几千米的路。[61]

施韦泽对白人和黑人间关系的总结是——

> 保护土著人口，必须是一种健全的殖民政治的首要目标。除了工人的问题，还有一个帮助他们解放的问题。[……]有关后一个问题，有一次一位政府的黑人文职人员来找我，正好有个传教士也在场。在那位黑人职员走了以后，这位传教士和我不约而同地说："我们不想与他竞争这份文秘工作。"他的上司总是给他最难的文字让他编辑，总是给他最复杂的统计数据让他整理，而他又总是能够无懈可击地完成这些工作。但是他们将成为怎样的人呢？他们被从自己原来的村子里连根拔起，像其他人那样去陌生环境里工作。他们依赖国际贸易公司生活，继续着给当地人带来直接伤害的欺骗，也让人们陷入酗酒的危险。[……]他们不再属于普通的黑人，但也不属于真正的白人，而是成为两者之间的一个中间阶层。[……]为了向上而脱离自己原先的阶层，反而成了当地许多优秀的人的不幸。[62]

涉及非洲事务时，施韦泽把自己定位在一种中间立场上。一方面，他一再批评欧洲人对非洲的殖民主义；另一方面，他对非洲人又持一种（在他那个时代算是较为温和的）父权主义者的观察视角。在那个年代，白人殖民者殴打责罚犯错的黑人是惯例，而施韦泽对犯错的黑人据说至多也就是"打个耳光"或是"在屁股上踢一脚"，并且其他在旁的人，其中包括施韦泽的工作人员索尼娅·波托（Sonia Poteau），都证明和强调：那些受此惩罚的黑人，更多的是笑着离开的，而不是被吓跑的。[63]他这么做的目的，绝不是虐待非洲人或是施行一种暴力惩罚。当他在非文化、半文化和有高度文化的民族之间进行区分时，或是担心文化国家出现人口减少时，他常会在无意识中表现出一个受过良好教育的欧洲人的优越感，这证明了即使是施韦泽，也只能是"跳脱不出所处时代的人"。[64] 施韦泽"温和的地方"在于：与绝大多数殖民者不同，施韦泽从未在思想理念上质疑过非洲人的尊严。在 20 世纪 60 年代，就连一些还算温和且学术上观点多元的神学家，如维尔纳·皮希特（Werner Picht），也对施韦泽关于非洲人工作道德和自然特性的说法作出了一些在今天看来想必不可接受的评论。皮希特引用了施韦泽叙述的一个风趣故事——

> 9 月中旬，已经下了这一雨季最初的几场雨。这意味着现在必须把建筑用木材搬到干燥处。由于医院几乎没有这样的男性劳动力，我只好带着两个别的人亲自搬运木梁和木板。这时，我看到一个穿白西装的黑人来看望一个病人，并正好坐在那个病人边上。"嗨，伙伴，"我叫喊着，"不想稍稍帮助我们一下吗？"但那位黑人回答道："我是个知识分子，我不会扛木头。""你真幸运，"我说，"我也想做个知识分子，但我没有成功。"[65]

维尔纳·皮希特从这件趣事中得出自己的结论——

> 比当地未开化的人更难打交道的，是那些自以为受过教育的人。[……]这种困难最深层的原因在于：对当地人（施韦泽接触的那些人）来说，不存在"所有人都有相同的价值"这一理念。一般而言，他只会对他部落的亲戚有同情心和帮助意愿。[……]因此毫不奇怪，同情和绝望有时会在这位丛林医生的内心"构成一个解不开的结"。[66]

图 29　施韦泽也亲自参与建筑工作，比如这里，1926—1927 年冬季，他站在梯子上，
正忙于药房和一所专供术后病人休息的房子的收尾工作。

皮希特在这里主要是想解释，在与工人打交道的过程中，施韦
泽每天都要经历的挫败感。但在其引用的故事中，详细地叙述
了施韦泽怎样用体罚来达到教训的目的，比如有时给他的非洲
工人一个耳光。皮希特和施韦泽可能在 1960 年还没有意识到
自己行为中的道德问题或种族问题，而只是在强调他们的教育
意图。

尽管施韦泽总是在宣传没有等级差别的生活理念，从根本上否定按肤色划分地位这一做法；但在与黑人的日常合作中，其行为却远离自己的理念，因为我们没听说过，他会为某件不愉快的事，给他的白人雇员一个巴掌。新闻记者诺曼·考辛斯（Norman Cousins）引用了下面几句话作为施韦泽患有"肤色色盲症"的证据——

> 克拉拉·厄克特（Clara Urquhart）还给我举了另一个例子，来说明施韦泽的粗暴是没有肤色限制的。有一次，一个非洲人把整堆木头都拖到了一个错误的场地，施韦泽非常生气，喃喃地说，真想打他一顿。这使得正好站在边上的克拉拉很吃惊，并且克拉拉丝毫没有掩饰自己的这种吃惊。"您知道，"施韦泽回答道，"我想我不会打他。但是如果我真的这么做的话，那就请您闭上眼睛，想象我这是在打一个白人。在这种情况下，我也许会因为得到您的赞同而高兴。"[67]

但事实上，施韦泽在兰巴雷内给出的耳光都是打在黑人脸上的。一种独特的自相矛盾的道德影响着他对作为自然之子的"弟弟"的态度。这就说明，他仍是跳脱不出其所处时代的人。但适用于施韦泽的道德标准理应更高。因此，对于他打黑人这件事，人们认为这个"长得像上帝的近亲"，且——正如《明镜》周刊又补充的那句——"他自己也表现得像上帝的近亲"的人实在不应这么做。[68]实际上，施韦泽恰恰没有总是表现得像上帝的近亲，这一定会令他的无数仰慕者感到失望。因此，施韦泽几乎在所有的回忆录中，都有意不提及这些事。

隐去这些后，施韦泽一再渲染的，是经他美化了的非洲自

图 30 这个看上去像"亲爱上帝的近亲"的男人是谁?《明镜》周刊在它 1960 年的
圣诞专版中间道。后来的《明镜》周刊主编克劳斯·雅各比是带着对施韦泽
祛魅的任务前往兰巴雷内的,但在归来时已深受他的影响。

然景象,即使只是刚开了个头,但也已经在很大程度上让人们
忽略了这一自然景象特有的残酷性。比如,对第一次乘船航行
在奥果韦河上的印象是这样写的——

　　水和原始丛林……! 谁能够重新复制这些景象? 面
对它们,我们好像是在做梦一样。我们在某个地方曾经看
到靠想象描绘出来的大洪水前的风景,在这里成为活生生
的画面。人们甚至分辨不出,水流在哪里终止,田野从哪

里开始。覆盖着藤蔓的树丛，从自身编织出巨大的根系网络，一直嵌入河流的深处。灌木状、乔木状的棕榈类植物之间，是永远有着翠绿枝条和茂盛叶片的阔叶乔木。孤立的高耸的参天大树，大片大片有着宽阔的扇形叶子的比人高的纸莎草丛，茂密绿色植被中正在枯萎的树木，腐烂气息直冲到天上［……］。这就是真实的非洲。[69]

施韦泽像许多其他游客一样，在刚踏上非洲大地时充满了激情。但作为一名医生，他理想化的非洲景象很快就被这些气候条件给许多病人带来的痛苦掩盖了。与此同时，他也证明了自己是一个敏锐和有批判性的社会状况观察者，他懂得如何切中要害地描述非洲问题的根源。因此，他把黑人酗酒的过错归咎于白人。与大多数传教士相反，他也为非洲的一夫多妻制辩护，他认为："我们应当尊重当地已有的权利和习俗，不到万不得已，就不要去改变它。"[70] 但是针对种族关系，他又坚持认为——

208　　　　该以哪种方式与有色人种交往？我是应该把他看作一个与我平等的人？还是应该把他看作一个低于我的人？我应该向他表明，我尊重所有人的人格尊严。他应该在我身上感受到这种态度。［……］但那个黑人是个孩子。没有权威，一个孩子就会什么事也做不成。那么，我就必须确立一个与他交往的模式。这个模式应当表现出我的自然权威。面对黑人，我常说"我是你的兄弟，但，我是你的哥哥"，我希望以此来影响他们。友好加权威，这是正确与当地人交往的最大法宝。［……］在我来非洲之前，如果有传教士和商人告诉我，在非洲必须非常注意从外部维护白人的权威地位，那么我会像每个在欧洲听到和读到此事的人那样，认为这是冷漠和违反人的自然性的。但是到了这里后，我很快就认识到，最真诚的善意能够在形式上与这种价值观相结合，并且只有这种结合能让善意成为可能。[71]

就此他得出的结论是——

坚守一种纯粹的人道的品性，并在此基础上得以充当和维护文化传承者，是极为困难的。正是原始丛林让我们看到白人和有色人种问题的巨大悲剧。[72]

施韦泽的这番话引起新闻界的不满，人们指责他对非洲人只有一种抽象的兴趣，即使他在自己的工作中帮助他们。比如《明镜》周刊批评他说——

除治病外，施韦泽对黑人的兴趣实际上是不存在的。虽说他从未去过印度，却写下了一本在印度引起赞叹的书《印度思想家的世界观》（*Die Weltanschauung der indischen Denker*）。但是他在非洲令人钦佩地度过了半生，却没有学会任何一种当地的语言，除了加蓬，他也没有去过其他任何一个地方①。[73]

《纽约时报》1965年在施韦泽的讣告中写道——

他的工作人员已经习惯了这个男人偶尔急躁和生硬的行为方式，戴着热带草帽的他，总是匆匆赶往建筑工地，

---

① 但施韦泽也去过喀麦隆。——作者注

209　　用一种严厉的口吻催促当地的工匠："你走快点，快些快些！"如果施韦泽（恰巧）在兰巴雷内的话，那么未与他有事先的咨询或未经他的同意，根本不要想做实际的事。有一次，他收到一个挪威孩子的来信，请求得到他家的鹈鹕帕西法尔（Parsifal）的一根羽毛，他立即停下了传教士站的全部工作，因为在继续这些工作之前，他想确保这个孩子能够得到一封富有感情并且还是他亲自写下的回信。随着年纪的增长，他的专横更加明显，这也在本来很敬佩他的员工那里留下了印记。绝大多数非洲人都将施韦泽看作儿童，或原始人。因此，有报道说：他几乎从不像与一个成年人那样平等地与一个非洲人说话。他没有兴趣去关心非洲人正在兴起的民族运动，因为他的思想和立场仍然基于 19 世纪的慈善思想。即使有成千上万的非洲人称他为"伟大的医生"，但也有其他人在村庄口制作路标，上面写着："施韦泽，回家去！"

　　"目前，"施韦泽在 1963 年说，"非洲不需要更高一级的学校教育和培训。他们首先需要的是一种简单的基础学校，最好就像以前的传教士学校那样。这样他们每天只需要上几个小时的课，然后就能回家从事农业活计。他们不需要自然科学或工业化。"他喜欢通过讲述一个有关橙树的故事，来表达他的这一立场："我允许非洲人采摘我那棵橙树上的水果，想要多少就可以采多少。不过，亲爱的上帝最终还是会保护我的那些水果树，因为祂在创造非洲人时，已经给了他们懒惰的基因，他们自然就懒得去采摘大量水果。"[74]

　　《明镜》周刊编辑克劳斯·雅各比曾回忆说，有一次他对施韦泽进行访问时，施韦泽清楚地看到，雅各比正在往医院方向走来。接着，他一边注视着雅各比在工作站的一举一动，一边以一种令人惊讶的坦诚与雅各比交谈，与此同时又用一种令雅各比意想不到的方式与非洲工人打交道：只要他对他们的工作速度和质量不满意，他就会伸手去打他们耳光。[75]

对施韦泽来说，白人与黑人的关系也是一个道德问题，就如他在兰巴雷内的所有工作也是一个涉及道德的问题。正是基于这一理念，他才会一次又一次地强调白人在非洲人中赢得权威的重要性。但是，正如许多白人定居者所认为的那样，尊重并不能通过暴力、技术优势和发号施令来赢得，而是只能通过传达道德权威来获得——

> 自然之子没有像我们一样接受过教育，因此他们只懂得基本的标准，并且他们主要用这些最基本的道德标准来衡量一切。当遇到善良、正义和真实这些在外表背后也有内在尊严的问题时，绝大多数非洲人都会表现出顺从和认可。在没有这些的地方，他们虽然也会表现出顺从，但他们的内心是反抗的，他们会说："这个白人并不比我多些什么，因为他并不比我好。"[76]

随着年龄的增长，施韦泽对种族问题的看法变得越来越狭隘。记者詹姆斯·卡梅隆（James Cameron）在访问兰巴雷内后于 1954 年出版了《出发点》（*Point of Departure*）一书，书中指责施韦泽说：施韦泽已经表现出明显的种族主义特征。比如，自 20 世纪 40 年代以来，施韦泽不能容忍非洲人在兰巴雷内与他同桌吃饭。并且施韦泽在与卡梅隆的一次谈话中，公然为南非总理和种族隔离政权的设计者丹尼尔·弗朗索瓦·马兰（Daniel François Malan，1874—1959）辩护。[77] 但是把施韦泽定位在像马兰那样的民族主义者和种族

210

主义者近旁，也是难以令人信服的。因为马兰是南非民族主义政党（South African Nationalist Party）领导人和南非联盟（Südafrikanische Union）总理，因而可以说是建立种族隔离制度的主要人物。马兰钦佩的是纳粹国家社会主义者的暴政，而施韦泽是非常憎恨这种暴政的。事实上，施韦泽不愿与非洲人有过度接触，是担心这会削弱他作为白人的权威，并不能就此说他是一个种族隔离的支持者。1951 年，为了从一种中立的立场来了解南非的"土著政策"，施韦泽特地请求开普敦的牧师赫伯特·巴尔（Herbert Bahr）向他介绍一下那里的情况——

211
　　　　请您来信向我介绍一下，马兰的种族主义政权是如何处理土著人问题的。我读到和听到了太多相互矛盾的消息，因此您的意见将会对我有极大的价值。我尽可能以适合这里的方式，来处理这里的土著人问题。但南非那边肯定需要一种不同于我这里的方法。[78]

卡梅隆还指责施韦泽有过一次对甘地（Gandhi）的贬损："一位伟大的教育家，被诱惑去从政。"[79]但是，谁如果读过施韦泽的《印度思想家的世界观》，那他就会发现，施韦泽是极为敬佩甘地的。因此，不应把他在卡梅隆那里顺便说的一句批评甘地的话，过分夸大。

　　对于为什么施韦泽不能容忍非洲人进入他那些白人工作人员的饭堂，施韦泽的传记作者詹姆斯·布拉巴松曾试图找出可以理解的理由。布拉巴松认为：一方面是施韦泽担心他和他那些白人职员的权威会因此遭到损害；另一方面则与当地黑人的实际生活习惯有关，特别是在加蓬，由于害怕被人下毒，黑人通常只吃自己锅里的食物。[80]在这一点上，布拉巴松显然在

为丛林医生辩护，真实原因可能还是他无法容忍与黑人共同
进食。

　　施韦泽对非洲人的基本态度是积极的，但是多年来，他
在日常工作中所遭受的挫败感，使他成了一个"老非洲"。他
认为自己已经确切知道：作为一个欧洲人，应当如何与"非洲
人"打交道。施韦泽与非洲人打交道的生硬方式的形成，可能
还存在另一个原因，即作为丛林中一家与世隔绝的医院的负责
人，他的肩上承担着有时甚至超过 600 名患者的责任，[81] 也就
较少会去考虑用委婉的辞令和经过权衡的手段去管理医院事
务，更不想成为一个斯特拉斯堡神学院教务委员会那样的行政
机构。

　　许多非洲人，尤其是在 20 世纪 50 年代的去殖民化运动中，
虽说仍对施韦泽怀有敬佩之情，但也对他的家长式领导作风提
出了严厉批评，说他通过他的丛林医院在事实上也在意识形态
上，都支持了法国的殖民体制。事实也是如此，施韦泽对去殖
民化持有高度的批判态度——

> 　　任何了解殖民地并对殖民地人民怀有善意的人，都不
> 会认为最迫切也最重要的任务是让他们尽快实现独立。这
> 绝不是一件必要的事。其实，主要目标应当是，帮助殖民
> 地人民在最佳条件下掌握文化中有用的和本质的部分，从
> 而成为能够代表真实人类的有尊严的人。如果他们已经足
> 够接近这个目标，那么他们是否有必要实行自我管理，应
> 当由他们自己来决定。但是，他们现在只是被唆使，把他
> 们的独立、成立组织和统治民意看作他们的当务之急。这
> 对他们的初步发展没有任何帮助。[82]

施韦泽没有着力去培训黑人医生，或是把兰巴雷内医院转交

给黑人。但是与大多数殖民主义者不同，他没有剥削非洲人，而是尽力为他们治病。他是有意识这么做的，因为他对欧洲人数百年来在非洲的殖民有一种内疚感。1927 年，他曾这么说——

> 可以说，我们对殖民地人民所做的一切善事，并不是一种慈善事业，而是一种赎罪，是在为我们白人从我们的船只到达他们的海岸那天起，给他们带来的许多痛苦和悲伤的一种赎罪。在政治上，殖民地问题如它们的形成那样，是无法解决的。必须有新现象出现，它应当是：白人和有色人种以道德精神进行会面和交往。只有这样，才有可能相互理解。为创建这种精神而努力，也就意味着追求一种面向未来的世界政策。[83]

6
来自中非的问候
——在"第三帝国"时代（1933—1945）

阿尔贝特·施韦泽以"来自中非的问候"，回应约瑟夫·戈培尔来信结尾的"来自德意志的问候"。

暴风雨来临前的宁静

阿尔贝特·施韦泽获得法兰克福歌德奖不到四年，为纪念歌德逝世100周年，施韦泽于1932年3月22日在法兰克福歌剧院作了纪念演讲，蕾娜和海伦妮也在场聆听。对施韦泽来说，在标志着他与海伦妮相识三十周年的这一天谈论歌德具有特殊意义。纪念会是在警察的保护下召开的，因为人们担心纳粹冲锋队会前来干扰。

施韦泽的演讲，不仅是向诗人的致敬，还几乎预言了暗淡的未来——

在这个阳光明媚的春日，法兰克福市正在缅怀她逝世100周年的伟大的儿子……但是她和歌德的同胞都陷入了前所未有的巨大苦难。失业、饥饿与绝望，成为这个城市许多公民和这个帝国无数国民的命运。对生存的担忧，因我们参加这个庆祝会而被我们带了进来，它弥漫在这间屋子里，谁敢衡量它到底有多巨大的对生存的关注的负担！随着

214 　　物质存在危机的出现，精神存在也受到了威胁。那么多曾经
有过的文化和教育事业，现在无法再继续下去了。［……］
这些困难和忧虑，在今天已是如此之沉重。［……］在条件
不利于个人人性发展的情况下，坚持个人人性的理想是否
还有意义？或者说，我们是否有必要调整自己，以适应新
的人类理想？按照这种理想，我们人类就可以在有组织的
社会中，以另一种方式达到人类本质的圆满？［……］现
在，在他（歌德）逝世100周年的今天，情况却发展到这
样的程度：事态的急剧演变和物质的灾难性的发展影响着
经济、社会和精神，个人的物质和精神的独立性处处受到
威胁，即使尚未完全被摧毁，也可以说已经陷入了最严重
的危险。[1]

　　施韦泽在这里所指的是：启蒙与人文主义的理想在德国已然丢
失。但他同时指出，不是"一切在历史上有决定意义的，都会
经常性地发生变化"，而是"那些承载着历史真理的理念，会
应对正在变化着的世态，并在其中坚守和深化自己"。[2]一种
敬畏生命的世界观之所以能够持久存在，是因为它本身蕴含着
深刻的、实实在在的人类真理。所以说，即使是纳粹也无法废
除它。希特勒和他的帮凶们在后来究竟能够取得多大的成功，
在缅怀歌德的这个时间点上，施韦泽和他的听众都还无法猜
测。但是，纳粹冲锋队准备在那天骚扰会场的举动，已经让他
们预先尝到了一种苦涩的滋味。

　　1932年春天，施韦泽搬进了他在京斯巴赫新建的房子，
作为他在欧洲的总部。这幢房子是他用1928年的歌德奖奖金
建造的，现在终于完工了。施韦泽和他的助手（尤其是埃米·
215 马丁）非常高兴，因为这会让兰巴雷内的工作变得容易许多。
但是，海伦妮却终生都对它有着一种矛盾的心态。从现在起，

有关非洲项目的计划和工作都是在这幢房子里开展的，但海伦 216
妮因患有结核病，她不再觉得自己是这项事业的全权参与者。

　　在纪念歌德演讲后没几个月，施韦泽便从京斯巴赫出发前往英国，那边有好几个奖项在等待着他领取。1932 年夏，牛津大学授予他神学荣誉博士学位。接着，爱丁堡大学授予他音乐学和神学荣誉博士学位。圣安德鲁斯大学（St. Andrews）甚至授予他法学荣誉博士学位，并且施韦泽给那里的学生留下

图 31　1932 年，施韦泽夫妇在爱丁堡。阿尔贝特·施韦泽因他的音乐学和神学成就，
被授予荣誉博士学位。

了极好的印象，他们在两年后推选施韦泽作为这个大学的校长。除了在兰巴雷内的工作十分繁重，施韦泽还认为自己的英语水平较差，无法胜任这个职位，因而婉拒了。

停留欧洲期间，施韦泽还利用去接受这几个荣誉学位之间的空闲时间鉴赏管风琴，与朋友和熟人聚会，以及举办管风琴音乐会。[3]1932 年 11 月，施韦泽去柏林看望他的妻子，海伦妮由于结核病又一次复发，不得不在马克斯·格尔松那里接受治疗。早在 1930 年，她就因在非洲肺结核复发回到欧洲，被送进医院，接受了严格的低盐饮食治疗和激素治疗。虽然结核病有所缓解，但她的精神状态却变得"烦躁、神经质、爱抱怨和满腹牢骚"。[4]在住院八个月的最后几个星期里，她把时间都花在了阅读施韦泽的自传《我的生平和思想》上，但这并没有完全改善她的心情。[5]当 1932 年发现她肺部之前的空洞再次扩大时，海伦妮不得不再次接受治疗，并且她的总体状况也在明显恶化。实际上，他们原本计划共同度过接下来几个月的时光，并且阿尔贝特也想利用这段时间继续撰写他的文化哲学著作。让海伦妮感到特别有压力的是，由于结核病不好的名声，她不得不把自己的整个健康状况对外保密，甚至对她在柏林的朋友也是如此。[6]

217　　与此同时，希特勒在 1933 年 1 月底夺得了政权，政治局势变得日益阴暗，而此时恰巧在柏林的施韦泽不得不亲身经历这种阴暗。在即将又要踏上去兰巴雷内的旅程时，他向海伦妮倾诉了自己的一些悲观想法——

　　　　啊，在这样一个时代，我感到很痛苦，也很绝望。这一切会往哪里发展……法国的局势十分严峻。在德国，现在是希特勒掌权了。我在柏林的那些日子，真是太糟糕了。[……]在这段时间里，已经失去了恢复两国关系的最后机会……（恰好是我与你在柏林一起度过的）那些日子，将是历史上最重要的日子……上帝将帮助我们挺过这一灾难……这些政治事件带来的巨大压力使我几乎无法继续工作。我每天都必须先强迫自己暂时忘掉这些悲伤，以便能够去工作。有时甚至做不到这一点。[……] 现在，我几乎没有力量去期待些什么。我总是不断问自己，我写文化哲学著作究竟是为了什么？在出现新的时代精神之前，人民的疯狂肯定会摧毁尚存的一切……但我总是强迫自己，不要放弃希望。[7]

健康受到损害的海伦妮不得不再次留在欧洲。她的医生格尔松因其犹太血统很快被医院解雇。接着海伦妮也离开了医院。她很清楚，由于纳粹国家社会主义者人气日益高涨以及公开表现出的对犹太人的仇恨，她必须立即离开德国。她决定带着蕾娜一起进入中立的瑞士，前往洛桑（Lausanne）。施韦泽也认为，蕾娜正处于受教育和成长的过程中，至少在她的精神思想上，"必须成为一个仍然坚持人道主义理想的国家的成员"。[8] 海伦妮的许多亲戚都经历了相同的命运（尽管其中绝大部分都已被"同化"），现在只得纷纷离开欧洲。

　　这期间，施韦泽多次被要求公开站出来抗议纳粹政治。施韦泽在 1928 年至 1929 年的冬天于柯尼希斯费尔德结识的马克斯·玻恩（Max Born），在 1933 年 7 月请求施韦泽"回到欧洲，并尝试召唤文明世界来反对这种野蛮行为"。[9] 但施韦泽拒绝了。施韦泽认为，"德国的局势毫无希望，并且也感觉自己无法离开那些非洲病人"。[10] 从施韦泽在 1930 年写给一位犹太熟人的信中可以清楚地看出，他很早就认为魏玛共和国的政党领袖太幼稚，并且也早就鄙视德国的右翼政党——

德国的政党领袖，可以说是我见过的最大白痴。而
右翼政党愚蠢的反犹太立场，令人深感遗憾。它有朝一日
一定会得到强权，因为形式简单的德国民主制是没有生命
力的。[11]

尽管施韦泽拒绝公开谴责纳粹国家社会主义政治，但他还是尽
一切努力说服他的许多亲戚和朋友尽快离开德国。此时，纳粹
国家社会主义者已经封闭了海伦妮在柯尼希斯费尔德的银行账
户。没收他们的家产，似乎也就只是一个时间问题了。1934
年3月，海伦妮的弟弟恩斯特移民去了巴西。施韦泽用写书所
得的丰厚收益来供养他的家庭。与此相反，兰巴雷内的经济状
况越来越吃紧。施韦泽在欧洲举办音乐会和讲座的收入，现在
必须用来帮助维持医院的运作。

当施韦泽在1933年又一次回到兰巴雷内时，尽管财务状
况不佳，他却看到了一种能给予他信心的状况。新扩建的医院
被证明是成功的，医生们在1933年和1934年这两年，每年都
做了500多台手术，而在此前的20年，每年也就只能做100
多台手术。[12]得益于一位阿尔萨斯医生的单笔捐款以及施韦泽
一些亲戚的共同捐款，兰巴雷内的医院终于能够购买它的第一
台冰箱了。[13]

1934年，施韦泽又一次回到欧洲，但只停留了9个月。
他此行的目的主要是照顾和安排好他的家人，并且也在牛津大
学，随后在伦敦大学开展"希伯特基金会现代文明宗教讲座"
（Hibbert Lectures on Religion in Modern Civilisation），
介绍《文化哲学》第一卷和第二卷中的主题"现代文化中的宗
教时刻"。施韦泽在爱丁堡吉福德讲座（Gifford Lectures）
的主题是"自然神学和自然伦理问题"。施韦泽在英国举办的
讲座取得了巨大的成功。由他自己整理的这两个讲座内容的一

份文告，没多久便刊登在了美国的《基督教世纪》(*Christian Century*)杂志上。[14]

即使在英国，施韦泽也能感受到德国国家社会主义恐怖的影响力。在那里他收到来自德国熟人和教会代表的信息，请求他不要再去拜访他们；他们不想再与他交往，理由是他对纳粹持批评态度。施韦泽就此决定，只要希特勒还掌握着政权，他就不再踏上德国的土地。[15] 在这种情况下，人们经常也会提起施韦泽写给约瑟夫·戈培尔(Joseph Goebbels)的(如今丢失了的)一封信。1951 年，特奥多尔·豪斯在给施韦泽颁发德国书业和平奖(Friedenspreis des deutschen Buchhandels)时当作一件轶事提起了这封信(当时在场的施韦泽也没有否认这回事)。豪斯称，他的消息来自维尔纳·皮希特：当时，希特勒的宣传部长想让施韦泽充当德国国家社会主义的形象代言人，但是面对戈培尔来自"德意志的问候"，施韦泽委婉地用"来自中非的问候"拒绝了与纳粹的任何合作。[16]

1935 年底，当施韦泽又一次在爱丁堡举办讲座时，他结识了威尔弗雷德·格伦费尔(Wilfred Grenfell)。格伦费尔在纽芬兰的拉布拉多(Labradors in Neufundland)的冰冷水域建立了一家类似兰巴雷内的渔民医院。两人一拍即合，认为能够相互理解。为此，施韦泽特地在客人的留言簿中写上了一句："(非洲)河马很高兴认识了北极熊。"[17] 在上述的那些讲座结束后，施韦泽还因私人事务去了英国，接着又去了瑞士。1935 年1 月14 日在公众极大的关注下，施韦泽度过了他的 60 岁生日。在这一切喧嚣过去之后，海伦妮和阿尔贝特开车去日内瓦湖边的蒙特勒(Montreux)待了一周。这是他们这次计划中唯一在一起度过的时光。他们想利用这几天的时间，就像当年在丛林时每个不工作的星期日那样，一起长时间地散步。[18]

施韦泽从蒙特勒出发，又继续前往兰巴雷内，这意味着他

220

又回到了那里的日常工作中。等待手术的人越来越多，他们必须提高已有的医疗能力。医院有了一盏新的煤油灯，现在也可以在夜间从事紧急手术了。施韦泽从到达的那天起，连续四个晚上都在不停地做这些紧急手术。从1938年起，施韦泽和他的助手们可以通过一个广播电台，在遥远的兰巴雷内直接收听有关世界政治事务的最新消息。[19] 1938年，兰巴雷内医院建院25周年，曾经被这个热带医院挽救过生命的那些欧洲患者想借此机会表示感谢，他们计划捐赠一台价值90000瑞士法郎的X光机。但是，施韦泽设法说服赞助者，由他自己来处置这笔原计划用于购买X光机的资金。他已经明智地预见到会有一场战争，因此希望用这笔钱尽可能地多储备一些药品。1939年1月，他到阿尔萨斯停留了几天购买药品和食品。然后，又直接登上他来时乘坐的那条船，回到加蓬的让蒂尔港。海伦妮和蕾娜对他的这一举动深感失望。因为他们原本计划1939年春全家在欧洲相聚的。

海伦妮和蕾娜的生活，在1937年和1939年间发生了翻天覆地的变化。1937年10月，海伦妮带着蕾娜一起前往纽约，不仅会见了她的亲戚，还会见了阿尔贝特的朋友，以维持联系和促使更多的朋友关注兰巴雷内的项目。另外，海伦妮还举办公开讲座，使美国人更多地了解了施韦泽在兰巴雷内的事业，也引起了他们对她的丈夫施韦泽的更多关注。为此，施韦泽在战时就向他们表示了感谢——

> 我不知该怎么感谢这些忠实的朋友。我现在与以往一样，接收和照料所有有需要的患者！现在我们又能够多做几台手术了。[20]

海伦妮与蕾娜一起拜访过的人物中，有一位就是阿尔贝特·爱因斯坦。据说他非常友好地接待了她们，但在交谈时却显得有些笨拙。为了掩饰这一点，他"不断地劝说她们，再吃一块苹果派"。[21] 此时已经 19 岁的蕾娜，施韦泽禁止她学医，并说"这不是像你这样的女性该从事的一份职业"。[22] 因而，蕾娜在美国停留期间便开始学习声乐，还参加了一个秘书职业班，也曾去听心理学讲座。1938 年 4 月，海伦妮计划从纽约飞往非洲。但是她那位已经在美国定居的格尔松医生急忙劝她不要这么做。海伦妮没顾及这一警告，在 4 月底坐船经法国去找她的丈夫，并于 1938 年 5 月 17 日到达。而这期间，蕾娜则继续留在美国，享受她的那些课程和父母不在身边的自由。和以前一样，阿尔贝特和海伦妮总是会在傍晚沿着奥果韦河散步。但在 1938 年秋，海伦妮又回到了欧洲，因为蕾娜从美国回来了。这时，尽管她们有着犹太人身份，但还能凭借法国护照相对安全地进入德国。

1938 年 11 月，海伦妮再次前往美国。但这次回来后，她们母女便在 1939 年 5 月离开波尔多，从那里直接前往奥果韦河边的兰巴雷内。这是蕾娜第一次来到兰巴雷内，这里给她留下了深刻的印象。但是由于爆发战争的危险已迫在眉睫，她们在那里只待到 6 月，便不得不又重回欧洲。蕾娜想回到她的未婚夫让·埃克特（Jean Eckert）——一个管风琴制作家——那里。他们是两年前在京斯巴赫认识的，他此时在巴黎工作。战争爆发后，他作为航空部文职雇员，被派到卢瓦尔河边的布洛瓦（Blois）工作。

战争时期的兰巴雷内

1939 年 9 月，第二次世界大战全面爆发。没过多久，也就是在 1940 年 3 月，远在非洲的兰巴雷内就受到了欧洲各国

敌对行动的影响。施韦泽多次乘坐的、定期航行在非洲和欧洲
之间的蒸汽船"布拉扎号"（Brazza）被鱼雷击中，带着它的
乘客一起沉进了海底。尽管当时没有施韦泽医院里的人在这艘
船上，但他不久前为兰巴雷内购买的物品和昂贵的药物，全都
与这艘船一起沉没了。[23]

兰巴雷内医院工作人员的情况也变得有些紧张。因为战
争，施韦泽的一些助手返回了欧洲。四名护士接管了全院的护
理工作，除了我们这位"丛林医生"和拉迪斯拉斯·戈德施米
德（Ladislas Goldschmid），只剩下一名医生。这位犹太裔
匈牙利医生是在 1933 年来到兰巴雷内的。战争爆发前，他就
从欧洲度完假回来了。[24] 来自里加的拉脱维亚人安娜·维尔迪
卡恩（Anna Wildikann），20 世纪 30 年代中期曾在兰巴雷内
工作，从 1940 年 1 月开始又重新承担起了医生的工作。[25] 后
来，医院又意外地有了来自欧洲的支持。只是在这一支持到来
之前，还要经过一番漫长且错综复杂的旅途的折腾。在德军占
领法国前不久，海伦妮从洛桑逃到巴黎。在那里她遇到了蕾娜
和刚出生的外孙。1940 年 6 月 10 日，他们三人又一起逃往布
洛瓦，在那里，埃克特为他们提供了一个安全的住处。这时，
已占领了巴黎的德军，没有停下来作多少休整，又继续向南进
军。也就是说，海伦妮他们在到达布洛瓦的 5 天后，又必须往
法国中央山地的方向继续逃亡。他们先是在一个村庄找到了一
个可以过夜的地方，想等第二天再继续前往波尔多。身为犹太
人的海伦妮一直生活在恐惧之中，她非常害怕遇上警察检查。
尽管她的法语非常棒，但还是能被认出来是外国人。[26] 在吉伦
特（Gironde），海伦妮听到了有关德法休战协议的消息。这
意味着纳粹国家已经控制了整个大西洋沿岸，他们不得不再次
逃离。这样一来，兰巴雷内离他们也就更远了。

相比之下，在听到纳粹没收了他们在柯尼希斯费尔德的房

子这一消息时，她反倒比较平静："我很惊讶，一个人竟然能
学会如何与其心爱之物分离。"[27] 由于此时的波尔多已经被德军
占领，海伦妮只得独自艰难地前往维希（Vichy）。但在当时，
他们已经几乎不可能得到出境文件。在这个还未被德军占领的
法国地区，维希政府由于决意与纳粹合作，颁布了越来越多的
反犹太人法律。此外，兰巴雷内偏偏还地处戴高乐部队与维希
部队之间的战场。随着戴高乐的胜利，兰巴雷内与欧洲大陆完
全中断了联系。因此兰巴雷内的医院现在只能期望英国和美国
提供援助了。为了进入由在伦敦的法国流亡政府管理的兰巴雷
内，海伦妮现在迫切需要一张英国签证，但这在法国却无法获
得。最后是施韦泽家的关系帮助了她：与维希政权关系密切的
那位瑞士驻法国大使，以及与法国政府部门有较好关系的施韦
泽的侄子皮埃尔－保罗·施韦泽（Pierre-Paul Schweitzer），
一起给海伦妮签发了一张瑞士签证。海伦妮就是用这张签证在
1941 年 3 月进入瑞士。1941 年 7 月 9 日，海伦妮在给她的嫂
子路易丝·布雷斯劳－霍夫（Luise Bresslau-Hoff）的信中描
述了她的状况：她经常生活在一种恐惧中，害怕再也不能见到
丈夫了，并且想不顾所有朋友的劝阻，不惜一切代价去兰巴雷
内找阿尔贝特。

> 我们现在已有一年多无法通信了。只要战争还在继
> 续，他就不能离开医院。没有人可以断定，战争还将持续
> 多少年。简而言之，我已经无法忍受这种状况了。特别是
> 想到他的年纪和已经在外那么多年——6 年了！[28]

为了在日内瓦的国际红十字会那里得到去伦敦的必要文件，海
伦妮只得再次回到洛桑，并从那里前往日内瓦。在最终获得离
开法国并进入其殖民地的许可后，她在 1941 年夏天从波尔多

坐船前往里斯本，以便能够免去西班牙的过境签证。只是在里斯本，她也不能马上继续前往非洲，等了四个星期后，她才拿到进入葡属安哥拉的必要签证。1941 年 7 月 12 日，终于可以出发了。她乘坐葡萄牙的一艘蒸汽船到达安哥拉。然后又经历了一次令人惊讶的汽车之旅穿过非洲，于 1941 年 8 月 2 日到达兰巴雷内。[29]

看到健康的丈夫，她松了一口气。但同时她也发现医院人手紧张，并且由于缺少药物只能做一些紧急的手术。随着战争的开始，施韦泽不得不面对与此相关的困境，考虑让很大一部分不需要紧急治疗的病人出院。根据手术记录本上的记录，在整个 1943 年，医院大约只做了 50 例手术。[30]

> 这意味着，医院现在只能按手术资源的预算运营，因为我们不知道什么时候可以得到新的物资。我们只被允许做一些最紧急的手术，不得不让所有非重病患者出院。我们现有的食物，无法供应大量病人，只得把病人打发回家。我们过的是非常悲伤的日子！我们不得不一次次拒绝那些想留在这里的病人的请求，一次次尝试向无法理解这种状况的病人解释，他们必须离开医院。[31]

连护理人员也不得不逐渐减少。因此，海伦妮的到来减轻了剩下的那几位护士的负担，为她们的护理工作提供了支持，而且也能帮助他们准备手术。

阿尔贝特·施韦泽几乎亲身经历了戴高乐部队与维希部队在兰巴雷内的战争，虽然双方都表示不会轰炸施韦泽的医院。尽管如此，为保险起见，施韦泽还是采取了一些特殊的防护措施，亲自用铁皮把医院围了起来，以保护房屋不被流弹击中。[32]

　　战争隔绝了兰巴雷内医院与外界的联系，但施韦泽以前的人脉关系再次帮助了他：基督教海外工作医学委员会（Christian Medical Council for Overseas Work）的秘书爱德华·休谟（Edward Hume）和美国教授埃弗雷特·斯基林斯（Everett Skillings），都曾在京斯巴赫拜访过施韦泽。现在，休谟和斯基林斯教授不约而同地表示，愿意为施韦泽的医院提供药物和捐赠形式的援助。施韦泽列出了一份急需药品清单，由休谟和他的同伴负责，用斯基林斯教授筹集的钱购买药品。[33]虽说这两拨援助物资需要将近一年的时间才能到达兰巴

图32　1942 年，奥果韦河边，阿尔贝特和海伦妮在进行一次他们非常喜爱的野餐。

雷内，但加上 1942 年和 1943 年来自英国、瑞典和美国的其他捐赠，施韦泽的医院终于能够收治更多的病人了。能够得到这些捐赠，主要应归功于海伦妮的努力和她在美国的人脉关系。

226

此时的政治局势又发生了巨大的变化。法国的海外省长费利克斯·埃布（Félix Eboué），自 1940 年起就支持戴高乐的流亡政府，为了建立一个"自由法国"，而与将军共同向维希部队开战。掌控了乍得（Tschad）后，他又宣布另外三个殖民地，即法属刚果、喀麦隆（德国前殖民地）和乌班吉沙里（Ubangi-Shari，法国的赤道非洲）现在也归他管辖。1944年初，戴高乐拜访埃布，为感谢非洲殖民地对他的支持，允诺将授予他们法国国籍。两年后双方签署了一份相应的协议。然而，施韦泽对这一出于政治动机的让步持批评态度。他认为，把选举权授予那些还根本不会读和写的人，是不明智的。[34]

1945 年 1 月 14 日，施韦泽在兰巴雷内庆祝了他的 70 岁生日。按圣托马斯修道院的传统，过生日的那个人被允许决定当天要吃些什么，施韦泽的愿望是吃油煎土豆片。[35] 在这战争的最后几个月里，德国和法国军队仍在施韦泽的家乡进行着激烈的斗争，但此时的英国报纸已经开始关注施韦泽著作的影响，甚至对他表示敬佩。[36] 战争结束在望，但施韦泽夫妇却高兴不起来。他们的许多熟人，尤其是海伦妮的许多犹太亲戚和朋友，例如玛吉特·雅各比（Margit Jacobi），都未能在纳粹恐怖活动中幸存下来。海伦妮的表姐约翰娜·恩格尔得知自己马上要被驱逐到特雷辛施塔特（Theresienstadt）集中营时，于 1942 年 8 月自杀身亡。施韦泽的第一任助理医师维克多·内斯曼，也于 1944 年在法国被盖世太保杀害。海伦妮绝望地写道："现在，战争即将结束……但本来应当用来庆祝这一结束的喜悦又究竟在哪里？太多的悲伤，已经让高兴枯死了。"[37]

1945 年 3 月，施韦泽听到了阿尔萨斯解放的消息。而第

二次世界大战即将结束的消息，也在 1945 年 5 月 7 日传到了
施韦泽那里。他刚得知这一消息时，还在忙于完成一些信件和
治疗病人的事；直到傍晚他才意识到，一种新的世界政治格局
要开始了。他拿起一本中国思想家老子的书，读了起来——

> 兵者不祥之器，非君子之器，不得已而用之，恬淡为
> 上。胜而不美，而美之者，是乐杀人。……言以丧礼处之。
> 杀人之众，以悲哀泣之，战胜以丧礼处之。(《道德经》第
> 三十一章)[38]

持续多年的世界大战终于结束，施韦泽松了一口气。但与此同
时，他已经在考虑：鉴于欧洲当前的普遍贫困状况，他的医院
是否还能够继续存在下去。他希望原先的捐助者还能继续支持
他。为此他呼吁——

> 有一点我们可以向大家保证，这项工作完全是必要
> 的，而且在未来会比以往任何时候都更加必要。我们知
> 道，这里有多少人在经受身体上的苦难，医院对这些人来
> 说又意味着什么。为此，我们鼓足勇气请求我们的朋友：
> "请帮助他们，继续和他们在一起。"[39]

施韦泽计划，他的热带医院在战后第二年进行的手术应扩
展到 600 台，他已经为此安排了新的医生，并且正在急切地等
待他们的到来。[40]1946 年秋天，海伦妮决定返回她在黑森林柯
尼希斯费尔德的家，计划在苏黎世湖与蕾娜和小外孙见面。[41]
战争已经结束。阿尔贝特和海伦妮可以回顾一下在非洲一起
生活的五年，可以说，这是他们在一起度过的最长的一段时
光了。

7

驱逐核武器战争的幽灵
——冷战中的施韦泽（1945—1957）

任何未来都无法弥补，你在当前错过的东西。

——阿尔贝特·施韦泽

战争已经结束，但是施韦泽兰巴雷内医院的问题，不仅依然没有得到解决，反而更严重了。尽管来自英国和美国的捐款不断增加，但他的医院却在赤字中越陷越深。其中一个主要原因是缺乏专业人员和因战争刚刚结束而缺乏粮食。此外，新的抗麻风病药物吸引了越来越多的患者抱着能够康复的希望前来"丛林医生"处就医，这极大地加重了医院承担的费用，尤其是食物的费用还在不断上涨。随着施韦泽在美国的声名大噪，来自美国的捐款也逐渐增多。要是没有这些捐款，1945 年至 1948 年间医院几乎不可能应付数量不断增加的患者。但是从另一个角度来说，在施韦泽 1949 年访问美国之前，他还并不为大多数美国人所知。因此，他得到的捐款主要来自基督徒、教会和各种相关的协会。美国的新闻界和记者们在 1949 年以前也还没有发现兰巴雷内。这种情况在 20 世纪 40 年代末有所改变。

"世界上最伟大的人"

随着战争的结束，美国国内对阿尔贝特·施韦泽的兴趣日渐增长。特别是 1940 年建立的美国阿尔贝特·施韦泽研究会基金（Albert Schweitzer Fellowship of America），在曾经的传教士和医师埃默里·罗斯（Emory Ross）的推动下，它成功使美国各个教会成为丛林医院的重要赞助商。此外，美国的制药公司和医疗机构也专门为兰巴雷内医院进行了捐赠和宣传。与施韦泽相同，也是来自阿尔萨斯的纽约爱乐乐团管风琴演奏家爱德华·尼斯－贝格尔，特意组织了慈善音乐会为兰巴雷内医院提供帮助。1946 年，埃默里·罗斯终于有机会与他的妻子一起，来到兰巴雷内拜访施韦泽。此后，罗斯更是以极大的热情为兰巴雷内医院宣传和奔波。但这并没有改变施韦泽在 1947 年中期出现的最大财务危机。这次的财务危机情况之严重，甚至迫使施韦泽考虑，或许只能关闭医院了。[1] 幸运的是，这一危机在随后不久就得到了些许缓解。一天他收到一封来自非洲商业银行（Banque Commerciale Africaine）的信件，通知他兰巴雷内医院的账户透支了 1045 美元。但他同时收到一封来自国家工商银行（National Bank of Industry and Commerce）的信件，这封信通知他波士顿的"一神论服务委员会"（Unitarian Service Committee）给他的医院账户转了 4375 美元。这样一来，通过这笔善款他不仅还清了债务，还可以为医院购买一些必要的东西。[2]

医院最后没有被迫关闭，施韦泽也应感谢海伦妮，正是她自 1937 年就开始建立在美国的人脉关系。"我只是推动了第一块石头，"海伦妮对此写道，"这促成了'研究会基金'的建立，而这一基金又帮助医院渡过了战争时期的难关"。[3]

为《基督教纪事》（*Christian Register*）期刊工作的查尔斯·乔伊（Charles Joy）和梅尔文·阿诺德这两位美国新闻记者之所以对施韦泽十分感兴趣，是因为他代表了与他们相似的神学观点，他们自己也是一神论者，是一种所谓的"自由基督教"的追随者，对任何一种教会教义都持有批判态度。《基督教纪事》所属的一神论服务委员会，在第二次世界大战期间，就已经开始在财务上支持施韦泽的热带医院。这两位记者现在则想向美国民众介绍施韦泽的理念，提高他的知名度。返回波士顿后，他们在 1947 年 9 月发行的《基督教纪事》特别版针对施韦泽做了重点报道，这使他的知名度进一步提高。

其实在此之前，阿尔贝特·施韦泽这个名字就已经在美国媒体上出现过：发行量极高的《读者文摘》(*Reader's Digest*)在 1946 年曾发表一篇有关施韦泽的文章，其标题为《上帝热切的愚人——天主教神父讲述一位伟大新教徒的故事》(*God's Eager Fool — The Story of a Great Protestant Told by a Catholic Priest*)。几乎是同一时间，在欧洲进行的一项调查中，施韦泽与列奥纳多·达·芬奇（Leonardo da Vinci）、歌德一起并列为西欧的博学天才。[4] 1947 年 10 月 6 日，美国《生命》杂志的一期特刊把施韦泽称颂为"世界上最伟大的人"和"丛林哲学家"，对他极尽赞美。[5] 在美国新闻界和读者的这种感人的热情宣扬下，施韦泽这个神话从现在开始已经势不可当。得益于这种出乎意料的受欢迎程度，施韦泽医院的经济收益飞快增长。在短短几年间，这家小型的丛林医院，摇身一变成为一座受全世界人类敬仰的人道主义灯塔。不仅是新闻界，美国的精英大学也从现在开始，努力把自己打造成一个为施韦泽人道项目服务的慈善组织。耶鲁大学想为施韦泽申请神学荣誉博士学位，但是因为缺席耶鲁大学颁奖典礼的人不能被授予学位，才又不得不放弃。哈佛大学邀请他举办著名的洛厄尔讲座（Lowell Lectures）。原子物理学家 J. 罗伯特·奥本海默（J. Robert Oppenheimer）为施韦泽提供了在普林斯顿休假一年的机会。施韦泽拒绝了所有这些提议。在 1948 年 4 月 30 日写给当时在普林斯顿任教的爱因斯坦的信中，他为自己的拒绝给出了一个非凡的理由——

> 然而，现在，我因情况所迫，必须离开，不得不放弃这一可以与您同在普林斯顿的机会，我没有别的选择，只能写信告诉您，我对此很抱歉。[……]通过奥本海默博士，您将了解到我放弃的原因。我不再是一个自由的人：在任何事情上，我都必须优先顾及医院的情况，随时都要考虑去做它的生存所要求的那些事。在今天，想要做的每件事，都得承受一切可能的法规和外汇资金或其他类似方面的重压，以至于每时每刻都需要一个坚定的领导。这就是我不能离开兰巴雷内的原因，这些不断使我离开岗位的事情会占用我的时间，这是不被允许的。眼下，我的医院没有已经完全熟悉医院情况的医生。现在帮助我的那两位医生将在本周完成为期两年的工作，会有两位新的医生接班。我必须帮助他们熟悉这里的情况。而且就整个医院的管理工作来说，也没有人能够在我缺席的情况下，独自作出必要的决定并承担相应的责任。[6]

每当涉及他的医院和医院所需的资助时，施韦泽作出的决定总是务实的。例如，他最初想拒绝芝加哥大学授予荣誉博士学位的邀请，也拒绝科罗拉多州阿斯彭的人文科学研究所（Institute for Humanistic Studies）在 1948 年的邀请，他们希望施韦泽在歌德 200 周年诞辰之际（用德语和法语）作演讲。但是，当他从芝加哥大学行政主管同时是美国歌德 200 周年纪念基金会主席的罗伯特·哈钦斯（Robert Hutchins）那里听说，这次演讲将会为演讲者提供 6100 美元酬金（折算成法郎支付）时，他马上就答应了。此外，他还想利用这次美国之行，去拜访那些生产他医院所需药品的制药公司，以及与朋友会面，亲自感谢捐助者的支持。

1948 年 10 月，施韦泽从非洲返回苏黎世，在那里参加了
外孙的洗礼。1949 年 6 月，施韦泽夫妇从利物浦乘坐"新阿
姆斯特丹号"（Nieuwe Amsterdam）横跨大西洋，到达给予
了这条船名字的美国新阿姆斯特丹城。6 月 28 日阿尔贝特·
施韦泽在纽约第一次踏上了美国的土地。[7]此时的他，正如《纽
约时报》报道的那样，"面对围成半圆形蹲着的摄影师，他就
像一位憨厚的祖父在与孩子们玩着一个陌生的游戏"。[8]

图 33　"世界上最伟大的人"：1949 年 6 月 28 日，阿尔贝特·施韦泽到达曼哈顿对岸的
霍博肯，受到美国大众媒体的热烈欢迎。

接着施韦泽继续前往美国西部，途中发生了一件有趣的
事。两位老太太误认为施韦泽是爱因斯坦，向他索要签名。施
韦泽因此写了："阿尔贝特·爱因斯坦，由他的朋友阿尔贝特·

施韦泽代签。"[9] 陪同他和海伦妮从纽约到科罗拉多的埃默里·
罗斯对施韦泽的洞察力、知识和与美国对话者打交道的方式表
示钦佩,更何况施韦泽此前从未到过美国。[10] 到达目的地后,
施韦泽不顾旅途疲劳,立即询问管风琴在哪,然后独自弹了一
个小时,以放松身心。[11]

1949 年 7 月 8 日,在风景如画的山区小镇阿斯彭,施韦
泽用法语作了关于"歌德其人和他的著作"的演讲,埃默里·
罗斯在旁帮助翻译成英语。两天后,与罗斯同样著名的作家
桑顿·怀尔德(Thornton Wilder)——他也曾撰写有关施韦
泽的作品——又把施韦泽用德语重复了一遍的演讲词翻译成英
语。[12] 歌德纪念演讲的内容基本与施韦泽在 1932 年对歌德的
评论一致,谈到了道德伦理与自然的关系,这也是施韦泽文化
哲学的重要主题。施韦泽对歌德的钦佩之情,在他的赞美之词
的结尾处得到了体现——

> 我们此时以特殊方式来纪念的,是这位诗人、博物学
> 家、思想家和一个大写的人的个性。因此,不管是在这里
> 还是在某个遥远的地方,我们都会记住他,同时也会感谢
> 他通过真诚而深刻的道德—宗教生活智慧所给予我们的那
> 一切。[13]

演讲结束后,施韦泽夫妇直接返回了芝加哥,在那里接受芝加
哥大学授予的法学荣誉博士学位。然后又到史蒂文斯大酒店
参加庆功宴,酒店的大宴会厅已经聚集了数百名客人。这些客
人中也包括伊利诺伊州州长阿德莱·史蒂文森(在后来的古巴
导弹危机期间,他担任美国驻联合国大使,并两次作为总统
候选人参加美国大选)。施韦泽后来与他保持了密切的通信关
系,而他也曾亲自去兰巴雷内访问施韦泽。这场宴会给施韦泽

的邀请函的内容值得我们关注，因为它展现了美国人眼中的施韦泽：施韦泽是"上帝的人"（Man of God）。[14] 通过新闻界的宣传，美国人对施韦泽这位"铁皮屋顶先生"和"耶稣的第十三位门徒"充满了崇拜和敬佩。[15]

234　　在与媒体打交道的过程中，施韦泽证明了自己极富打交道的才华。当被问及他对共产主义的看法时（这在麦卡锡时代早期是非常常见的问题），他机智地回答："在丛林里可不存在这类问题！"[16] 他用一句话精确地向记者解释了"敬畏生命"意味着什么："我，阿尔贝特·施韦泽，就是生命。如果您（们）现在愿意宽恕我、放过我，那就是'敬畏生命'。"[17] 当施韦泽 1949 年 7 月 11 日结束他在美国的巡回旅程时，他已经成为《时代周刊》杂志封面上"现代最杰出的人物之一"。[18] 该刊的社评对施韦泽作了详细介绍，其中的主要内容引自施韦泽的自传《我的生平和思想》。值得注意的是，美国人强调的施韦泽的生平，与欧洲人有些许不同。比如，《时代周刊》杂志并没有特别强调施韦泽这位所谓"天才"的杰出学术成就，而是主要着墨于他的人生成就——世界上最伟大的发展援助者。

施韦泽几乎在一夜之间成为美国的媒体明星。而他自己，至少也并不反感这一点，毕竟这将为他在兰巴雷内的工作提供切实的经济保障。夸张的赞美可能会使他感到不舒服，但经历了 1945 年至 1947 年财务困难期的他当然懂得：由此获得的支持可能成为维持他在兰巴雷内工作的关键。美国媒体主要感兴趣的是施韦泽杰出的人格特征，如他的人文理念、他的个性等，具体来说就是他的无私奉献。他被描绘成——

　　　　一头年老的狮子，有着银色的鬃毛，长着浓密的胡须［……］，作为传教士和帮助土著人的先驱，他在法属赤道非洲无私奉献了 36 年，为白人和黑人之间的交往建立了一个闪闪发光的高点。[19]

从 1949 年开始，施韦泽可以利用国际组织和企业强烈的捐赠愿望，将兰巴雷内医院发展成一个设备齐全的现代化医院。但是现在，医院要用他的名字命名，兰巴雷内也成为西方世界的一个道德象征，这个代价对他来说似乎太高了些。因为在施韦泽的眼里，兰巴雷内不仅是一所医院，而且是他生活—世界观的一种表述。而一种生活观，既不能被购买也不能被出售，只能是尽可能真实地加以践行。仅仅被视为一个漫画式的好人，或者奥黛丽·赫本（Audrey Hepburn）在电影《蒂凡尼的早餐》中渴望的理想丈夫形象，再或是雷·布拉德伯里（Ray Bradbury）的小说《华氏451度》（*Fahrenheit 451*）中被不痛不痒地称为"一个非常善良的哲学家"的那个丛林医生，是非常有问题的。[20]

235

诺贝尔和平奖及其影响

1949 年 7 月，阿尔贝特和海伦妮从美国回到欧洲。几个月后，即 1949 年 10 月，施韦泽第八次前往兰巴雷内。在那里施韦泽接待了埃里卡·凯尔纳·安德森（Erica Kellner Anderson），一位奥地利裔的女纪录片制作人。她想用影片来记录施韦泽在兰巴雷内的工作，施韦泽在经过最初的犹豫后，还是同意了这件事。后来，《美国周刊》（*American Weekly*）在 1957 年 1 月对这部影片作了热情的报道。1958 年，该影片获得当年奥斯卡最佳纪录片奖。施韦泽本人直到 1959 年才第一次看到这部影片。

1951 年 5 月，施韦泽前往阿尔萨斯，在那里住了半年。

这期间，他只是短暂出访了荷兰、斯堪的纳维亚和英国。1951年7月28日，即巴赫逝世纪念日，施韦泽在斯特拉斯堡的圣托马斯大教堂举办了一场音乐会，埃里卡·安德森参加了这场音乐会。经过多年的来往，她与施韦泽和兰巴雷内的关系是如此密切，以至于她去世后被埋葬在兰巴雷内医院公墓里的施韦泽墓的后面一排。[21] 1951年9月16日，阿尔贝特·施韦泽在德国法兰克福圣保罗大教堂被授予德国书业和平奖。10000马克的奖金被施韦泽捐给了德国难民和有需要的作家——而不是兰巴雷内。兰巴雷内那边的财务状况，自施韦泽的美国之旅后，已有所改善。

在其后的两个月，施韦泽又去了瑞典，在那里被授予瑞典红十字会大奖章，并且被接纳为瑞典皇家音乐学院的成员。瑞典国王参加了颁奖晚宴。据施韦泽自己说，晚宴中端上了一盘整条的鱼，他从没看见过这样的鱼，也不知道该怎样用餐刀切开这条鱼，等了一会，还没有人来帮忙切开，他便让这条鱼消失在自己的口袋里了。第二天报道这次晚宴的一份报纸写道：施韦泽在原始丛林中学到了一些令人印象深刻的东西，他能吃下整条鱼，不在盘子里留下残渣或鱼刺什么的。[22]

1951年12月，施韦泽再次回到兰巴雷内，看到了他那个状况良好的热带医院，只是他对麻风病人的住宿条件感到担忧。他认为面对这么多的麻风病人，除了建造一个新的麻风村，已别无选择。接下来24个月的建造给这位76岁的老人带来很大的身体负担。

国际上，越来越多的人要求施韦泽在政治上充当无懈可击的道德权威。其中最主要的一项要求是，他应当致力于为控制核武器达成一项国际协议。施韦泽最初拒绝了这一要求。他认为自己对核问题知之甚少，无法充分参与这样一场政治色彩浓厚的讨论。但是后来核问题与施韦泽的诺贝尔奖交织在一起了，这当然也就决定性地改变了他的立场。

施韦泽很早就知道，他进入诺贝尔和平奖候选人的名单已有一些时间了。1950年获得德国书业和平奖的马克斯·塔乌（Max Tau），在1952年2月11日的一封信中告知施韦泽："挪威的一位最重要人物［……］，现在已提名您为诺贝尔和平奖的候选人。"[23] 施韦泽敬畏生命的世界观，在挪威民众中引起了巨大的积极反响。诗人加布里埃尔·斯科特（Gabriel Scott）在广播中发表演讲，呼吁挪威民众以阿尔贝特·施韦泽为榜样："仰望施韦泽，追随他。你们是幸运的，他给你们指出了道路！"[24] 但是诺贝尔奖委员会却有不同的看法，并且决定1952年不颁发这一奖项。[25] 这一决定遭到挪威新闻界的激烈批评。[26] 后来，诺贝尔奖委员会迫于民众和新闻界的压力，在1953年10月决定追授阿尔贝特·施韦泽1952年的诺贝尔和平奖。在兰巴雷内，人们——至少是施韦泽——都没有想到会传来这么一个消息。

"你也来祝贺吗？"玛蒂尔德·科特曼问。但是还不知道情况的阿莉达·西尔弗回答道："祝贺谁？为什么？那位男士做了什么事？"[27]

238

但是施韦泽认为，由于麻风村的建设，他必须留在兰巴雷内直到完工。因此，他告知诺贝尔奖委员会，他目前无法前往奥斯陆。由此，颁奖仪式是在他缺席的情况下进行的。鉴于施韦泽是法国公民，法国驻挪威大使代他领奖。直到一年后，他与妻子分别动身前往挪威，于1954年11月4日在大学的大礼堂里，领取了诺贝尔和平奖。施韦泽事业的一些支持者和同行者，从克拉拉·厄克特、埃里卡·安德森到查尔斯·乔伊和梅尔文·阿诺德，也都在场。因为施韦泽是一个法国人，人们认为他理所当然会用法语致谢词。但这次与他通常的习惯不同，他先写下文稿，准备按照文稿宣读。直到快要演讲时，他才得到通知，为他的演讲安排的时间是 30 分钟，而不是原本计划的 80 分钟。所以他不得不匆忙将带来的文稿削减一半以上。他没有像人们期望的那样充满激情地呼吁和平，而是用一种疲倦且单调的声音，从经典与学术的角度讲述了和平概念的历史问题。[28] 然而，如此理性地呼吁人们对世界和平承担责任，并没有产生影响。聚集在市政厅广场前的 30000 多名（大多是年轻的）挪威人自发组织了火炬游行，无论是对施韦泽还是对这些人来说，这都是一个非常特别的时刻。与会者自发地呼吁为施韦泽在兰巴雷内的热带医院捐款。仅在短短三天内，就筹集了 31.5 万克朗，这是诺贝尔和平奖奖金的两倍。[29] 就像在美国那样，施韦泽这次也想尽可能地让挪威公众界关注他的事业。对此，一位媒体代表写道——

> 人们根本没有提到上帝的名字。然而，当我们与阿尔贝特·施韦泽在一起时，一切似乎都在向我们显示上帝的全能和伟大，上帝正在保护我们并赐予我们祝福。[30]

239 （挪威科学院的）约翰·海根（Johan Hygen）热烈赞扬施韦泽："如果这就是人道主义，那么我们就都想成为人道主义者；如果这就是基督教，那么我们就都想成为基督徒。"[31]

对海伦妮来说，这次得奖并不会使她变得轻松些。自这年的诺贝尔和平奖揭晓以来，施韦泽在京斯巴赫的大本营变成了一个"鸽子窝"。自从 1954 年 5 月返回德国，施韦泽的工作量进一步增加。1954 年 7 月，在巴赫逝世纪念日的这一天，施韦泽以 80 岁的高龄在斯特拉斯堡圣托马斯教堂举行了最后一场公开演出。想观看的观众是如此之多，以至于他在第二天又加演了一次，因为他想尽量让每位观众都能坐在演出现场观看。[32] 这么多的工作和活动也就意味着：他几乎已经没有时间陪伴海伦妮了。她感觉自己成了孤零零的一个人。韦雷娜·米尔施泰因精确地描写了她的处境——

> 这段时间的照片显示，在充满活力、精神旺盛的男人旁边，是一个弱小脆弱的海伦妮·施韦泽。从她的脸上能够观察到，她在以怎样的紧张姿态，试图跟上他的步伐。有时，人们甚至会把埃米·马丁认成施韦泽的妻子，当然她也非常享受这一误解。这就使海伦妮·施韦泽很伤心，也让这两个女人本来就很糟糕的关系变得更加冰冷。如果这一误会发生时海伦妮正好在场，她就会马上竭力纠正人们的误解。而阿尔贝特·施韦泽则相反，他更喜欢对这种冲突视而不见，避免明确站在自己妻子一边。另外需要提及的是，如果那些长期跟随他的工作人员之间出现一些分歧，他的反应也是如此。尽管他能非常快速地处理这些问题，把他不满意的员工打发回家，但面对此类情况，他总是更愿意克制和谨慎些。[33]

为了避免自己与海伦妮发生冲突，施韦泽在得知自己获得诺贝尔和平奖后，干脆在埃米·马丁位于京斯巴赫的工作居所接待来访者，但这反而加剧了他与海伦妮的紧张关系。在前往奥斯陆时，长期酝酿的争端进入了高潮。海伦妮明确表示拒绝与埃米·马丁同去奥斯陆。但施韦泽坚持认为，考虑到预期将要在奥斯陆与大量的政要打交道，他需要她（埃米·马丁）的帮助。最后，施韦泽没有带着海伦妮，而是带着埃米·马丁去了奥斯陆。之后，施韦泽收到蕾娜的来信，海伦妮正在独自前往奥斯陆的途中，情绪极其低落，想走极端，准备用离婚公开威

240

胁施韦泽。施韦泽的回答是：“让她去吧！”[34] 最后虽说没有离婚，但阿尔贝特和海伦妮在诺贝尔奖颁奖典礼上没有交流过一句话。

这一切都没有被外界知晓。因此尽管家庭中矛盾重重，奥斯陆仍然是阿尔贝特·施韦泽人生中的一个高潮。比荣誉更重要的是，他获得了 33000 美元的奖金，而且其他的捐款数额也达到了前所未有的高度。毕竟，他是靠这些钱建成了“光明村”（village Lumière），也就是那个新的麻风村。在 1953 年11 月 5 日写的一封信中，施韦泽叙述了这个村子对他来说有多重要——

> 我因为我的工作和太过温柔的眼睛而不得不保持沉默，这比我能给出的回答更重要。我甚至没有时间写最必要的商务信函。我不得不把大量时间用来建造这个麻风村。如果我不把一天的大部分时间用来站在建筑工地上，那么就根本不会有什么进展。建造一个可住 300 人的村庄，不是一件容易的事。[35]

想把自己的精力完全投入到新项目中去的施韦泽，甚至感到获得诺贝尔和平奖从某种意义上来说，也是个负担——

> 现在，又因为有了这个诺贝尔和平奖，新闻界派出的记者坐着专机来到这里。来自巴黎、伦敦、纽约通讯社的电报，写着要求我用电报回答的问题。这令我很感动，但也感觉很累。我不得不整天忙着这些事。[36]

把诺贝尔和平奖授予施韦泽，对德国来说具有一种特殊的意义。因为在“第三帝国”道德灾难发生的短短几年后，善良的

图34　直到1954年，阿尔贝特·施韦泽才能够在奥斯陆领取他1952年
荣获的诺贝尔和平奖。他与他的妻子一起观看火炬游行。

丛林医生使德国又有了一位"好的德国人"。就在施韦泽去领
取诺贝尔和平奖的那一年，也就是1954年，德国足球队也在
伯尔尼奇迹般地赢得了当年足球世界杯的冠军。这对许多德国
人来说，无疑是一种重建自信和重返国际社会的标志。只是德
国人有时会忘了：按照《凡尔赛和约》，施韦泽作为阿尔萨斯
人，其实自1920年以来，已经自动变成法国公民了。获得诺
贝尔和平奖后，施韦泽的自传《我的生平和思想》的销量迅速
攀升到50多万本。[37] 他的朋友，第一任联邦德国总统特奥多
尔·豪斯赞誉他是所有德国人的榜样。法兰克福市授予他荣誉
市民称号。多特蒙德市议员把原本准备用来付监事会薪酬的款

项用来支持施韦泽的兰巴雷内项目。

1964 年，在法兰克福国际教育研究学院的一项调查研究中，施韦泽被德国学生选为最受欢迎的榜样。而在那个时代，年轻的联邦共和国高中生其实仍在把曼斯坦因（Manstein）、乌德特（Udet）、里希特霍芬（Richthofen）、兴登堡（Hindenburg）等一些保守派政治家和军事领袖，很自然地与豪斯和阿登纳相提并论，并一起作为自己的偶像。[38] 施韦泽在当时却是各类学校中最常被提到的"人格和思想上的楷模"，其理由如下——

> 出于慈善的理念，我很愿意效仿阿尔贝特·施韦泽，但由于我与他的宗教理念不同，我必须在这件事上坚持己见。但是在其他方面，我想我对阿尔贝特·施韦泽几乎可以说是崇拜的。[39]

图 35　在 20 世纪 50 年代，只有极少数同时代人像阿尔贝特·施韦泽那样受欢迎。此图是 1950 年，他在图宾根受到公众热烈欢迎的场景。

另一个学生写道——

> 对我来说，阿尔贝特·施韦泽是一个伟大的榜样。他帮助穷人和病人，致力于抵制人类的邪恶行径。我认为他反对原子弹的声明说得实在是太好了。如果每个人都这样想就好了！ 40

242

该项研究的调查者最后给出的答案明确指出，为什么德国年轻人会特别崇拜施韦泽。他们把他当作一个人，一个"被认为是战后思想建设之楷模"的人。但是在这一调查结果的背后，如该项研究报告的作者强调的那样，是学校的成功教育促成了这一切，这一点至关重要。也就是说，学校在战后这个时代，竭尽全力将阿尔贝特·施韦泽和他的贡献介绍给年轻人。41 获得诺贝尔和平奖的那一年，施韦泽几乎出现在了所有的公众媒体中。比如1954年，有本周刊连续几个月整版刊登一篇名为《一个好人的生平》的小说，并附有许多由罗伯特·容克（Robert Jungk）拍摄的阿尔贝特·施韦泽的照片，该作者的化名是让·皮尔哈尔（Jean Pierhal）。42 另外，周刊还特意为此设立了一个题为"本周好事"的专栏，要求读者在自己的周边做些匿名好事。周刊把施韦泽当作"一个病态世纪的医生"，43 而且施韦泽还很可能知道周刊的这一活动，因为他的密友埃里卡·安德森向周刊提供了系列图片，并为这突如其来的受欢迎感到高兴，就如她对他的文化哲学著作那样。但施韦泽却认为这种不重要的外在荣耀将会成为一种威胁。这种时髦杂志中的此类报道，很有可能危及他最重要的根本性品质：他个人的可信度。因为，一个"亲爱上帝的近亲"，通常不会是一个媒体明星。

243

阿尔贝特·施韦泽获得诺贝尔和平奖的消息，传到了世界各地。这就促使英国记者詹姆斯·卡梅隆特意飞到兰巴雷内，探究施韦泽的神话。卡梅隆后来在其自传《出发点》(*Point of Departure*)中总结了对他的印象。鉴于新闻报道有时会愤世嫉俗，施韦泽必须考虑到，在和撒那(Hosianna)的求救声后，必有一个"钉十字架的"跟随着他——事实也是如此。卡梅隆是最早对施韦泽进行高度批判性描述的人之一，他指责施韦泽是个种族主义者，虽然施韦泽脚踏实地的做事风格给卡梅隆留下了深刻印象。文章一开始不带批判地叙述了人们可以与施韦泽就世界状况和食用芒果的最佳方法交换意见；但接下来，他笔锋一转，发出了明确的批评之声。当被问及何时去领取诺贝尔和平奖时，施韦泽回答道："我还不能走开。如果我现在去领奖了，那么这些懒惰的人将永远无法完成他们在建的房屋。而他们又非常急需这些房屋！"[44] 实际上，施韦泽不是为丛林医院而存在，而是丛林医院为他的自我实现而存在。按照卡梅隆的伦理哲学理解，在非洲的丛林中建立一座简陋的医院，从医学的角度来看，是很尴尬的。但施韦泽却认为，非洲的医疗条件必须适应非洲人的生活条件、生活方式和需求，而不是欧洲人的。施韦泽显然低估了欧洲人和美国人会对他产生怎样的印象，如果他们看到他对非洲工人吼叫的场面："赶快！要像一个白人那样工作，你不会吗？"[45] 卡梅隆还公开贬低施韦泽兰巴雷内医院的医疗效果，指责他没有真正可信地去兑现他的哲学著作中所宣称的伦理道德规范——

> 尽管他的早期成就是伟大的，作出的牺牲也是巨大的，但他（在非洲）的成效是很低的。他的使命是一种幻想，他在赤道非洲丛林中的医院，从医学的角度来看毫无价值，甚至是危险的，并且这一切只是为他放任无度的自我构建了一个框架。他对非洲发展的哲学贡献，更多是消

极的［……］。施韦泽的医院并不是一个充满光明和康复
的地方，而是一个破败的贫民窟。他避免使用所有那些不
断提供给他的、可以帮助摆脱贫民窟状况的现代技术和设
备，只因为他不理解这些东西。他的个人虚荣，植根于他
想得到圣徒般崇拜的念想中。与他倍受尊崇的"敬畏生
命"原则形成鲜明对比的，是他留给自己妻子和女儿几乎
有些残忍的孤独。[46]

有些批评家针对施韦泽"简单的人，只需要简单的治疗"这一
说法，将其解释为：他拒绝给非洲患者提供足够的基本医疗服
务以及相关的最低技术和卫生标准，因为在他的内心深处，他
仍然是个 19 世纪的医生、殖民主义者和文化哲学家。令许多
人感到迷惑不解的还有，施韦泽是按照非洲农村的模式设计和
建造他的医院的，而不是按欧洲医院的标准。诺曼·考辛斯在
访问兰巴雷内后，用清楚的话语表述了自己对那里的印象——

　　"医院"这个概念会使我们立即联想起干净整洁的走
廊、白色的床单和完善的卫生设施。但是当人们第一次
看见这家医院时，这一切联想也就崩溃了。［……］它的
卫生设施绝对是最低限度的。这里只有两间厕所，男女
各一间。下面的坑是敞开的，风向有时会带来臭气。医
院不提供被套，非洲患者必须自带。［……］很难用"医
院"这个词来称呼施韦泽的这些设施。它给局外人制造了
虚假的形象和期望。对这里正确的说法，只能是"丛林
诊所"。[47]

施韦泽的白人员工主要是一些愿意做善事的志愿者。当
然，也有一些不光彩的例外，例如奥尔加·德特丁（Olga

245

254 / 阿尔贝特·施韦泽: 1875—1965

Deterding）这样可怜的富有女孩，她是一位不太适合做护士的石油大亨的女儿；或是玛丽昂·普雷明格（Marion Preminger），她会在施韦泽生日那天送上昂贵的礼物，试图打动施韦泽，但却因言谈中常用"你们的医院"，而令人反感。[48] 尽管媒体乐于报道这样的事，但它们毕竟只是些例外。至少，在施韦泽 1965 年去世后不久，《纽约时报》也认同了施韦泽聘用志愿人员的理念的积极一面——

> 在医院里工作的，有 3 位无偿的医生、7 名护士和另外 13 位志愿者。每个怀有清洁、卫生和现代医学期待的访客，一旦看到病房的状况，都会因失望而吃惊。而且医院还要求每个病人带上一两个亲属来为他们做饭。即使在麻风村，婴幼儿也会把玩具扔在未铺砌的满是灰尘的走道上，然后又将它们塞到口中。[……] 兰巴雷内医院与其说是一家医院，倒不如说更像是一个非洲村庄，只是有医生照顾病人而已。施韦泽特意选用这种方式规划这家医院，因为他确信：他的非洲患者会避开一家现代化的、铺上瓷砖的干净医院。除手术室和牙科诊所外，整个医院都不供电，工作人员只能在煤油灯下阅读。当然也没有电话、收音机，更不用说有停机场了。施韦泽坚持认为："简单的人，只需要简单的治疗。"尽管这种看法可能会激怒作为局外人的一些医学专家，但这个医院在非洲人中却是如此受欢迎。[49]

施韦泽特别懂得怎么领导他人。比如，在每个护理人员的生日那天，他都会用蛋糕、蜡烛庆祝，并亲自参加。施韦泽也很关心那些长年跟随他的工作人员的健康状况，会定期把他们送到欧洲休养。通过他的"社区护士"体系，也就是在兰巴雷

图36 施韦泽致力于治疗兰巴雷内的麻风病儿童，他们在这类病人中占了很大比例。

内大范围里的护士调动使用，他的医院迅速享有良好的声誉。
正是因为医院的简单性，医院的治疗质量屡屡获得好评。因此
他常说，非洲人通常不需要欧洲式的医院，而需要亲属能够在
患者区里照顾家人的村庄医院。从大量病例积累的经验，使施
韦泽的这个医院越来越擅长治疗各类热带疾病，如痢疾、疟
疾、黄热病、昏睡病、象皮病，以及在非洲常见的疝气和因动
物感染的伤口。施韦泽医院的死亡率，明显低于当地法国政府
办的医院。由于施韦泽的工作人员工作热情高、专业素质好，
许多白人患者更愿意在施韦泽的丛林医院，而不是在兰巴雷内

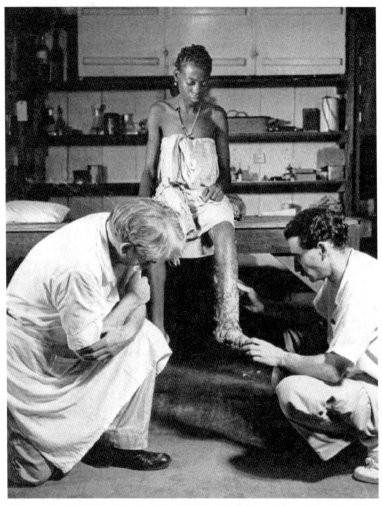

图 37　象皮病因它的传染性而在热带广为扩散。阿尔贝特和他的匈牙利同事艾默里希·
珀西（Emerich Percy）正在检查一位女病人。

的法国政府医院接受治疗。[50] 这可能也促使曾经的兰巴雷内法
国政府医生安德烈·奥杜伊诺（Andre Audoynaud）批评了施
韦泽领导医院的方式。2005 年奥杜伊诺在一本书中提出了这
番批评，但却没有提供任何切实可信的依据。[51]

248

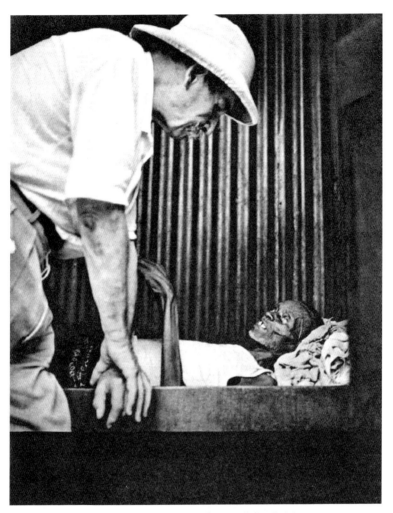

图 38 阿尔贝特·施韦泽正在看望一位垂死的病人。

即使施韦泽医院的一些医疗器具已经陈旧或是状况不佳，即使施韦泽对医术和医疗器具的更新反应太慢了些，他的兰巴雷内医院对非洲人来说，仍是一个极有意义、极富同情心的地方。对于兰巴雷内医院医疗标准过低的批评，苏珊娜·奥斯瓦尔德是这样反驳的——

当然，他这里没有铺上白色瓷砖，也没有镀上闪光的铬，山羊在院子里自由奔跑，这不是一个能够满足超强卫生要求的地点。[……] 这只是在非洲条件的基础上建造的一家适应非洲情况的医院。有位对施韦泽持批判态度的记者可能不是为了褒扬才去兰巴雷内采访的，但是在看了施韦泽医院的医疗器具后，也不得不承认：该医院的设备，对任何一家欧洲的省级医院来说都是典范。所有的诊断辅助设备、X 射线成像设备，所有必要的治疗技术手段一应俱全。[52]

在记者詹姆斯·卡梅隆走访兰巴雷内后不久，施韦泽接待了著名的美国作家约翰·冈特（John Gunther），后者想写一本关于非洲的书。施韦泽开始时并不知道，这本书有一章将会涉及他的热带医院。冈特是这样描写施韦泽的："一个好人 [……]，但有时会情绪化，专横，带有偏见，有一种典型的日耳曼式的迂腐，易怒，在某些地方还很虚荣。"[53] 在冈特看来，施韦泽并不像他那大多数不加批判的仰慕者所描绘的那样，完完全全是个善良或者说温和的好人。他对施韦泽的评价，听起来要比詹姆斯·卡梅隆的更可信些，因为他不仅强调了施韦泽的缺点，也强调了他的优点。像其他访客一样，冈特似乎也期待兰巴雷内医院是个善良、美好、宽宏大量的天堂。但是当他得知，由于经常发生盗窃，任何东西都得上锁后，他感到深深的失望。不过，他还是学会了欣赏兰巴雷内医院的特殊性，比如从壁炉飘出的烟雾可以驱赶蚊子。就医疗质量方面来说，他赞同苏珊娜·奥斯瓦尔德的积极评价。但冈特有一点不解，那就是施韦泽自己说过的话，都要在发表之前让他过目，征得他的同意，并且施韦泽还要求冈特删去书中的某些段落。卡梅隆和冈特的文章作为诺贝尔和平奖颁发后对施韦泽的首批新闻报道，为后面一系列打破"施韦泽神话"的批评性文章开了先河。

冈特所描述的施韦泽的负面性格特征得到了其他记者的证实，例如克劳斯·雅各比[54]或梅尔文·阿诺德（1948年），以及后来的查尔斯·乔伊。[55]但是，记者诺曼·考辛斯也强调说，施韦泽与非洲人打交道的这种态度，只是硬币的其中一面——

> 要想知道真实的情况，就必须首先注意到施韦泽也把大多数白人视为"小兄弟"，这样我们就能理解他对待非洲人的方式，也只是依照非洲人自己的行为方式罢了。[……]当他貌似严厉或言语粗暴时，他们常会咧嘴大笑，然后听话服从。有时候，他嘴上说得很硬，但一边却在眨着眼睛，他们就会注意到他的这一脸部表情，还被逗乐了。[……]他们知道，如果什么事没做好，他就会不耐烦；但他们也知道，他的工作有着怎样的压力。并且最重要的，是他们知道在他生硬方式的背后，没有真正的恶意。[……]有一次，他狠狠骂了一个病人的妻子。15分钟后，他又把她叫了过来，在没有其他人看到的情况下，向她道了歉，还给了她30法郎。"我们不生他的气，"那位麻风病人说，"我们怎么会生气呢？好比一个人的父亲对他说应该干些什么的时候，他会生气吗？"[56]

251

施韦泽觉得自己就像是一个家庭的长者，对他所有的患者及其家属、护理人员和医生，以及其他工作人员负有责任。他不愿浪费时间，不愿纠缠于琐事。考辛斯最后说——

> 施韦泽来到非洲不是为了给白人治病，即那些不必要地因中暑而有些精神错乱的白人。他来到非洲，是为了给

非洲人治病和帮助他们。而且，对每个人的到来进行长篇大论的解释已经开始成为一种负担。因此他形成了简洁的风格，总是说："我给你们说的，都是事实。"[……]在兰巴雷内，我很快意识到，对施韦泽博士对非洲人的态度的批评忽略了一个重要的问题：他那有些居高临下和家长式的口吻，并不只是针对非洲黑人的。有一次，他在负责监督一场非常艰难的森林垦荒时，命令黑人休息一下。然后，他转身面向当时在场的属于他领导层的三个白人和我，说："现在该你们干了！"[……] 10分钟后，我们累得像已经干了10个小时的人。[……]然后，博士告诉我们可以停止了。他只是希望我们能够学习，在向员工提出劳动要求时，应当尊重这一点：在兰巴雷内的每一项体力劳动都是很沉重的。[57]

虽然大多数记者仍把施韦泽看作无私的人类的良心，但是也有越来越多的人，从科学的角度把他看作医学的外行，或攻击他是一个自恋的暴君，他办兰巴雷内医院纯粹是出于一种战略思考，不是为了非洲病人，而是为了他自己，是为了在国际舞台上把他的热带医院装饰成一个人道主义的天堂。[58]

但是可以肯定地说，在这些未免有点夸大的批评中，有一个真实的内核。施韦泽确实是在以一种家长式的做派领导着他的兰巴雷内医院。卡梅隆对施韦泽自我称赞的批评并不是毫无根据。当施韦泽故意向他的听众讲述他只坐火车的三等车厢时，其实是为了给听众留下一种简朴、不爱慕虚荣的印象。然而，但凡看过1952年至1954年由艺术家弗里茨·贝恩（Fritz Behn）创作的，或是早在1929年就由奥托·莱贝尔（Otto Leiber，1878—1958）在柯尼希斯费尔德完成的所有关于施韦泽的素描、油画和半身雕像，[59]就很难否认，他的服装和习

惯所传达的朴实无华有时只是在做做样子。最初出现在兰巴雷
内的记者，例如卡梅隆和冈特，所作的观察和批评自然也会更
深刻，因为他们在总体上对施韦泽的道德伦理和他行善的目的
提出了质疑。但是任何批评都没有使施韦泽改变自己的行动方

图 39　出生于阿尔萨斯的雕塑家和画家奥托·莱贝尔于 1929 年在（黑森林的）
柯尼希斯费尔德设计了一个阿尔贝特·施韦泽的胸像。

向。施韦泽这种不受外界干扰的坚定，被他的追随者当作一种率直，被他的批评者视作头脑固执。但正是这种品性，使他成为真正的自己。

施韦泽、爱因斯坦和原子弹

诺贝尔和平奖使施韦泽和兰巴雷内闻名于世。现在，全世界都在期待他也能围绕和平问题对日常政治问题发表看法，尽管他一直避免发出自己的声音，以免在各个政治派别之间纠缠不清。对日常政治非常了解的施韦泽，起初严词拒绝在核问题上公开表达自己的立场。但在 20 世纪 50 年代初，他渐渐地改变了态度。其实，在第二次世界大战、犹太人遭到屠杀和大批民众被原子弹杀害的历史背景下，施韦泽自战争结束就已经在思考使用原子弹作为战争武器这一问题。他阅读了马丁·尼默勒、J. 罗伯特·奥本海默、卡尔·雅斯贝尔斯、罗伯特·容克（也名让·皮尔哈尔）以及其他人的许多文章。与他在 1915 年发表的《我们是模仿者》这本著作中的文化悲观性类似，施韦泽在 1950 年撰写，但 1953 年才发表的那篇神学论文《在末世论信仰向非末世论信仰转变过程中的上帝天国理念》(*Die Idee des Reiches Gottes im Verlaufe der Umbildung des eschatologischen Glaubens in den uneschatologischen*)[60]中，第一次阐述了他对核问题的看法——

> 正在开始的人类没落，是我们的（日常）经验。面对通过知识和能力进步所获得的这种毁灭力量，人类必须思考：是否应当规定只允许用这种力量来把自己带向繁荣，而不是用它来毁灭自己？如果这种毁灭的能力是有限的，那么就似乎还有希望诉诸理性思考，呼吁制止这一灾难。

但是倘若这种毁灭的能力已趋近无穷大，那么这种幻想就不再有意义。这样，唯一能够对人类有所帮助的，是用上帝的精神抵抗尘世的精神并克服它。[61]

美国在1954年进行的氢弹试验促使施韦泽从科学和政治角度更深入地思考核武器问题。[62] 一段时间以来，他与爱因斯坦就核问题有过松散但友好的探讨。1929年秋天，当施韦泽在柏林拜访阿道夫·冯·哈纳克时，他与爱因斯坦就已认识。此后，在爱因斯坦移居美国前，他们又见过一次面。[63] 阿尔贝特·爱因斯坦认为，施韦泽是"西方世界唯一在超国家的道德影响方面可与甘地媲美的人"。[64]

阿尔贝特·爱因斯坦认为自己就核武器发出的警告，在世界上尚未引起足够的反响，因此急切请求施韦泽也参与到这个问题中来。施韦泽在给特奥多尔·豪斯的一封信中提到，爱因斯坦的请求是他参与核武器问题的决定性动机——

> 您也许知道，尽管我与爱因斯坦不常见面，但我们称得上是密友。这是一种精神上的友谊。令我印象深刻的是，尽管他在世界上享有很高的声望，但他前几年关于废除核武器的呼吁，几乎没有得到回应，这使他深感痛苦。这就促使我用已经掌握的充分的科学和医学知识，来进一步研究这个问题。[65]

255

他还补充了另外一个原因，即在获得诺贝尔和平奖之后，他觉得自己更加有义务积极推进和平——

> 授予我的诺贝尔和平奖对我产生了同样的影响。借用

圣保罗的话来说，"我不以为此为强夺的"①，而是也想此后确实为和平做点事，毕竟正是靠这笔奖金，我才能够为我的麻风村购买铁皮铺屋顶，我想我多少应当对得起这笔奖金。因此，特别是自 1954 年以来，大型氢弹试爆造成的大气层放射性污染的增加，促使我开始严肃思考有关核武器威胁这个问题，并也与相关的科学家建立了联系。我从一开始就对核武器抱有怀疑的倾向，并且越往后我就越在思考，它对人类究竟会造成怎样的威胁，尽管我现在对此还不十分清楚。由于我享有一些世界声誉，因此欧美的一些朋友一再请求我对这件事发表讲话。是美国的朋友把我带进了这个问题。我也知道，美国总统在一开始就从相关的科学家那里得知了这一危险，并深受震撼。66

1955 年 2 月 20 日，施韦泽在给他正在普林斯顿大学任教的"亲爱的朋友"爱因斯坦的信中写道——

即使没有通信联系，我们在精神上也有相同的思想联系着。因为我们都以同一种方式经历着这个可怕的时代，我们也都在为人类的未来担忧。当年我们在柏林相逢时，还无法想象：我们之间会存在着这样一种纽带……值得注意的是，我们的名字在公共场合经常被一并提起［……］。我收到许多来信，要求您和我以及其他人，对此发出声音。67

施韦泽对于氢弹试验的思考，不仅出于政治理由，而且与情

---

① 化用自《新约·腓立比书》2:6 "他本有神的形象，不以自己与神同等为强夺的"。——编者注

感有关。为此，记者罗伯特·容克写道："在 1954 年至 1957 年，几乎每个与他私下会面的人，都会被严肃询问他们对'核危害'的看法。"[68] 1954 年 3 月底，由亚历山大·哈多夫（Alexander Haddow）提议联合国邀请科学家召开的一次会议，明确指出继续氢弹试验将会产生怎样的后果。伦敦《每日先驱报》(*Daily Herald*)特别请求施韦泽对此发表自己的意见。随后，他的声明于 1954 年 4 月以信函的形式印发，表达了对核武器的发展和使用的深刻关切。他的这一立场，刊登在 1954 年 4 月的报刊上。[69] "所有与此有关并深知这一问题和危险的科学家"，他们的责任是"讲出这个可怕的事实"。[70] 为了能够与德国核物理学家交流，1954 年夏季，施韦泽特地前往当时在林道博登湖（Bodensee）召开的第四次诺贝尔奖获得者会议，会见了奥托·哈恩（Otto Hahn）和维尔纳·海森伯格。这次见面更推进了他对核武器问题的关切。[71]

没过多久，也就是 1954 年 11 月 4 日，在诺贝尔和平奖颁奖典礼上，施韦泽再次呼吁和平并反对核武器。从此他将成为许多人眼中的"赤道良心权威"。[72] 施韦泽给了反核运动一张具有高认可度和市场价值的面孔。施韦泽意识到了这一点，并以此作为战略方针来参与他的政治活动。在这种情况下，施韦泽有意为对核武器抱有恐惧和忧虑的人代言，比如出于某种理由只能在私人信件中向他透露实情的一些科学家，或是基于政治原因不便在公开会议和所在国家表达自己意见的那些人。施韦泽现在的使命是代表他们，帮助发出他们的声音，以引起世界对他们意见的关注。施韦泽能够利用自己的受欢迎度，巧妙地把那些反核同伴的恐惧，呈现在公众面前。1954 年 4 月，《每日先驱报》头版文章的标题是《核弹：这是我内心的痛苦——阿尔贝特·施韦泽博士说》。[73]

文章鼓励其他专家，像施韦泽那样公开自己对核武器的

图 40　与其他诺贝尔奖荣获者在一起：阿尔贝特·施韦泽与奥托·哈恩、维尔纳·海森伯格交谈。

担忧。施韦泽的策略似乎成功了：在奥斯陆的诺贝尔和平奖颁奖典礼上作演讲后，人们对施韦泽的好感一波波涌来。像奥斯陆或兰巴雷内这类地方给他带来的有利之处是，他不会因为反核言论而被视为支持美国或苏联政治事业的冷战战士。诺贝尔和平奖颁奖典礼之后没多久，联合国秘书长达格·哈马舍尔德（Dag Hammarskjöld）在 1955 年 7 月 21 日写给施韦泽的一封信中，请求他公开呼吁一个没有核武器的和平的世界——

258

我抱有（也许是最大胆的）希望，希望您愿意用您强有力的声音，在反核的呼吁中，再加上各国人民应当相互尊重的呼吁。[74]

1920 年，施韦泽曾应当地主教纳坦·瑟德布卢姆的邀请在乌普萨拉大学举办了奥劳斯－佩特里系列讲座。当时年轻的达格·哈马舍尔德就是在那里认识了施韦泽。[75] 主教彼时已和这位未来的联合国秘书长成为密友，秘书长的父亲曾是乌普萨拉省的省长，与主教家庭保持着友好关系。年轻的达格与瑟德布卢姆的一个儿子是同学，并且达格的母亲也是主教的熟人。[76] 施韦泽和他的妻子在瑞典停留期间，曾到瑟德布卢姆家做客，这也就使那位年轻的哈马舍尔德有机会近距离地了解施韦泽。[77] 与施韦泽的会面，对哈马舍尔德来说，是一次印象深刻的经历。他曾在 1951 年写的一篇文章中叙述了这件事。这篇文章认为施韦泽的伦理观念在解决政治问题和承担公众责任方面具有重要意义。施韦泽的道德观念建立在一种共同归属感的基础上，它能超越一切政治界限，在敬畏生命的理念中成长和发展。

从两人频繁的德语通信中，我们可以看出：达格·哈马舍尔德与阿尔贝特·施韦泽的关系有多密切。1953 年 12 月 19日，施韦泽写给新任命的联合国秘书长哈马舍尔德的那封信，可以说是他们思想交流开始的标志。施韦泽在信中写道，他在一份英语杂志上读到，哈马舍尔德也倾向于他历来的主张和所宣传的伦理。他请求秘书长帮助戈德施米德，一位在战前和战争期间都曾为施韦泽工作的匈牙利医生，在联合国机构内找份工作。施韦泽还顺便提起，他有时会去瑞典，并且正打算去美国，也许那时能够见个面。施韦泽最后并没有实现信中所说的第二次美国之行。哈马舍尔德于 1954 年 1 月 13 日在给施韦泽

259

的回信中感谢施韦泽对他的美好祝愿，并保证：他将在世界卫生组织（WHO）、联合国儿童基金会（UNICEF）和联合国教科文组织（UNESCO）的主管机构中，为戈德施米德寻找一份合适的工作。施韦泽有着广泛的社会人脉，经常会为那些曾在兰巴雷内几乎无报酬地辛苦工作的员工写介绍信，作为对他们为兰巴雷内医院作出的贡献的补偿。[78]

1955 年，哈马舍尔德再次写信给施韦泽。联合国秘书处的一位工作人员，本杰明·科恩（Benjamin Cohen），想在去非洲的旅程中拜访施韦泽，以便为联合国秘书处的工作收集一些灵感。另外，哈马舍尔德也希望施韦泽能在联合国成立 10 周年的庆祝会上作一次演讲。据曼努埃尔·弗勒利希（Manuel Fröhlich）所说，哈马舍尔德最后不得不放弃请施韦泽作演讲的计划，因为从不坐飞机的施韦泽乘坐其他交通工具去美国的旅程实在太周折了。[79]

但也不排除一个可能，即由于施韦泽对核武器试验的批评，联合国最有影响力的成员国——美国，对哈马舍尔德施加了压力。当时，除朝鲜战争不尽如人意的发展外，苏联崛起为核武器大国，也给美国国内的政治局势造成了极大的消极影响。共和党参议员约瑟夫·麦卡锡（Joseph McCarthy）的名字与歇斯底里的反苏情绪密不可分，他很担心西方会被共产主义渗透，并且他的这一担心一步步抓住了美国社会的中产阶级。[80] 麦卡锡表达的威胁观念，因苏联成功试验了一枚氢弹的消息而加剧，虽然这一消息最初没有向公众公布，而且美国人直到 7 个月后才得知这一情况。[81] 这种反苏情绪最后甚至也被用来针对那些反对使用原子弹和氢弹的著名批评家。联邦调查局局长 J. 埃德加·胡佛（J. Edgar Hoover）指责物理学家 J. 罗伯特·奥本海默有共产主义倾向，把他归为"安全风险类人物"。[82] 罗伯特·容克也受到了怀疑。罗伯特·容克在 1956

年发表的文章《比一千个太阳更耀眼》（*Heller als tausend Sonnen*）中，呼吁谴责和抵制核武器，他就是因此陷入了相同的嫌疑。连施韦泽也作为反核武器者被纳入这个监控名单，即使他有他的优势——在远离美国的非洲工作。

1957 年 1 月，美国著名文学杂志《周六文学评论》（*Saturday Review of Literature*）的记者诺曼·考辛斯及摄影师克拉拉·厄克特到兰巴雷内采访施韦泽。[83] 他们给施韦泽带来了时任美国总统艾森豪威尔（Eisenhower）的生日祝贺，以及印度总理贾瓦哈拉尔·尼赫鲁（Jawaharlal Nehru）的美好祝愿（施韦泽与尼赫鲁 1936 年在洛桑相识[84]）。这两位美国记者竭力敦促施韦泽更加强烈地公开呼吁反对核威胁。但是，施韦泽再次怀疑自己在核问题上的发言能力，认为他的意见并没有重大的公众影响力。最后，他终于决定给艾森豪威尔写一封信，陈述有效控制核武器的必要性。[85] 施韦泽在信中坦承，他"收集有关核能的资料（军事和非军事的），已有多年"。[86] 此外，为感谢艾森豪威尔请人带来的生日祝贺，他也在信中特地附上了一包能够帮助总统治疗顽固感冒的药粉。艾森豪威尔收到信和药粉后对施韦泽表示了感谢，但强调自己的感冒还没有完全消退。[87] 在有关核问题的辩论中，施韦泽现在是一个颇有公众认知度的参与者。尽管如此，他还是不能十分确信：他的这些公开干预是否正确。但既然如此，他为什么还要加强他的反核努力呢？施韦泽陈述的理由如下——

> 我一生都竭力避免在一些涉及广泛的事情上发表公开声明。有代表们来到我这里，要求我对一些问题发表声明，或者试图让我签署一些公开信，而且经常有足够多的新闻媒体，来询问我对这些和那些政治问题的看法。我总是感觉到我的内心在强迫我对其说"不"。不是因为我对

261

政治和世俗事务不感兴趣。我对此也感兴趣，也在为此作些思考。但我总觉得，我与外界的联系，必须从我的工作或者从我对哲学、神学或音乐的思考中发展出来。我一直试图与关涉全人类的问题建立联系，不允许自己卷入一个群体与另一个群体的争端。我想成为一个与其他人交谈的人。[88]

人们已在一段太长的时间内，没能充分认识到核试验带来的危险——

日子一天天过去，太阳还是照样升起和落下。这种单纯的自然规律，似乎消除了我们对核武器的想法。只是我们似乎同时忘记了，虽然太阳还会继续升起和落下，月亮也会继续在云层中穿行，但人类的自我毁灭，却会使太阳和月亮只能俯视一个没有任何生命的地球。[89]

施韦泽主张用一种充分有效的方法来抗议核武器。它不能过于新闻化和轻率，但也不能在学术上过于烦琐——

我很担心今日的新闻界。他们太喜欢过分渲染负面事件。他们的新闻经常忽视和轻视报道那些真正有进步意义的事件。新闻界倾向于营造一种消极的、令人沮丧的气氛。由此构成的危险是，如果几乎看不到能够鼓励和增强这种信心的报道，人类将对进步失去信心。真正的进步总是与人类相信它可能实现的信念密切相关。[……]我们必须找到一种方法来提高公众的危机意识，并且我们必须让它简单明了，而不能让它是学究式和难以理解的。[90]

在德国，反核活动主要开始于 20 世纪 50 年代。1957 年 4 月 5 日，联邦总理康拉德·阿登纳（Konrad Adenauer）为回答联邦议院社民党（SPD）议会党团的一个重要提问，在新闻发布会上故意淡化在许多人看来非同一般的核武器危险。随后，18 位领军式的原子能科学家，其中也包括奥托·哈恩和维尔纳·海森伯格，[91] 于 1957 年 4 月 12 日发表了一份《哥廷根声明》（Göttinger Erklärung），指出："任何一颗战术核炸弹或核炮弹，其杀伤力都类似于摧毁广岛的第一枚原子弹。"[92] 这一声明发表后，莱纳斯·鲍林（Linus Pauling，1954 年获得诺贝尔化学奖，1962 年获得诺贝尔和平奖，后来也访问过兰巴雷内）、施韦泽和其他一些著名科学家和诺贝尔奖获得者也加入其中。[93] 与此同时，施韦泽也在寻求与阿登纳建立一种良好的个人关系。1957 年 7 月，他在给阿登纳的信中写道——

> 当我为奥斯陆准备关于继续进行原子弹试验的危险的演讲时，我想到了曾经因为这个问题给您带来诸多不快和困难。我为此深感抱歉。但我对此无能为力。[……] 在我的演讲中，我避免将一切悲剧化。[94]

但是施韦泽的呼吁产生了效果。因为公众对核政策支持者施加的压力越来越大。[95]

1957 年 4 月 23 日，也就是《哥廷根声明》发表的 11 天后，奥斯陆和许多其他地方的广播电台都播出了后来闻名于世的《向全人类的呼吁》（*Appell an die Menschheit*）。[96] 在联合国秘书长达格·哈马舍尔德的鼓励下，施韦泽终于决定在公众面前表明自己反对核武器的态度。他写完那篇演讲稿后，先把稿件拿给了诺贝尔奖委员会过目，并请求此后在奥斯陆播出。诺贝尔奖委员会当然不能拒绝施韦泽的这一请求。[97] 阿尔贝特·施韦泽，一个"享誉全球的神学家和人文主义者"，[98]现在担当起"善良的老家庭医生的角色［……］，正站在人类的病床旁，和善地劝说他的病人"。[99]与此同时，身为医生，他还对原子弹的后果作出了一种直白的诊断——

　　根据在这件事情上收集的材料，尽管还不完整，但仍然不得不作出判断：之前的核弹爆炸所产生的核辐射就已经表明，它将对人类造成一种绝不可低估的危害［……］。尤其危险的，是那些在较长一段时间内都会发出较强辐射的核元素。在这些元素中，锶-90居于首位。［……］我们的身体所遭受的核元素的辐射，并不是均匀分布在人体的细胞组织中，而是沉积在一些特殊的地方，主要会聚集在骨组织，还有脾脏和肝脏。［……］受到辐射伤害后，将会引发哪些疾病？［……］首先是引发严重的血液疾病。另外也可以观察到，人体内部哪怕只受到最弱的辐射，也会对我们的后代造成破坏性的影响。［……］因此，我们不得不将原子弹爆炸持续产生放射性元素使已经存在的危险变本加厉视为人类的不幸。因此，必须尽一切代价阻止这种情况的发生。试想，它将会给我们的后代带来多么严重的影响，仅仅出于这个理由，我们也不得不认真考虑核问题。任何一种其他的行为方式，都意味着我们没有承担起自己的责任。核武器现在已经是对我们人类最大的威胁。[100]

社会各界对施韦泽的演讲迅速作出了反应：奥斯陆电台的卡雷·福斯特沃尔（Kaare Fostervoll）断言，施韦泽的呼吁已翻译成多种文字，取得了巨大的成功。[101]奥托·哈恩认为："施韦泽先生用他非凡的权威使广大民众清楚地懂得了［……］，

全世界人民必须团结起来［……］，共同制止那些可怕的核试　264
验。"¹⁰² 但是，西方政府却对施韦泽的呼吁持怀疑态度，他们
认为在受到苏联不断威胁的情况下，唯有通过发展威慑性核武
器才能保持对等的力量。施韦泽密切关注国际社会的回应，并
向诺曼·考辛斯抱怨：美国媒体对他的讲话没有予以相应的
重视。在给豪斯的一封信中，施韦泽描述了在《向全人类的呼
吁》发表后社会的一些直接反应——

> 1957 年 7 月，伦敦已经开展关于放弃核试验的谈判。
> 人们期待他们最终能达成一种协议。［……］我已经收到
> 有关谈判的详细报告，从中可以看出，美国人在刻意破坏
> 这次会谈，他们要求掌控不可能掌控的事，根本就是对一
> 切都在说"不"。能够证明我这一说法的是，美国，我们
> 就说杜勒斯（Dulles）吧，现在，也就是从 1957 年秋天
> 开始，正在美国和欧洲进行宣传活动，声称由核试验释放
> 在空气里的放射性污染，即使达到正常量的 10 倍，也是
> 绝对无害的。这个宣传论点，是那些著名原子弹拥护者为
> 自己所作的辩护［……］。那些权威人物只是物理学家，
> 他们根本没去关注此事在医学方面的问题！欧洲和美国的
> 新闻界也很高兴终于可以向人们宣布：由核试验释放在空
> 气中的放射性物质，需要很长时间才值得引起关注。通过
> 这场精心组织的宣传，杜勒斯麻醉了公众舆论。现在，是
> 反驳这一宣传的时候了。但新闻界完全抱着拒绝的态度。
> 千万不能让公众舆论惊慌失措。¹⁰³

参与反核行动的施韦泽，并不是孤单一人。例如，自 1946 年
以来一直是原子科学家紧急委员会（阿尔贝特·爱因斯坦是
该委员会主席）成员的莱纳斯·鲍林，就请求施韦泽在递交联

合国的请愿书上签名，呼吁制定一项国际条约以立即停止核试验。有 9235 位科学家签了名，其中包括施韦泽。1958 年 1 月 13 日，莱纳斯·鲍林将请愿书递交给了联合国。[104] 1958 年 3 月 3 日，施韦泽从兰巴雷内给马丁·布伯（Martin Buber）写了一封信。二人结识于 1929 年叔本华学会在法兰克福举行的第 13 届会议上，当时，布伯作了关于宗教与哲学的报告，施韦泽作了关于使徒保罗的神秘主义的报告。施韦泽在信中写道——

> 为了帮助驱赶核战争的幽灵，我用了许多时间关注核问题。政客不知道核辐射究竟意味着什么。近来，他们甚至更加不明智地无视这种威胁。现在甚至发起了一场强势的宣传活动，用来麻痹公众！我每周都跟踪着这些情况……我们究竟在往哪个方向行进？[105]

施韦泽的呼吁最初并没有达到预期的效果，因为核大国根本没有作出反应，也无法就核问题进行沟通。施韦泽为此又撰写了三份呼吁书，在 1958 年 4 月底交给了挪威诺贝尔奖委员会主席贡纳尔·雅恩，通过奥斯陆广播电台播放。这三项呼吁分别为：《放弃核武器试验》（*Verzicht auf Versuchsexplosionen*）、《关注发生核战争的危险》（*Die Gefahr eines Atomkrieges*）和《举行最高级会谈》（*Verhandlungen auf höchster Ebene*）。呼吁发出后受到国际社会的普遍欢迎。同年，这三项呼吁又以《和平，还是核战？》（*Friede oder Atomkrieg*）为题出版发行，[106] 并被译成多种文字。施韦泽在 1958 年 9 月 28 日的一封信中感谢他的朋友马克斯·塔乌使他得以发表这三项呼吁。[107]

虽然最初得到了许多公众的认可，但施韦泽也受到了尖锐的批评。比如,《新苏黎世报》(*Neue Zürcher Zeitung*)针对施韦泽的呼吁,在 1958 年 9 月 10 日发表了一篇题为《奇怪的阿尔贝特·施韦泽》(*Seltsamer Albert Schweitzer*)的文章——

> 阿尔贝特·施韦泽这个令人尊敬的名字,肯定不足以阻止人们意识到:他的呼吁在政治、哲学、军事和神学上,都毫无价值。他要求西方承担这些风险实在令人愤慨。此外,他对美国和苏联的评判,也使得我们根本不会去严肃思考他的那些建议。[108]

在其他方面,对施韦泽的批评也有所增加。在如何看待刚果政治局势的问题上,施韦泽与达格·哈马舍尔德出现了分歧。1961 年 3 月 7 日,施韦泽向哈马舍尔德寄出了一份对形势的明确评估——

> 自从刚果的局势变得如此糟糕以来,我每天都在想着您,有时甚至也在夜间,想起您不得不承受和为之奋斗的这一切。忘恩负义和挑唆对您的仇恨,简直令人难以置信。但他们不会因此就能够操纵您。作为一个老非洲人,我认为如果您干脆让非洲人相互争斗,而不是进行干涉,那么死亡的人数将会少一些。印度军队在那里出现,是件危险的事。谁能保证,印度军队真的能作为联合国军队出现在那里,并能够得到相应的承认和尊敬?[……]但愿在比利时殖民的刚果瓦解后,非洲人重新达成一致,划分为 5 个或 6 个民族国家,情况会更好些。比利时殖民的刚果是人为建成的国家;它只能作为殖民地存在,而不能作为一个自由的非洲国家存在。[109]

266

施韦泽的这种看法激怒了哈马舍尔德，他在 1961 年 3 月写给施韦泽的一封信中明确表达了这一点——

> 我能够很好地想象，您作为一个经验丰富的非洲人，会以怎样沉重的心情关注刚果事态的发展。但是，执行联合国的决定是我的职责，并且在这方面，我也自然会考虑整个世界的局势。仅从自己个人的角度来看，这类事情有时候或许会不可避免地给人一种徒劳无益的印象。但我还是坚信，刚果的情况将会逐步好转。希望与您在一起，我很快就能到兰巴雷内拜访您。如您所知，这一直是我自己的愿望。[110]

但是，与哈马舍尔德的会面，将不会再实现了。鉴于哈马舍尔德工作繁重，他无法确定会面的日期。1961 年 9 月 13 日，两人的会面似乎触手可及，那时哈马舍尔德告知，他会在飞往利奥波德维尔［Léopoldville，今金沙萨（Kinshasa）］的途中前往兰巴雷内拜访施韦泽。但他又加了一句："但在我当前的生活中，意外经常发生。"[111]一语成谶。1961 年 9 月 18 日，他乘坐的飞机在赞比亚的恩多拉（Ndola）坠毁。伦敦的《观察者报》（Oberserver）关于哈马舍尔德如此写道："他的施韦泽思想，使他丢弃了党派性。"[112]施韦泽的思想赋予了哈马舍尔德解决国际政治问题的重要动力。但是，在把从这种思想中引申出来的结果运用到政治领域的这一步上，施韦泽自己做得都还很有限。他始终是一个个人层面上的伦理学家和国家政府机构批评者。他将各国的不道德行为视为一切政治罪恶的根源——

> 我们被告知，经验表明，国家不可能只是坚持真实、

公正和道德考虑，在危急关头，国家也必须采用机会主义的手段。对于这种经验，我们感到很好笑。国家使用机会主义手段带来的惨淡结果，早就反驳了这种理由。因此，我们有权利将与此相反的理由看作正确的智慧，也就是说，国家和个人的真正力量在精神和道德之中。国家的生命，来自它的人民的信任；国家的生命，也仰仗其他国家的信任。机会主义的行动可以取得一时的成功。但是从长久来看，它必败无疑。因此，肯定世界和肯定生活的伦理要求现代国家通过自己的行动来构建一种道德和精神的人格。它在锲而不舍地要求国家这么做。它不让自己被居高临下的微笑吓倒。明天的智慧，注定不同于昨天的智慧。[113]

施韦泽还将对政治规则和协议的批评扩展到对康德的批评——

康德在《永久和平论》（*Zum ewigen Frieden*）中认为，只有白纸黑字地缔结和平条约，才能实现持久和平。但他是错误的。以规则缔结的和平，无论它们的意图和表述是多么好，都无济于事。只有将敬畏生命的精神变成强有力的思想，才能把我们带向永久的和平。[114]

268

敬畏生命的世界观，对个人伦理学家施韦泽来说，最后也是一种政治乌托邦——

只有当广大民众都遵从敬畏生命的理念时，他们才会彼此完全信任。一种乌托邦？如果我们无法建立这个乌托邦，那么就只能任由核武器摆布，承受它所带来的厄运。只有通过真正的人道主义思想的力量，才能从这个世界上消除核武器的威胁，才能建立世界和平。[115]

苏联在 1958 年宣布将停止核试验后，美国和英国这两个西方核大国也保证了这一点。但这一禁核令只有效存在了 34 个月。1961 年 8 月，苏联再次开始核试验，美国人也感觉不再受到这一禁令的束缚了。美国的这种反应，引发了一系列抗议浪潮。在这种情况下，阿尔贝特·施韦泽再次出面，于 1962 年 4 月 20 日给肯尼迪写了一封信，认为"在有效国际控制下的裁军"，是人类当前最重要的目标。[116] 1962 年 10 月，不断升级的古巴导弹危机令全世界震惊和不安。在美国 U2 侦察机发现苏联正在为古巴配备核武器后，美国人意识到这种军事政治威胁已经把世界推到核战争的边缘。直到 1962 年 10 月 28 日，双方都承诺让步后，局势才有所缓解。这场危机期间，施韦泽在给诺曼·考辛斯的信中写道："时间，在为那些想要废除核武器的人工作。"[117] 当施韦泽得知美国正在考虑使用核武器解决冲突时，他于 1962 年 10 月 24 日又一次给肯尼迪写信。信中写道——

269

您是不使用核武器的保证。我们生活在这种信念中。但是现在突然得知，美国公开声明，如果因古巴问题或柏林问题而与苏联发生冲突，将不会放弃使用核武器。我们为此感到震惊和不解。这一决定实际上终止了禁核谈判。它使禁核谈判变得有名无实。核武器正在成为一种既定事实。［……］我们这个时代需要的，不是一种强权政治，而是一种和平谈判的策略。［……］现在，我大胆向您提出一个请求：不要再宣称，美国会在发生古巴或柏林的冲突时使用核武器。请您忘记那份使用核武器的声明。请以成功的前景，继续就结束核试爆和废除核武器进行谈判。

人类的未来取决于它。如果人类继续持有核武器，将会走
向自己的灭亡。[118]

只是施韦泽没有寄出这封信。大约在四个星期后的 1962 年 11
月 23 日，施韦泽又另起草了一封信，并且该收信者也确实收
到了。他在信中写道——

> 我们因核武器的存在而陷入可怕的境地。在这一困
> 境中，我们最后的微弱希望，只能是避免核战争。西方和
> 东方都应坚持，只有其他手段都已经用完了，才可以使用
> 核武器。但是现在您不再顾及这种默契，声明在古巴问题
> 和柏林问题上，如果发生敌对行动，美国将主动使用核武
> 器。您是否真的要承担这一可怕的责任，使贵国成为在战
> 后第一个使用核武器的国家，从而终结我们避免核战争的
> 最后希望？［……］核战争是不人道的。［……］我们在
> 两次世界大战中，已经陷入过非人道主义，并且可以预
> 见：在即将到来的核战争中，我们将会陷得更深。这种可
> 怕的事情绝不能成为现实。我们必须停止继续生活在精神
> 的失明症中。[119]

施韦泽认为，只有在苏联首先使用核武器的情况下，美国才有
权利使用核武器。之所以这样说，只是为了避免西方因另一个
核大国而陷入不利境况。

在古巴导弹危机最严重的时刻，施韦泽还给美国国防部长
罗伯特·麦克纳马拉（Robert McNamara）写了一封信，并且
认为该信应当发表在美国的报纸上。鉴于这场冲突已经解决，
考辛斯便拒绝满足公开发表的要求。但是，施韦泽坚持要求发
表，说："我们不能停止在公开场合批评麦克纳马拉，因为他

270

曾经宣布将使用核弹。"[120] 自 1962 年 3 月起，由联合国一个委员会准备的一项停止核试验的条约，于 1963 年 7 月 25 日在莫斯科形成草案。① 该条约禁止在大气层和水下进行所有核试验，但未对地下试验作出规定。施韦泽在这份条约中看到了禁核的曙光，但也仍有顾虑——

> 只有当所有的核试爆（包括地下核试爆）停止时，我们才能迎来黎明。不幸的是，那几个核大国在这份签订于莫斯科的条约中没有决定终止地下核试验，因为他们无法对此就一种充分的控制达成共识，并且没有彼此间的信任。其实，每个核大国，即使无法完全监控，也应遵守停止地下核试验的协议。[121]

施韦泽曾说，爱因斯坦是在对美国政治发展的不满中去世的。与爱因斯坦不同，施韦泽有幸成为反核试验成果的见证人。他在 1963 年 8 月写给约翰·F.肯尼迪的信中写道——

> 我写信给您，是为了向您表示祝贺，感谢您用您的远见和勇气，引导世界走向一种和平的道路。在黑暗中终于可见一缕光了，人类将以此来寻找自己的路。它也给了我们希望：黑暗终将让位给光明。东西方达成的放弃在大气层和水下进行核试验的协议，是世界历史上最大的事件之一，或许可以说就是最大的事件。[122]

271

---

① 即《禁止在大气层、外层空间和水下进行核武器试验条约》，简称《部分禁止核试验条约》，于 1963 年 8 月 5 日正式缔结并宣布对所有国家开放签字，同年 10 月 10 日生效。——编者注

东德送来的大钟

1960 年，当《明镜》周刊编辑克劳斯·雅各比再次前往兰巴雷内采访时，在麻风村有了一个新奇的发现。有一座钟楼竖立在村子的中央。大钟上刻有铭文："为了全世界和平"——东德（DDR）莫根罗特（Morgenröthe）地区记者工会捐赠。1959 年 9 月，工会成员们决定，为施韦泽 85 岁的生日浇铸一个硬铁大钟，并寄往兰巴雷内。[123]

莫根罗特 – 劳腾克兰茨（Morgenröthe-Rautenkranz）是德国第一个太空人西格蒙德·雅恩（Sigmund Jähn）位于萨克森州的家乡。如果重走一下这口大钟从这里到兰巴雷内的路程，那么就会遇到一些原本不太可能会与阿尔贝特·施韦泽有交往的人。其中一位是德意志民主共和国国务委员会主席瓦尔特·乌布利希（Walter Ulbricht）。另一位是作为东德特使来到兰巴雷内的，即东部基民盟秘书长和后来的主席格拉尔德·戈廷（Gerald Götting），他在 1960 年至 1989 年担任国务委员会副主席的职位。格拉尔德·戈廷在施韦泽 80 岁生日时给他寄了一封祝贺信，就此开始了施韦泽与东德的联系。但这类接触对施韦泽来说，在政治上基本是无害的。戈廷在信中写道——

> 我们知道在这场斗争中，我们需要像您那样的精神力量和活力，用于帮助中非黑人（他们是一种不人道殖民政策的受害者），也为了恢复基督教的名誉。[124]

1960 年，在施韦泽 85 岁生日时，戈廷特意继续与施韦泽保持联系，给施韦泽寄了来自德国和平委员会（Deutsche Friedensrat）的一封信，告知施韦泽一个由他率领的代表团将前来访问兰巴雷内。当然，这次访问计划从一开始就得到了瓦尔特·乌布利希的同意。[125]

戈廷率领的代表团中最著名的成员之一是后来的民权活

图41　格拉尔德·戈廷长年担任东部基民盟秘书长和主席（1949—1966）、东德国防委员会副主席和国务委员会副主席（1960—1989）。1965年他以东德阿尔贝特·施韦泽委员会成员的身份，为在东德深受尊敬的诺贝尔和平奖获得者的去世作悼词。该委员会总部设在德累斯顿，从属于由维尔纳·路德维希（Werner Ludwig）担任主席的德国红十字会。

动家罗伯特·哈夫曼（Robert Havemann）。他是东德执政党
"德国统一社会党"（SED）成员和人民议会议员。有些讽刺
的是，代表团被安置在一个名为"无忧"（Sans-Souci）的旅
馆内。

东德国家电影股份公司（DEFA）为德意志民主共和国
1960年对兰巴雷内的首次访问拍摄了一部名为《兰巴雷内专
访》（*Besuch in Lambarene*）的纪录片。该片的编剧是罗伯
特·哈夫曼，文字撰稿人是东部基民盟秘书长格拉尔德·戈
廷，摄像由东德国家电影股份公司的汉斯·克拉希特（Hans
Kracht）执掌。影片把阿尔贝特·施韦泽描绘为一位"伟大的
人道主义者"和"和平热爱者"。[126] 之前与摄影记者有过不愉
快经历的施韦泽，最初对摄影师抱有强烈的不信任感，但后来
还是放开让他拍摄了。

制作这部短片以及戈廷1961年出版关于这次访问的图片
集[127]的目的，是让东德分享施韦泽成功的喜悦。核问题似乎是
最佳选择，可以让施韦泽站出来反对阿登纳的"重新武装"政
策。[128] 与他对原子弹的抗议不同，施韦泽要么没有意识到东德
这次访问的政治目的，要么觉得不怎么要紧。但是，由于东德
代表团的此次出行牵涉了几个非洲国家的过境签证问题，他们
在施韦泽85岁生日的一周后才带着作为生日礼物的15箱药品
到达兰巴雷内。[129] 在以后的几年里，戈廷仍然一次次组织把东
德的医疗设备运往兰巴雷内。有一次，他甚至还在由他帮助设
立的兰巴雷内牙科诊所做了治疗。他希望通过这些访问在总体
上提高东德，特别是东部基民盟的政治声望。在一次对他个人
的采访中，他承认这当然也是在友好的基础上将施韦泽与东德
联系起来的措施。[130]

关于施韦泽的这个短片也证实了戈廷所说的这段话。这部
短片是经过东德政府的精心策划制作的。在东德播放前，先由

政府作了审批评估，从其视角精确地阐述了东德对阿尔贝特·施韦泽的兴趣——

> 这是一部简短的纪录片，但却使人印象深刻。它一方面实况记录了生活在殖民枷锁下的当地人民的苦难，以及他们为争取民族独立和文明进步所进行的斗争。另一方面展示了伟大人道主义者阿尔贝特·施韦泽的工作成果，以及他给东德和平委员会的信件。他在信中承诺自己将无条件地为维护和平而斗争，并坚决反对使用核武器。[131]

东德代表团精心策划的这次加蓬之行，目的是把施韦泽反对核武器的努力与东德自己的政治前景联系起来。令人惊讶的是，施韦泽竟然能够非常坦然、不遮遮掩掩地与那些带着明确政治目的来到兰巴雷内的人交往。毕竟，他不得不考虑这样一个事实，即将他的信交给总理奥托·格罗特沃尔（Otto Grotewohl）会受到戈廷的政治利用。戈廷此举当然不仅代表了德国统一社会党的利益，而且是想表现自己有很好的社会网络关系，提升自己作为一个党派的政治人物的形象。可以证实这一点的，是一个托名为菲德利奥（Fidelio）的国家安全部工作人员在 1961 年 11 月 1 日对戈廷作出的评价——

> 戈廷现在总是抓住他能得到的一切机会，在公共场合强势表现自己的政治形象。甚至在他被任命为国务委员会副主席之前，情况就已经是这样了，而且自那时起就更加明显。不得不说，他非常聪明地做到了这一点，并且他在所有领域都是这么做的，包括他出版的书籍，都是为了给公众留下一个深刻的印象。他与阿尔贝特·施韦泽的联

系给了他极好的机会［……］。为了接触到尽可能多的社会圈子，他已经组织了一系列有关阿尔贝特·施韦泽的演讲，并也很喜欢用这个主题进入各个社会圈子的眼帘，比如在基督徒的集会中登场。他最初试图超过党主席，因而在公共场合如此强势地登场……［该报告后面的内容已被删除。并且根据东德档案中心专员所说，已无法通过前东德国家安全部的文件，重构被删去的相关内容］。[132]

不出所料，戈廷此次的兰巴雷内之旅涉及的行政工作量并不小。国家安全部 V/3 主要部门，详细记录了戈廷在兰巴雷内的一举一动。[133]1959 年 12 月 18 日，戈廷和他的私人助理阿道夫·尼格迈尔（Adolf Niggemeier）一起前往西柏林，到国际军管机构为代表团办理去非洲的签证。这次带有政治目的的旅行，"据说用的是外交部的一架飞机"。[134]戈廷得到了必要的旅行文件，允许过境第三国前往兰巴雷内。

可以说，这次出行完全实现了预定的目标，即施韦泽对民主德国原则上保有的积极态度，现在也能对外用影片和文字来宣传了。如此，在东德出版的由鲍里斯·M.诺西克撰写的施韦泽传记中，引用了施韦泽在 1960 年访问时对戈廷说的那些话——

我很高兴在我这样的年纪还能认识您，因为我从您那里听到了我那个敬畏生命的诉求在社会主义世界赢得了越来越多的共鸣。但更使我高兴的，是因为您给了我希望。一个新的时代将要到来，在这个时代里，追求全球和平作为一切之中最人道的努力，将在一个新的社会里成为现实。[135]

诺西克在他的施韦泽传记中，自然没有提及罗伯特·哈夫曼也参加了这次在兰巴雷内的访问。其实，正是因为哈夫曼与阿尔贝特·施韦泽的良好关系，一些政要感到十分头痛。如果看一下哈夫曼在 1960 年 1 月写给施韦泽的信，就会得知：这两位既有知识又看重实践的人之间，有一种必然的内在联系。在施韦泽保存的文件中，有一首诗值得关注，这是哈夫曼写给他的——

  阿尔贝特·施韦泽

    那里有阳光常年普照，
    那里有棕榈树和面包树，
    站立在宽阔河流的两旁。
    那里的土地，
    闪烁着永恒的美丽绿色。
    在兰巴雷内一英里上游处，
    有人正在为我们这个世界，
    为我们人类创建和平。

    如果你想成为一个好人，
    那就请多多提供帮助。
    如果你想提供帮助，
    那就请多加努力。
    如果你利用你的勤奋，
    那也就利用了力量①，
    这将使你成为一个人。

———————————————

① 另一版本为"那也就利用了智慧"。——作者注

用理智和审慎去做你的工作吧，
这就是你从他那里学到的第一堂课。

他会平静而轻松地与你同行，
但他强有力的思想，
会渗透到我们的内心。
看一下吧，到处都是生命，
那里有手掌般大小的棕榈叶，
有正在蹑手蹑脚行走的羚羊。
森林中是多结的奥古曼树（Okume），
水中是细条的藤本植物，
树上是聪明的大猩猩——
还有你自己！
你说你是个人，
人在这里，意味着什么？
只是意味着，
要驯服自然的暴力，取得财富吗？
是的，也许可以这样。
但千万不要摧毁自然！
遵守规矩，如果你能做到的话。
好好呵护它，自然的宝藏，
请思考：
如果你真允许把自己称为一个人，
你就必须做到这一点：敬畏生命！
所有的生命都是无辜的。
只有作为人的你能让自己背上罪恶的包袱。

但你如果永远敬畏其他生命，

277

你就能赢得清白。

只有这样，你才将最终学会尊重他人。[136]

这首诗传递给人一种真实的感觉，兰巴雷内肯定给哈夫曼留下了极为深刻的印象。这次非洲之旅后，施韦泽和哈夫曼仍然保持着书信联系。他们的介绍人戈廷和东德国家安全部十分了解他们互通信件的内容，国家安全部保留的信件副本可以证明这一点。1961 年柏林墙建成的前四天，施韦泽在写给哈夫曼的一封信中，先是惊讶地提问，为什么他不在下一个东德代表团成员的名单中，但随后便像往常那样与这位自然科学家讨论了关于太阳能的问题，并表示对他的研究感兴趣。[137] 三年后，当哈夫曼因他坚持的民主社会主义思想，成为东柏林当权者的监控目标时，他给施韦泽写了一封带有"紧急"字样的信。施韦泽通过格拉尔德·戈廷和东德科学院院长，终于在 1964 年 4月 25 日回复了哈夫曼。把施韦泽视为密友的哈夫曼在求救信中写道——

最尊敬的亲爱的施韦泽教授：

去年冬季学期，我在洪堡大学主讲了一门"从自然科学观点看哲学问题"的课程，虽然受到学生好评，但现在却遭到党的严厉批评。起因是一位西德公关人员在我不知情且未经我同意的情况下发表了一篇关于我的采访。结果就是，大学立即解雇了我。不过这期间，德国科学院已经确保我能够继续我的光化学研究。但现在说是要按新的规章对所有通讯院士资格进行正式论辩，这自然也包括我的院士资格。[……] 但在这一资格转换的过程中，却出现了另一重政治问题。来自上面的规定，将阻止我的院士资格转换，同时，鉴于我与他们的政治纠纷而开除了我的党

籍。我向您诉说这些，不是因为这与我个人有关。推动我
这么做的，也不是我个人的声誉，这并不是我心心念念的
事。但是我想，这关乎科学院的名誉和利益，它不应让自
己成为专横行动的执行工具。因您是科学院唯一的名誉院
士，经过与科学院另一位极有声望的院士商量之后，我才
决定给您写这封信。[138]

哈夫曼绝望地请求施韦泽以他科学院名誉院士的身份，在
1964 年 4 月 21 日前给科学院写信，改变那个要把他排除在科
学院院士之外的决定。但是，施韦泽直到 4 月 22 日才收到哈
夫曼的这封信，已无法及时作出回答。不过，国家安全部所持
的态度表明，施韦泽即使能够及时干预，这件事也不会有任
何转圜的余地。国家安全部的哈夫曼档案中保存了施韦泽在
1964 年 4 月 22 日写的回信的副本。[139] 正本是由戈廷亲手转交
给哈夫曼的。一条由副部长写下的按语清楚表明，哈夫曼与阿
尔贝特·施韦泽的接触，隐藏着政治爆炸的风险——

> 哈夫曼周边的人已经在猜测，阿尔贝特·施韦泽会支
> 持哈夫曼，也许还会为了抗议对哈夫曼的不公，公开送还
> 东德政府授予他的荣誉奖项。洪堡大学哲学院也参与讨论
> 了哈夫曼此次行动的动机，认为哈夫曼很可能想扮演一位
> 烈士，甚至希望当局能对他直接采取强制措施，期待阿尔
> 贝特·施韦泽会发起一场国际抗议。[140]

但令人瞩目的，是施韦泽在东德的联系人格拉尔德·戈廷对施
韦泽晚到的来信作出的反应。1964 年 5 月 5 日，他在给施韦
泽的回信中，对哈夫曼的命运略带嘲讽地写道——

　　您那封给赫鲁晓夫的生日贺信，我立即转发了，并希望他已经收到。您那封给哈夫曼教授的信，我也给他了。他在他的学生和西德记者面前发表的各种讲话，把自己拖进了反对我们民主共和国的"冷战"中。为此他不得不"蒙受损失"。但正是这样，他也就能够更加专注于自己真正的研究。您的信，无疑是对他科学工作的鼓励。[141]

施韦泽利用戈廷，是为了让兰巴雷内在乌布利希那里，同时在苏联提高知名度。戈廷则利用与施韦泽的联系，为自己在东柏林打开通往国务委员会和教会的大门，也为东部基民盟赢得一位举世闻名的"道德教父"，并向西德证明东德在核问题上有一种道德优势。两人都不会对另一方的意识形态公开表示批评。这就导致了一种奇怪的现象：施韦泽在柏林墙建成后，并未公开指责乌布利希的这一举动，而是非正式地向戈廷提交了从他的私人通信员那里得到的一份名单，东部基民盟主席则承诺，帮助名单中的人员离开东德。[142]但仅是这个事实，即施韦泽认为有必要向一个国家的代表提供一份不允许离开该国的人员名单以帮助他们离开，至少证明了施韦泽对这个国家的道德诉求肯定是有所考虑的。施韦泽在信中并没有批评东德政权，尽管一个不允许其公民离开该国的政权，与他敬畏生命的世界观实在没多大关联。这个政权是怎样对待它的公民的，施韦泽在哈夫曼事件中已经见识到了，他的干预也并没有帮上忙。但是施韦泽显然认为，如果能把话直接传到民主德国高层政府人员的耳中，是有好处的。

　　柏林墙建立前不久，东柏林洪堡大学医学院借夏里特（Charité）医院成立250周年之机，授予施韦泽医学系荣誉博士学位。1961年8月6日，施韦泽在兰巴雷内接受了该院院长路易斯－海因茨·凯特勒（Louis-Heinz Kettler）亲自送来的荣誉证章。与这一荣誉同时到达兰巴雷内的，还有东德红十字会捐赠的价值 20000 东德马克的 10 箱医药用品以及和平委员会颁发的一枚奖牌。戈廷在他那天的日记中写道——

> 这次，（施韦泽）医生穿上深色西装，系着黑色领结，站在那里，听了凯特勒简短而热情的授奖庆祝讲话。[……] 施韦泽显得很激动。在答谢词中，他也回忆了自己在柏林度过的美好时光。他高兴地说，那是他在世纪之交最快乐的时光。他讲述了自己在（发掘了奥林匹亚遗址的）库尔提乌斯家中遇到的一些事。在那里，他曾如此开心和自由。那个时候的他，已经度过了军队和大学的艰难岁月，未来可期。他还记得哈纳克与他的许多谈话。——哈纳克在去世前，可能还向他寄了最后一张明信片。[……] 正是那里的一切改变了年轻施韦泽的人生，他决定在生活中不再只是扮演一个"模仿者"。[……] 他非常看重"他在柏林科学院荣誉通讯院士的身份"。[……] 在轻松而悠闲的散步过后，开始吃晚餐，有通心粉、奶酪、番茄酱。然后，就像几乎每个晚上那样，他坐下来弹钢琴。我们一起唱了《现在所有的森林都是如此安静》（*Nun ruhen alle Wälder*）……这一刻，我们仿佛就坐在自己的家乡，远离了那个充满神秘和陌生的非洲大陆。[143]

戈廷在施韦泽接受荣誉博士学位时的这一番论述，混合着一种殖民地浪漫主义和一个受过良好教育者的情调。而瓦尔特·乌布利希在一个月前，就致信施韦泽——

> 请允许我在格拉尔德·戈廷先生前去拜访您之际，送上我最诚挚的问候，尤其是真诚祝贺您获得柏林洪堡大学

的荣誉博士学位。［……］我在 1961 年 2 月 9 日与由尊敬
的 D. 埃米尔·福克斯（D. Emil Fuchs）教授领导的一个
德意志民主共和国基督教公民代表团，就一切人道主义者
共同关心的问题进行了交谈。在这个方面，我认为在无神
论者和基督徒之间，没有理由存在意见分歧。[144]

乌布利希的这番话，使施韦泽感到自己很受追捧，这反映在他
写于 1961 年 8 月 9 日（柏林墙建立的前四天）的回信中——

> 尊敬的主席：
> 　　非常感谢您 1961 年 7 月 20 日的来信。从您的信中，
> 我可以看出：您同意我关于和平所说的那些观点，并对敬
> 畏生命这一理念抱有好感。我非常感兴趣地阅读了您的和
> 平计划以及实现它的途径。但愿所有为和平尽最大努力的
> 人，都能亲身经历它的到来，也但愿这一认知能够在全世
> 界传播和贯彻：如果不实现和平，就将危害人类的生存。
> 　　最友好的问候！
>
> 　　　　　　　　　　　　　　　　您忠实的阿·施[145]

施韦泽没有想到的是，东德国务委员会主席是不会把一位诺贝
尔和平奖获得者的来信，仅仅作为一封私人通信来处理的。但
施韦泽对德意志民主共和国判断失误，几乎不能归咎为他对德
国和柏林问题缺乏政治敏锐性。1959 年，他收到时任柏林市
长维利·勃兰特（Willy Brandt）的一封几乎可以说是十分友
好的信。市长在信中介绍了"当前危机"的紧张局势和自己坚
持不懈、克服困难的决心，并且告诉施韦泽，他所送的象牙现
在就陈放在办公室里。[146]
　　除了阅读新闻，施韦泽通过与豪斯、阿登纳和其他一些

政要的联系，对德国的情况非常了解。尽管如此，他偏偏决定在 1961 年 8 月给东德国务委员会主席写一封私人信件。在柏林墙建成后不久，乌布利希向媒体发布了这封信。这使施韦泽不得不面对来自联邦共和国的严厉批评。尽管施韦泽在核军备问题上倾向西方一边，强调不允许因为反对核武器试验而导致"西方相对于苏联，处于不利的境地"，[147] 但他对东德的态度还是非常令人怀疑。人们指责道，他的这封信已经放弃了以往的政治中立性，成了东德及其社会模式的支持者。[148] 然而，毫无疑问的是，格拉尔德·戈廷从兰巴雷内回来后在 1961 年 8 月 21 日给他写的信，会让施韦泽对其中的"东德辞令"十分警觉——

> 我们正好相遇在这样一个时间点上，即我们的政府鉴于柏林局势目前的紧张程度，为了抵御来自西柏林的干扰，不得不封锁我们在柏林地区的边界。[149]

为了让施韦泽感到一种善意，戈廷也试图帮助施韦泽那份名单上有出国意愿的人，允许他们离开东德（尽管不一定成功）。1962 年 3 月 25 日，尽管有他的干预，施韦泽标示出的人员名单中还有 26 人未被允许离开东德。[150] 但是，这并不能阻止他通过玛蒂尔德·科特曼又提交了 8 个新名字。

1962 年，戈廷通过东德出版社出版了施韦泽的书籍。他以药物捐赠的形式，支付了施韦泽 9000 马克的稿酬，并在给施韦泽的样书上写道："不只是您广泛的朋友圈里的人，在我们这里的马克思主义者也对您的工作很感兴趣。"[151] 如此，施韦泽在东德成为一位广为人知的人物，而戈廷相对于德国统一社会党提高了自己和他的东部基民盟在人们心目中的地位。

施韦泽一定也能够通过阅读西德报纸，以及从广泛的书

图42　世界上第一座阿尔贝特·施韦泽纪念碑于1968年在东德落成，由东部基民盟打造。阿尔贝特·施韦泽委员会把魏玛选为纪念施韦泽和集会的地点。

283　信往来中了解到东德基督徒不得不忍受政府各种手段打压的问题。因此，戈廷试图向施韦泽稍稍美化东德基督徒的真实处境。施韦泽曾问起东德领导人计划拆掉莱比锡大学教堂的传闻究竟是否属实。对此，戈廷回答说——

　　您在来信和所附的电报中询问的关于拆除莱比锡大学教堂的问题，我可以告诉您，确实有过这样的思考，因为一些建筑师想在修复被战争摧毁的莱比锡大学的同时，顺便扩建这所大学，因而就把教堂现在所处的位置纳入了扩

建计划。但是我们发布的官方正式谈话已经清楚表明：不
会拆除大学教堂。[152]

在同一封信中，戈廷也试图纠正施韦泽对联邦德国政治形象
的原有印象。他承认："不幸的是，您询问的关于允许东德公
民进入兰蓬的问题，确实很有道理。"但是，正是德意志联邦
共和国和北约竭尽全力阻止东德公民的旅行自由，阻止国际上
承认东德这个国家，并且德意志联邦共和国还在试图"通过
北约掌握的'多边核力量'来掌有核武器"。[153] 四年之后，即
1968 年，乌布利希批准了炸毁莱比锡大学圣保罗教堂的计划。
但此时，施韦泽已经去世了。

尽管获得签证总是很困难，但直到 1965 年，总是有东德
的访客和自愿支持者，其中也包括医生，来到兰巴雷内。在施
韦泽 90 岁生日那天，瓦尔特·乌布利希写下了以下几句话，
赞美施韦泽——

您是一位伟大的人道主义者［……］，始终都在主张
和平与谅解。［……］您的生活准则促使您离开了以压迫
剥削和战争为标志的资产阶级世界，来到非洲帮助我们那
些黑人兄弟，并在那里建立了一个人性的绿洲。［……］
在我们这个社会主义国家，德意志民主共和国，我们也正
努力在一切社会领域贯彻和实现敬畏生命的原则。[154]

接着，乌布利希也对西德拥有和发展核武器这一点，表示了深
切的关注。此时的施韦泽已经知道东德国防军枪击"东德逃亡
者"的事件。因此，施韦泽听了这番话，必然会觉得乌布利希
将东德描述为一个正在实现和贯彻施韦泽敬畏生命世界观的国
家十分讽刺。[155]

284

285

施韦泽后来对东德和苏联的代表人物所持的立场，充其量是务实的，而且无论如何都不能说是始终如一的。在 1960 年和 1965 年间，他经常接受来自东德的资助，比如乌布利希在 1962 年 3 月 29 日捐赠的价值 10000 马克的药品。[156] 1961 年圣诞节，苏联派出了第一个但也是最后一个访问团。除了向施韦泽赠送一套俄罗斯套娃，代表团还送了一个人造卫星模型。施韦泽说了一句"哦，现在也有一颗人造卫星降落在兰巴雷内了"。作为感谢，他还拿出一袋香蕉作为回礼。[157] 至于东德为施韦泽 90 岁生日而出的一套纪念邮票（在施韦泽 85 岁生日时，年轻的加蓬国已经为他出了第一套纪念邮票），施韦泽给东德邮政部长写了一封不怎么有远见的感谢信。这套生日纪念邮票把施韦泽尊崇为"伟大的人道主义者和医生"（10 芬尼邮票）、"反战和反核死亡的战士"（20 芬尼邮票）以及"音乐家和巴赫演奏家"（25 芬尼邮票）。根本没有提起他也是位神学家。当然，这并不令人意外。邮政部以不同寻常的声势发行了这套邮票。这套邮票不只有常规的首日封，还附有一本"赞誉

286

阿尔贝特·施韦泽的特别纪念册"，里面收录了施韦泽在 1964 年 11 月 12 日写给邮政部长的那封信的副本，甚至还有在信封上加盖的部长秘书处收件章。这样一来，现在每个东德的集邮者都能阅读施韦泽的这封信——

尊敬的部长先生：

也就是说，您想出一套带有我画像的邮票！我简直不敢相信，您将会授予我这般荣誉。如果在我这把年纪，却变得有些爱慕虚荣了，这是您要负责的。但您所做的，使我深受感动。贵国对我的医院是如此友善，向我展示了如此多的爱。我的那三幅用于邮票上的画像，非常自然和生动。请您向贵国政府表示我深深的谢意，感谢贵国通过您

授予我的荣誉。请原谅我字写得不好。到了这个年龄，我写字时手抽筋得厉害，笔不愿再听从手的指挥。我是多么愿意再来一次东德，向您当面道谢。但我不得不取消所有的旅行计划。我在这里的工作，不允许外出旅行。我需要再次扩建医院。我必须亲自指挥建造工作。

最好的问候！

您忠实的阿尔贝特·施韦泽 [158]

人们不用花费多少想象力，就能猜出西德方面对这封信的看法。施韦泽本人也必然能够意识到这一点。詹姆斯·布拉巴松强调说，施韦泽象征性地接管了自由德国青年（FDJ），但无论是接受格拉尔德·戈廷采访的记录，还是收藏于京斯巴赫和柏林档案馆的信函，都无法证实这一点。[159]

图43 "伟大的人道主义者和医生""反战和反核死亡的战士""音乐家和巴赫演奏家"：东德为阿尔贝特·施韦泽的90岁生日设计了一套精美的纪念邮票。

最晚在1961年建柏林墙以及罗伯特·哈夫曼的困境发生后，施韦泽肯定已经知道，从一个下令枪杀"逃亡公民"的国家接受援助款，不仅在策略上是不明智的，也与他自己提倡的敬畏生命的原则是完全不相容的。比如那位接管施韦泽医疗工作的瓦尔特·蒙茨还记得，戈廷在兰巴雷内时，总是反复向热带医生提出关于联邦德国和民主德国两国间关系以及外交政策方面的问题，以说服施韦泽表达一种明确的政治立场。但是，施韦泽不愿满足他的这一期待。[160] 具有讽刺意味的是，德意志民主共和国在政治上利用施韦泽和他的人生事业所作的尝试，正是作为神学家的施韦泽在他的《耶稣生平研究史》中非常详细地指出的那一点：人们会把自己的意识形态，投射到他所研究的那个历史人物的个性中。东德正是这样把一个神学家转换成一个社会主义意义上的人道主义者与和平之友。从施韦泽的信件和对哈夫曼事件的反应中可以看出，虽然他已经知道东德政府这种收买他的尝试，但他并没有去抵制它。

因此，与此相比，更加引人注目的是，施韦泽1965年2月10日在写给柏林市长维利·勃兰特的一封信中确认说，他一直都非常关注柏林这个城市的命运。对于施韦泽的这封信，德国后来的联邦总理回答说——

> 尊敬的施韦泽博士先生，通过和一些近年来与您有交往的朋友们的交谈，我知道，您在过去的艰难岁月中一直都极其关注柏林的命运，并且还以您的良好祝愿与我们同在。现在您又亲自写信，向我们明确表示了您与这个城市的关系。[161]

也许施韦泽觉得，在回复维利·勃兰特祝贺他90岁生日的致谢信中，正是由于他与东德国家领导人的接触，所以必须明确表示自己与西柏林命运同在的立场。无论如何，施韦泽的信件显示了他是如何极其关注东德—西德两国关系问题的，以及他是如何有效地努力与所有相关人员保持联系的。

政治人物

一个以政治为行动目标的人，究竟有哪些特征？政治学家弗朗茨·瓦尔特（Franz Walter）总结如下——

> 成功政治家的类型总是综合了政治自觉、大众化、对民情和问题的敏感性，能够集中精力关注重要事件，在媒体上表现自己的超高造诣，以及采取实用主义的行为方式。他必须是一个富有多种面孔的人物，必须能像投影屏一样呈现不同需求、立场和文化，必须能够敏捷变位，闪电般转向新的条件关系，但又不能让人感觉到其中的机会主义意味。他应当是一个善于拥抱的融合者，但也应当是一个思想上的"童子军"，能敏锐嗅出属于明天的议题。[162]

288

按照这些标准，阿尔贝特·施韦泽就是一个典型的政治人物。他有足够的智慧，不让自己陷入政治的繁杂日常。作为一名在两个明争暗斗的国家之间不断经受折腾的阿尔萨斯人，他的这种政治本能在摇篮中就已经形成了。谁要想在法国殖民地为非洲人经营一家医院，谁就会自动处在美苏代理人战争的前沿。与此同时，他也面临着那个年代在非洲去殖民化的风暴，其中，加蓬和刚果等国家已经赶走了旧殖民主义势力。在这种情况下，施韦泽能够做的，似乎只能是尝试保持形式上的中立，至少对外应当如此。但是，完全不沾政治又是不可能的。在冷战时期，施韦泽是怎样承担起一个"世界良心"的角色，是怎么分别向肯尼迪和赫鲁晓夫这两位不同的政治家写几乎相同的信的？"施韦泽是一个政治家吗？"联邦德国总统特奥多尔·豪斯在 1951 年德国书业和平奖颁奖典礼的演讲中，对这个问题作出了否定的回答——

> 今天，在此时此刻，和平一词就是在希望：不再有战争，不再让人类经受因军事技术进步而千万倍化的苦难。我想请问，我们今天在这个大厅里所说的和平，是一个"政治问题"吗？不是。那么施韦泽是一个政治家吗？不，他当然不是一个政治家！虽然他年轻时读过不可计数的历史书，而历史就是国家的历史，它必然凝聚着政治。但是，如果我的理解是正确的，我可以说：尽管他对一切都感到好奇，但他会像他以前那样，保护自己免受政治的困扰，以免混淆了自己真正的人生目标。[163]

在米尔豪森读中学时，施韦泽就开始对政治感兴趣。在借宿的叔祖父家里，他经常阅读报纸的行为起初引起了质疑。他的叔祖母以为他只是在读《斯特拉斯堡邮报》（*Straßburger Post*）、《米尔豪森日报》（*Mülhauser Tagblatt*）或《新米尔豪森报》（*Neuen Mülhauser Zeitung*）中的"文艺小说或是谋杀案件"，因此甚至想禁止他读报。[164] 但是，还不到 11 岁的施韦泽辩解说，他主要是对政治和当代历史感兴趣。他那位当校长的严厉的叔祖父立即对他进行了一番考试——

> 现在，他开始考我，哪些王公坐在巴尔干王位上？他们的首相叫什么名字？在给出正确回答后，我又必须说出三个法国政府的成员。接着，他让我向他复述欧根·里希特（Eugen Richter）最近在帝国议会讲话的内容。考试

是在吃煎土豆和沙拉的餐桌上进行的，我出色地通过了。从此我就获得特许：不仅可以在铺着桌布的餐桌上阅读报纸，而且被允许在完成家庭作业后阅读报纸，我当然也会借此机会很享受地读些文艺小说。但政治仍是我主要的兴趣所在。自那以后，我的叔祖父就开始把我当作一个成年人来对待，也会在餐桌上与我谈些政治。对公共事务的关心是从我的母亲那里继承来的。她曾是一位热情的报刊爱好者。[165]

后来施韦泽也总是在跟踪政治的最新消息：他坚持听广播，并设法让《每日新闻》送到地处内陆的兰巴雷内。除了核问题和与德意志民主共和国的接触，他总是小心翼翼地不让自己陷到其他任何一派的日常政治中去。

因此，施韦泽在1962年复活节与莱纳斯·鲍林、马丁·尼默勒和伯特兰·罗素（Bertrand Russell）等一些世界著名人物一起，呼吁全世界共同反对核武器。此外，他对立即在越南停火的呼吁，以及1965年6月3日表示支持在西德建立一个仲裁法庭的行动，确实有些令人感到迷惑。[166] 其实，早在1961年，一个由东德支持的西德分裂党派，就曾在他不知情的情况下，把他的肖像与德国和平联盟（DFU）代表人物雷娜特·里梅克（Renate Riemeck）的一起放在该党的竞选活动海报上。虽然施韦泽在1963年曾向戈廷保证，"如果国有企业集团和集体需要使用我的名字，我总是会同意的"[167]，但他只希望别人将他这温和的政治言论理解为超党派呼吁采取道德行为的要求。然而，他仍然因此一再被指责参与政党政治。比如对于耶稣会神父莱皮希（Leppich）来说，施韦泽更像是"一个社会主义的新教共济会会员"。莱皮希曾因像把"上帝的机枪"[168]和像个煽动者，而在联邦德国引起公众的关注。这样

290

291

图 44　由东德支持的德国和平联盟，1961 年以"阿尔贝特·施韦泽精神"为口号，
用大幅海报宣传和要求联邦德国（西德）无核化和中立化。

的反应几乎是不可避免的。因为施韦泽作为诺贝尔和平奖获得
者越来越需要考虑和涉及那些"埋了地雷的"话题，如种族隔
离、核武器、两德关系、古巴导弹危机、越南战争、全球正义
和去殖民化问题等。施韦泽在所有这些问题上，都与世界主要
政治领袖有广泛的书信往来。

　　对那些未来将要有重要政治生涯的政治家，施韦泽似乎
有一种特别的敏感度。其中一个典型的例子，就是他与赫尔穆
特·施密特（Helmut Schmidt）的通信联系，他们于 1962 年
汉堡的一场水灾之后开始联系。施韦泽与这位德国后来的国防

部长和联邦总理通信，是因为这个男人有着与他自己相似的境况和网络状的思维方式。作为汉堡的内政参议员①，在1962年疾风暴雨发生期间，施密特通过与北约指挥官的私人接触，没经过宪法授权便调来了联邦德国军队和英国皇家空军的100多架直升机。以至于人们认为，即使在紧急情况下，他也要忠于自己的个人风格和道德责任。从通信中可以得知，他们相互都很看重对方。施密特亲笔写道——

> 非常尊敬的施韦泽教授：
>
> 经过一个短暂的假期，我看到了您3月3日的那封友好来信。我很为此高兴，毕竟政治家们也不会经常得到这样的鼓励。我和我的妻子都是巴赫音乐之友，同样，我们敬佩您的整个人生事业，我们非常尊崇既是音乐家又是医生的您。您的来信对我们来说，无疑是一种双重的荣幸。现在，大部分灾区的局势已经基本恢复正常，只有易北河以南的防水堤尚未完全修复。不幸的是，死亡人数现攀升至300人。这是目前为止，最令人沮丧的。
>
> 衷心祝愿您一切顺利，工作愉快！
>
> 您永远忠诚的赫尔穆特·施密特 [169]

292

施韦泽能够非常精确地分析错综复杂的政治关系。这一点，尤其体现在他与他"忠实的同伴"海伦妮·布雷斯劳的信件往来中。作为一个亲法牧师的儿子，因当时仍持有德国护照，他的政治忠诚是分裂的。我们可以在他1911年写给海伦妮·布雷斯劳的信中看到身为阿尔萨斯人的阿尔贝特·施韦泽，是如何在自己的"这两种身份之间保持一种政治平衡"的。信中施韦

---

① Innensenator，指该市的内政部长。——译者注

泽就全球政治局势表述了自己的看法。[170] 最初是海伦妮就共同前往赤道非洲的旅行计划写道——

> 还要说一句有关政治的话，因为对你昨天信中的尖刻评语，我想了很多。瞧瞧，这次吞噬别的国家的，是法国人。因为他们不满足于《阿尔赫西拉斯条约》① 认可的条件，并相信能够贯彻自己的愿望，因为他们感觉到了英国的嫉妒。摩洛哥现在相当于归法国管控，但是面对法国如此巨大的权力增长，德国可能会因平衡的打破而感到不安。由于德国臣民的利益已在早先的状态中受到威胁，现在想要维护自身，德国完全有理由要求法国对此作出赔偿。[……] 但是对我们来说，如果刚果为德国所有，那会意味着什么？我想你去那里的原因，不外乎三个：(1) 想帮助当地聪明和有受教育能力的人，摆脱伊斯兰教急切渗透的影响；(2) 帮助法国基督教为人类的需要而传教；(3) 为了证明，为人类工作可以并且应当超越一切国籍和民族的界限。所有这些理由，都基于法国传教士能够留在这片土地上，无论这个地区属于哪个国家。现在，如果刚果真的成了德国的，在我看来，似乎对于那些渴望和平并愿意为和平工作的人来说，继续留在这里并为之工作，也是一项有尊严的任务。[……] 祝好！即使你会把我看成一个完完全全的政治笨蛋，但我仍然保留着那么一点对你的爱！[171]

施韦泽在回信中写道——

> 看到你的来信，我绝不认为你是个政治笨蛋，而是完

---

① Algecirasabmachungen, 阿尔赫西拉斯是西班牙南部海岸的一个城市。——译者注

全相反。但是在这次的事件中，你并没有看到它背后的原因。《阿尔赫西拉斯条约》并不是一个解决问题的方案，而是一系列新纠纷的根源……因为德国想推延这个问题的解决：1. 为了让法国在这期间遭受许多麻烦；2. 为了让曼内斯曼（Mannesmann）兄弟利用这段时间购买更多的矿山和更多的土地；3. 为了装备自己的海军舰队，以便在必要时能与英国作战。在这里，只有第 3 点，才是问题的症结所在！德国最想要的，是在大西洋岸边有个港口，以便能够［……］把它建成一个巨大的军事港口［……］。因为德国的世界政策需要建立在战胜英国的基础上，要用一支德国军队的干预来威胁它，这已经很明显了……但这是卑鄙的。因为德国必须认可现在的占领状况……但是它现在又想战胜英国，一旦成功，它就可以随心所欲地占领殖民地了。这才导致别的国家结盟反对德国（谢谢上帝！）。［……］从长久来看，德国无法承受这一疯狂的军备扩展，必然会因此崩溃。因而必须敢于冒生或死的风险……只为了这个疯狂的"伟大"计划……这是事实……顺便说一句，关于战争港的理论，我在两年前就同你说过了，那时我已经想到了这一点……你看一下，我还是很有道理的。至于我们在刚果将会有一个怎样的处境，如果刚果成了德国人的，那么不久就只能让那位"令世间出产钢铁"的"德意志上帝"来解决了①。法国传教士们会很快离开这个地区，把它让给一个德国的传教士协会。那么，当地孩子就必须学唱《万岁胜利者的桂冠》（*Heil Dir im Siegerkranz*）之类的歌了。但是，如果法国接管了一个

①　此处引用了恩斯特·莫里茨·阿恩特（Ernst Moritz Arndt）创作的著名诗歌《祖国之歌》（*Vaterlandslied*）第一句："令世间出产钢铁的上帝。"（Der Gott, der Eisen wachsen liep.）——编者注

德国殖民地，他们的做法也不会有什么两样。这就是疯狂
的民族主义，它总是会在这类事情发生的第一时间表现出
来。我认为，在这个荒唐的过渡时期，不必绞尽脑汁来折
磨自己，思考究竟应当站在哪一边！但我们还是会找到其
他机会的。法国传教士协会也许会找个其他的定居点，或
者更有可能的是，德国采取较为宽松的殖民政策，并不直
接接管刚果。[……]你知道，我不讨厌德国，而是崇拜
它。但是，它的这种疯狂，使正派、诚实和道德都成了空
洞的概念，那么这个民族还值得尊敬吗？……这是一封政
治信件吗，我的小笨蛋？ [172]

其实，施韦泽作为一个阿尔萨斯人，特别适合成为一个政治中
立的"机制"，一个"丛林中的瑞士"。后来，在有关军备竞赛
的问题上，他同样坚持了自己的中立态度。特别是在加蓬，他
以中立为准则，以这个国家的客人的身份，不直接对这里的政
治发表任何评论，并且希望他的员工也能这么做。正是他的这
种政治中立性，使他有可能在莱昂·姆巴（Léon M'ba）就任
总统后（当然他们二人也相互认识），继续从事他的工作。[173]
1963年，他在给斯特拉斯堡的一位朋友的信中，针对这件事
如此写道——

> 我的策略是永远不参与任何形式的攻击。我一直以此
> 为我的基本原则，并忠实地遵守它。从长远来看，没有人
> 能够与沉默作斗争。它是一个无法制服的对手。我也就不
> 需要别人来保护我。我的基本策略和原则注定了我会非战
> 斗性地走我自己的路。[174]

施韦泽是一位世界公民。他懂得：国家的边界并不改变个人的

道德责任。他可以"像"一个政治家那样表演自己，但又不必"是"一个政治家。随着年纪的增长，他也越来越符合别人所期望的那种形象：一个年长和智慧的热带医生。凭借这个角色，施韦泽曾经让无数和他同时代的人着迷。这也反映在希特勒后来的私人医生卡尔·勃兰特（Karl Brandt，1904—1948）令人难以置信的职业选择中：20世纪30年代初，这个阿尔萨斯人在选择职业时，曾考虑自己是应该追随他的同乡在丛林中当个医生，还是在党卫队中谋个有升迁前景的职业——他最后决定走后一条路。[175]

8
多么美好!
——最后那几年（1957—1965）

没有人，会因为他已经生活了很多年而变老。人会变老，是因为他出卖了自己的理想。

——阿尔贝特·施韦泽

1957年5月，海伦妮启程离开，这是她人生中最后一次离开兰巴雷内。此次同行的还有一位名叫托尼·范·利尔（Toni van Leer）的荷兰护士，她为了探望生病的父亲，与海伦妮一起飞往巴黎。到达巴黎后，女儿蕾娜直接就把妈妈海伦妮送到了瑞士的一家医院。但是，医生们已经不能再挽救她的生命了。1957年6月1日，海伦妮·施韦泽·布雷斯劳去世，享年78岁。应她丈夫要求进行的尸检解剖结果准确地再现了伴随海伦妮一生的身体疾病。除重病外，她在去世前不久还发生过几次微小的心肌梗死。四天后，大家在苏黎世的一个火葬场为她举行了葬礼。按照海伦妮的遗愿，葬礼播放了从《安娜·玛格达莱娜·巴赫的小唱诗本》（*Notenbüchlein für Anna Magdalena Bach*）中选的《如果你与我同在》（*Bist Du bei mir*）。正是通过这首曲子，她和阿尔贝特感觉彼此是如此心心相印。半年后，她的骨灰在兰巴雷内入葬，施韦泽还在墓穴里撒了一把从家乡阿尔萨斯带来的泥土。此后不久，也就是在1957年8月，施韦泽前往欧洲，处理一些涉及海伦妮的事务，并把她的那些遗物带回京斯巴赫，因为那幢建在柯尼希斯费尔德的屋子应当卖掉了。

去殖民化以及对施韦泽的批评

1960 年，加蓬独立。1961 年，加蓬正式建国，政体为总统共和制。新总统莱昂·姆巴上任不久，便提议施韦泽在法国代表团中代表非洲国家出席联合国人权委员会（United Nations Commission on the Rights of Man）大会。姆巴总统在信中称呼施韦泽为"亲爱的医生和朋友"，这指向了两人之间的紧密关系。[1] 但是，施韦泽以医院需要他为由，拒绝了这项任务。[2] 然而此时，在尚还年轻的加蓬共和国，已经有姆巴的政治反对派站出来公开指责施韦泽了。政治反对派中的两位政治家来到他的医院，当着所有病人和医院员工的面，指责施韦泽的行医执照是由殖民主义者颁发的，现在殖民者已经被驱逐，而施韦泽作为殖民政府的合作者，也必须离开这个国家。在场的病人和员工不禁对这两位政治人物大吼了起来，这才使他们离开了医院。局势暂时平静了下来。

大约三年后，又出现了类似的情况：反对派把施韦泽视作白人殖民主义者的象征，要求他返回欧洲。但姆巴总统却授予了他加蓬最高奖。[3] 尽管施韦泽对非洲人的独立抱有批判态度，但即使是在那里，也并不是所有人都把他看作一位家长式的殖民主义者。在他生命的最后一年里，尽管年事已高，但施韦泽并没有把自己的工作局限于热带医院，而是以越战反对者的身份介入世界政治。1965 年 3 月底，莱纳斯·鲍林再次请求施韦泽在一份将要递交给美国总统林登·B.约翰逊的请愿书上签名。该请愿书要求美国立即在越南停火。在他 1965 年 4 月 11 日写给鲍林的回信中，施韦泽谴责了美国人在越南继续战争的决定，但要求

297 鲍林无论如何不要公开这封信。[4] 在鲍林对请愿书稍加修改后，施韦泽还是在上面签下了自己的名字。请愿书中写道——

> 越南战争正在挑战世界良心。我们无法天天看到杀戮、残害和焚烧的报道，却不要求结束这种不人道的现象。我们目前的意图是，不把罪过归咎于各个战斗部队。现在唯一绝对必要的，是结束一切在人类大家庭里被称为反文明的犯罪活动。和平是可能的。[……] 我们以全人类的名义，用这份由诺贝尔和平奖获得者签署的请愿书，呼吁所有相关的政府和当事方：立即采取行动，实现停火，通过谈判解决这一悲剧性冲突。[5]

1965 年 6 月 3 日，施韦泽对核问题以外的外交政策事件，最后一次发出了自己的声音。他要求美国立即停止在越南的军事行动，主张设立一个国际仲裁法庭。[6]

但即使在他生命的最后那几年里，施韦泽仍把主要精力放在兰巴雷内的建筑工作上，而不是世界政治。1963 年，他回顾了兰巴雷内医院 50 年的建院史。医院仍然需要继续扩建，以便接纳越来越多的患者。1961 年，医院为 450 名病人提供了治疗和护理；到 1964 年，接诊规模已经扩增到 600 名病人，配有 6 位医生和 35 名护士。为了安排病人的亲属和访客的住宿（施韦泽历来都是这么做的），必须在邻近村庄预定床铺。医院现在也不再是大家都相互认识了，施韦泽不可能再像以前那样，亲自看望每一个病人。兰巴雷内医院已经与它原先的形态很不一样了，特别是它有了许多技术装备方面的投资：多个冰箱和冻柜、
298 一套空调系统和多辆吉普车。为了避免他的动物与汽车相撞，施韦泽特地设置了一些交通标志，将时速限制为 10 千米。[7]

施韦泽还成功地为兰巴雷内吸引了越来越多的志愿医生

和护理人员,一步步地扩大他的医院。只是基础设施并没有同步跟上:自来水管和排污管道已经无法满足需要。他的女儿蕾娜在兰巴雷内医院主要从事病理学工作,但有时父女会因为医院管理方面的问题发生争执。蕾娜会用怀疑的眼光,评判父亲曾经引以为自豪的井水供应系统。施韦泽对女儿的指责和提出的解决方案,常常很是恼火,有时甚至会置之不理。直到在下一次干枯期井里根本打不出水来时,施韦泽才采纳了女儿的建议。从孩提时就想成为一名医生的蕾娜,作为一个已经成年的女性,在兰巴雷内也渴望走自己的路。施韦泽最初曾反对女儿成为病理助理医师的愿望,认为女儿在他手下当个助理医师,并不是一个好主意。但是随着时间的推移,他反而为女儿的这一想法感到高兴,虽然这出于很实际的理由。甚至在她的两年制课程结束之前,施韦泽就把女儿确定为病理化验室的全权负责人。但她从来无法确切知道,父亲会对由此出现的一些变化作出怎样的反应。她对父亲的感情是双重的,既有爱和敬佩的一面,又有疏远和易被激怒的那一面。如果她在与父亲的争辩中,用"但是你昨天还是这么说的……"这句话开始辩论,他就会回答说:"我又不是一本完美的书,而是一个有着一切自相矛盾的人。"[8]

蕾娜不仅投身于兰巴雷内的工作,一步步贯彻着自己的主张,也用她的大部分时间在兰巴雷内以外,以父亲的名义奔波于世界各地,筹集捐款推动人道主义项目。但施韦泽却在想着女儿以后应当接管他的医院。

蕾娜想改变兰巴雷内医院的一些现状。她认为像自来水这样的基本需求,一定要保证到处都有供应,而且工作人员应得到更好的福利,不能只是有一个用来洗涤的水槽,或是有一盏简单的煤油灯供读写时使用。施韦泽认为这一切都是不必要的,他只想看到他的医院基本运作良好,富有成效。尽管兰巴

299

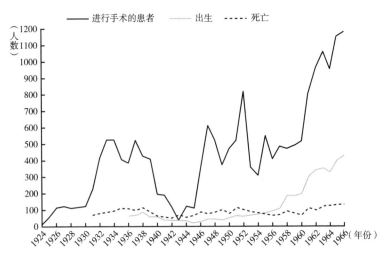

图45 1924 年至 1966 年，在兰巴雷内医院进行手术的患者、出生和死亡人数。

雷内医院确实在某些地方有更新的需要，但仍有大批病人拥护施韦泽。只是，在专业人士中，施韦泽的兰巴雷内医院还是挺有争议的。有位麻风病专家指出，施韦泽的医院缺乏预防知识，并且过于看重手术治疗。但也有另一位医生在访问了兰巴雷内医院后，修正了他最初对这个热带医院的极端的批判意见，反过来称赞它是一个热带医学的珠宝。[9] 不管人们怎么说，这个医院无论如何都有着非比寻常的效率。根据施韦泽后继者瓦尔特·蒙茨的一项调查，丛林医院的手术患者从 1958 年的 500 人增加到五年后的 1000 多人。

在施韦泽去世的那一年，他的热带医院与 20 世纪 40 年代后期相比，可以说是状况良好。医院拥有 478 张病床，并且几乎全部满员。1950 年建立并且现在由日本医生高桥一佐男（Isao Takahashi）掌管的麻风病院，可容纳 150 名患者。就在这一年里，医院共接诊了 5998 名非洲病人和 77 名欧洲病人。[10] 施韦泽在兰巴雷内的医疗工作，至少从数量上来说，是

300

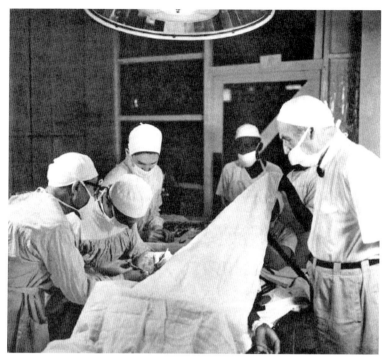

图46 外科手术医生阿尔贝特·施韦泽和他的同事，约摄于1950年。
他们每年都要进行近千次手术。

一个无可争辩的成果：从1924年到1966年，兰巴雷内医院共
治疗了137112名患者，进行了18593次手术；自1936年以
来，几乎有3000个婴儿在这个医院出生；另外，在前来治疗
的861名麻风病人中，有大约600人完全治愈或是能够转送到
别的医院继续治疗。[11]

90岁生日

1965年1月14日，施韦泽在兰巴雷内，与亲自到场的
加蓬总统莱昂·姆巴等客人一起庆祝了他的90岁生日。在同 301

一天，为了表彰施韦泽的功绩，当地的一条主要街道被命名为"阿尔贝特·施韦泽博士大街"。在这个特殊的日子里，施韦泽在庆祝会上还特意致辞，感谢他的员工对他的支持和帮助——

> 今天，在这个房间的这张桌子边，大家都在非常高兴地庆祝我的生日。只是对我来说，在我的生命中，我最关注的是我的医院。但是现在，还有在这里的你们，即在医院工作的你们，还有我们医院的朋友和熟人，正是有了你们的帮助和支持，这个医院才得以继续生存。我们现在坐在一起，这使我回想起了这个医院刚开张时的情况。在我的记忆中，我看到了最早就在艰难和困苦的情况下，与我合作的那些人。他们已都不在人世了。但我仍然会想起他们，感谢他们有勇气与我一起创办这家医院。当然，我也想到还活着的每个人，有坐在这里的，也有以前与我合作过的，正是因为你们的付出，这家医院才有了今天这样的良好状况。当初，我就曾想到这是有些冒险的，我曾感到害怕，而且我想到和害怕的那些事，确实都出现过。幸运的是，我们总是在继续向前发展。我已经无法描述我们当初是如何共同找到出路，建立和建设这个医院的。我们共同找到了一种正确的方法：用简单的方式经营这个医院，并把它作为我们的一种基本精神不断传递下去。[12]

他清楚地知道，自己的这一工作正在慢慢走向结束。现在还有许多信件尚未答复。如果去麻风村的话，他会使用一辆吉普车。人们注意到，他的政治观点和他不知疲倦地反对使用核武器、主张和平，招来了媒体的诸多关注。1964年夏，施韦泽给自己做了一口木制棺材。他无法确定，在他死后医院是否会继续存在下去；如果会的话，又将会以何种形式继续存在下去。施韦泽决定，在他去世后，由瓦尔特·蒙茨接管医疗方面的工作，他已经在兰巴雷内工作了许多年。但是，对于究竟应当由谁来领导整个医院的行政管理工作这个问题，很久都没有一个最终的答案——至少在雇员和公众面前是这样的。直到1965年8月23日，情况才有所改变：在这一天，施韦泽明确告诉斯特拉斯堡的施韦泽国际协会，他的女儿蕾娜·埃克特-施韦泽（Rhena Eckert-Schweitzer）① 将负责医院的行政管理工作。从这一刻起，我们的这位丛林医生就变得日渐衰弱：他有时会不去吃饭，也不再像往常那样在医院露面。1965年8月28日早晨，施韦泽正在吃早餐时，员工们看到他们的领导有些垂头丧气。吃完早餐后，他向同桌的人告别，并告诉他的女儿，他感觉很累。9月2日，施韦泽最后一次在医院里走了一圈，并且对阿莉达·西尔弗以及陪同他一起散步的继任者之一瓦尔特·蒙茨说："医院真迷人——你们不这么认为吗？"13两天后，在施韦泽失去知觉前不久，他听了留声机播放的贝多芬《第五交响曲》。他留下的最后一句话是："多么美好啊！"14

　　1965年9月4日11点半，这位伟大的医生以90岁高龄在兰巴雷内去世。他的简易棺材中放入了一小袋米、从他在京斯巴赫住房院子里摘来的野葡萄叶子、他在前往兰巴雷内途中一直穿的那件粗呢雨衣以及他的旧毡帽。15第二天，施韦泽被安葬在兰巴雷内墓地他妻子的墓边。最终，另三位女性也都安葬在边上——埃玛·豪斯克内希特、玛蒂尔德·科特曼、阿莉达·西尔弗，她们把自己的整个人生都献给了施韦泽的医院。

　　施韦泽对兰巴雷内丧葬的态度，充分表明了他的宗教宽容。在奥果韦地区，天主教和新教传教士团都曾拒绝让一拨穆

---

① 蕾娜·施韦泽的第一段婚姻是与让·埃克特缔结的，育有4个孩子，后在兰巴雷内工作期间离婚；蕾娜的第二任丈夫是心脏病学专家、尼日利亚红十字会首席医疗顾问大卫·米勒（David Miller）。——编者注

图 47　阿尔贝特·施韦泽在兰巴雷内墓园的简易墓碑。他的旁边是海伦妮·施韦泽·布雷斯劳和埃玛·豪斯克内希特。自 2009 年 4 月起，还有他的女儿蕾娜·施韦泽·米勒。

斯林商人埋葬在他们的基督教墓地中；但与他们不同，施韦泽立刻就答应了这件事。直到今天，新月形的墓碑仍会让兰巴雷内的游客回想起热带医生的宗教宽容。他在非洲翻译的帮助下，总是在医院的露天场地举行宗教仪式，有意不去建造一个四周封闭的教堂。[16]

即使面对死亡，他也不想有什么特殊安排，只是在医院后面的坟墓上竖了一个简单的十字架。兰巴雷内医院的治疗主管瓦尔特·蒙茨在施韦泽的葬礼上朗读了第 90 篇赞美诗，这是

施韦泽生前每当有病人去世时就会在墓前诵念的一首诗。念完
赞美诗后，葬礼参加者共同唱起他生前最喜欢的歌曲《哦，主
耶稣基督，与我们同在》(*Ach bleib mit Deiner Gnade bei
uns, Herr Jesu Christ*)的所有段落。祈祷、合唱、敲响钟
声——在兰巴雷内正是这种传统虔诚的节奏，给了他一种家乡
和秩序的感觉，尽管阿尔贝特·施韦泽对他的路德教会提出了
许多批评。正是他的这种实践性虔诚，使他尽管非常赞同自由
基督教，却从未离开他所属的路德教会。

合唱之后，是哀悼纪念讲话。首先是加蓬总统姆巴的特
别代表发言。然后是法国驻加蓬大使发言，缅怀了他已故的国
人。最后，瓦尔特·蒙茨带领大家以一次祷告结束了这场悼念
仪式。施韦泽生前亲自从种子开始浇灌长大的一棵椰枣树，此
时被移植到了施韦泽的坟墓上。它象征着施韦泽对非洲的贡
献。但是如果仔细观察的话，会发现虽然它是一种感动的象
征，但又未免有些压抑。因为兰巴雷内的植被完全不利于椰枣
树的生长。椰枣树生长需要西非海岸那样咸湿的海洋空气，这
是赤道丛林所没有的。关于这棵椰枣树，施韦泽生前曾对他外
甥女苏珊娜·奥斯瓦尔德说："我就想躺在它的旁边，它是这
片土地上的外来者，就像我一样。"[17]

施韦泽从未真正成为一个非洲人，最多是"非洲人的一
位兄长"。他来自欧洲，并且从未在兰巴雷内真正摘下过他的
殖民主义者头盔。但与此同时，他为非洲作出的贡献，赢得了
所有人最深切的钦佩和尊敬。这棵椰枣树也许比有些夸张的解
释，更能向我们介绍施韦泽人生和奉献的双重性。阿尔贝特·
施韦泽是一个很实际的人，一个极度神秘虔信和博学的实践
者，但他并非一个脱离实际的知识分子。他永远是个欧洲人，
但却是一个将全身心都投入非洲这片土地的欧洲人，他终生都
是那些土生土长在这片土地上的弟弟们的兄长。

结束语
神话与现实

> 人生中唯一重要的事，就是当我们离开它时，留下爱
> 的痕迹。
>
> ——阿尔贝特·施韦泽

305 　　人是怎样成为神话的？每个时代都塑造着自己的阿尔贝特·施韦泽，他就像一位身份不详的陌生人漂流到海滩上。他的人生和他的贡献无法被简单归结起来。保持真诚和行动——这也许就是施韦泽最本质的特点。他能够不只是通过他的演讲，而且通过他对自己生活的决定和他的实践行动，克服伦理与实践、诉求与现实之间丑陋的鸿沟，由此成为人性的象征，成就了一个无私的兰巴雷内丛林医生的神话。

　　在像第二次世界大战这样一场灾难性的战争之后，许多人都在寻找一种新的方向和整体性。施韦泽是此类需求的理想投射。德国《明镜》周刊在 1960 年准确地把他描绘为——

　　　　一个"思乡的"角落，就如作家罗伯特·容克所说的，在那儿仍然有一种"光耀、和谐、理想和温暖"的感觉。只是这种感觉，并不能调解存在于现代"恐惧世界"中的艰苦和残酷的生存斗争。但是，阿尔贝特·施韦泽成功地做到了：他保留了一个，但又没有放弃另外一个。当

然，他是通过逃脱这些问题，以便在它们之外赢得一个坚
实的立足点，才成了一个时代的偶像。他去荒漠不是作为
隐士，而是作为丛林中的救世主和导师。他成功地以这个
身份，并且借助生活与学说的统一，在那里重建了道德与
现实的统一。[1]

生活与学说的这种统一，其实是一个很高的诉求。生平传记作
者的任务，不是去证明这种统一，而且要引导人们注意它的
偏离。不过，在过去以及未来，对此肯定经常会出现不同的看
法。比如，在与施韦泽多次接触以及共同致力于反对核武器
后，诺曼·考辛斯写下了"施韦泽神话"——

> 就施韦泽的情况而言，后来的几代人将不必绞尽脑汁地
> 去寻找他可能的错误和缺点。他们将在他的生活和事业中找
> 到道德想象的力量。这就是一切，而不是其他。[……]如
> 果阿尔贝特·施韦泽是个神话，那么这个神话就比现实更
> 重要些。因为人类需要这样一种图像，以便能够生活下
> 去。[……]即使兰巴雷内医院已被遗忘，但人们仍然会懂
> 得这是施韦泽的象征，并继续高举它。当然，假如他是一个
> 没有任何错误的人，那这一切都会容易很多 [……]。面对
> 这样一种很少人能做到的舍弃和贡献，至少我们应尝试公正
> 地评判他，并从他生活里那么多的重大意义中汲取精神养
> 分。这肯定要多于一种零散的现实所能够传达给我们的。[2]

考辛斯认为，坚守施韦泽这个神话，比真实地描述其中的一切
不足之处，更为重要。斯特拉斯堡的神学家弗里德里希·威
廉·坎岑巴赫（Friedrich Wilhelm Kantzenbach）试图通过
与其他历史人物的比较，来解释施韦泽的受欢迎程度——

阿尔贝特·施韦泽也许是 20 世纪最著名的那个欧洲人。美国新闻界慷慨地给他戴上了"世界上最伟大的人"的桂冠。但施韦泽也要承受这种全球性宣传和广受欢迎带来的后果。[……] 不管他在哪里出现，都会带有一种"大事件"的意味。只是同时也很容易看到，既然他的人性是永恒的榜样，那么它也应当是对具体的时代有具体的意义的。阿西西的方济各、马丁·路德、布莱斯·帕斯卡（Blaise Pascal）或是索伦·克尔凯郭尔都与施韦泽的情况没什么不同。[……] 施韦泽对自己的生平和成就并不自负。[……] 即使可把施韦泽的天性描述为"质朴"，但那绝不是"简单"或"不复杂"——许多施韦泽崇拜者显然缺乏批判距离，希望我们相信这就是施韦泽的生平形象。[3]

但是坎岑巴赫和考辛斯这么思考施韦泽，也是太过"简单"了。施韦泽一点都不"质朴"，而是一个自我表演的大师。海伦妮·克里斯塔勒（Helene Christaller）的《阿尔贝特·施韦泽：为别人的一生》（*Albert Schweitzer. Ein Leben für andere*）一书告诉我们，他的登台有多大的气场。她在书里描写了她与施韦泽相遇的情形——

当他走进病房时，他的身体因一次长时间外出巡回演讲的疲倦而有些佝偻，但我仍然感受到了病人对他的某种感觉，就像是一个救世主正在走近他们的床边。[4]

在他的自传《我的生平和思想》一书中，他给人的印象是，他的人生信条是在 1896 年作出的决定：从 30 岁起，把自己的生命奉献给为人类的服务。这也直接推动了他去学医和通过国家医学考试。但如果仔细观察的话，人们就会发现对他来

说，这是一条漫长并时有痛苦的自我发现之道；有鉴于此，施
韦泽最初只能与他的"忠诚同伴"海伦妮·布雷斯劳说说自己 308
的这一想法。所谓的 1915 年在奥果韦突然冒出的敬畏生命原
则，其实早在 1911—1912 年冬季学期，就已出现在施韦泽斯
特拉斯堡讲稿中。但是，如果他谈起他人生中的重要时刻和决
定，并将它们定位在具体的某一天，他并不是在说谎；他只不 310
过是像几乎所有自传作者那样，想让他生平中的重要日子更好
记些。观点的左右摇摆，在他的自传中也消失了。当他与海伦
妮第一次离开欧洲时，施韦泽曾是激烈的殖民主义批判者。到
后来，他有时会很专横地对待黑人（如他自己所说，像一个兄
长那样），并且在生命的最后几年中，去殖民化一事很难赢得
他的好感。即使被认为不爱慕虚荣的施韦泽，也愿意一再拿出
时间坐下来为素描、油画和胸像做模特。[5] 这种自我表现，其
实历来就不罕见。但出现在施韦泽那里，不免令人迷惑不解。
《明镜》周刊记者有些疑虑地写道——

> 施韦泽是他自己纪念碑的最好维护者。连他的外部仪
> 表也强化了这种怀疑：已经磨损了的小礼服，立领的衣服
> 和尼采式的胡子［……］。"他到底是一位害羞的谦谦君
> 子，还是一个留有胡子的嘉宝呢？"《星期日快报》这么
> 问道。可以肯定的是，他敏感的感情表达方式与他在物质
> 上的无欲无求，同样真实。他保持了世纪之交的风格，以
> 及近乎吝啬的节俭，他简单地生活（和辛苦地工作）。但
> 同样可以肯定的是，他没有采取任何行动来阻止人们对自
> 己的狂热崇拜。他配合人们从各个侧面拍摄他满是卷发的
> 头像，就像一个电影明星那样给人签名。这一切都源于阿
> 尔贝特·施韦泽自身的人性弱点，但不是源于一种小小的
> 虚荣心，而是源于他在对历史人物耶稣进行精神病学研究

时确认的一种同样的"高度自尊心"。当他和海伦妮在美国时，他的妻子请求他多照顾些自己，不要为了给人签名一站就是几个小时。在他对妻子的回答中，就带有这种明显的救赎意识："我不允许自己，让任何一个相信我能帮助他的人感到失望，即使只为了一个亲笔签名。也许他会

图48　20岁的阿尔贝特·施韦泽也曾喜欢打扮。

因此在某个阴暗时刻感觉到一种鼓励。"[6]

施韦泽不是完全没有一点虚荣心，在年轻时他也曾看重自己的
外表，这可以从他青少年和学生时代众多照片中的平顶帽或上   311

309

图49 那位80岁的诺贝尔和平奖荣获者已经放弃光鲜的外表。1955年，他乘坐三等车
厢返回阿尔萨斯。但立领和小胡子几十年来一直是他特有的标志。

过浆的高立领得到证明。[7] 这就不免令人怀疑，坐三等车厢穿磨损衣服的施韦泽教授，是不是只是在故意扮演简朴。最晚在他 1949 年的美国之行后，施韦泽就知道自己已经是个公众性人物，因而他的举止也有相应的表现。有报道说，当他得知自己获得 1952 年诺贝尔和平奖的消息时，感到非常惊讶。不过，有其他来源的消息描绘了另一番景象，说其实在获奖名单颁布前，他已经非常清楚自己是该奖项为数不多的几个候选人之一。无论如何，光是施韦泽写的上万封信就向我们表明：在政治上，他既不简单也不天真，而是生活在丛林中的一名真正的"世界公民"。

施韦泽之所以令无数人着迷，不只是由于他貌似率真的秉性，还由于他的多面性。领导能力、组织才能、战略和实践性思维，都是他的强项。受过神学和哲学教育的人有很多，但是他们中很少有人能够建造医院、为此筹款、写畅销书，并以世界级的水平演奏管风琴。如果说正是他的这种多面性深深吸引了有浓厚文化意识的中欧人，那么施韦泽在美国人眼里，便是一个男人的"开拓精神"赋予了他迷人的魅力，因为他放弃欧洲的辉煌学术生涯，就是为了在非洲成为一个无私奉献的医生。施韦泽在 1905 年开始学医时，几乎不可能想到以后会有一段医学的学术生涯，这一事实总是被大多数人所忽视。

施韦泽是生于时代、属于时代的人。正是在他的那个时代，尤其是在第二次世界大战之后，许多人都在寻找新的方向。但是从某种意义上来说，过于强调阿尔贝特·施韦泽的时代性，又是错误的。因为他的敬畏生命原则是永恒的。因为这个原则并不是像自带一张药方那样自带一种一成不变的尺度，而是会要求实践这一原则的人，不断作出道德抉择。所以说，这个原则在施韦泽那个时代，也许比以往任何时候都更具有现实性。正是在全球化、专业化、个性化的时代，在全球经

济危机、可持续发展和环境威胁日益得到重视的时代，我们
要呼唤知行合一、能在全球语境中思考和践行自己信念的人。
这或许也解释了为什么人们经常将施韦泽与圣雄甘地或特蕾
莎修女（Mutter Teresa）等人并列，用英语称他们为"great
humanitarian"（伟大的人道主义者）——这一术语不适合翻
译为"Menschenfreund"（人类之友），因为它的意义更全面
也更深刻。一个人道主义者是一个最深切关心和感动人的人，
是一个通过言行感动人，而不是让人感到冷漠的人。推动世界
各地的人都去实践人道主义和敬畏生命的原则，是施韦泽通过
他那个小小的丛林医院为人类作出的最大贡献。他自己总是把
这家医院理解为"即兴举动"，是一种实践道德的尝试。[8]因此，
在兰巴雷内的许多非洲人会注意到，施韦泽的最大成就也许不
是建造了一个医院，而是他让一个加洛斯部落的人，用担架把
与"加洛斯"世代为敌的方部落的一个病人送到医院。另外，
施韦泽进行尝试的这个地方的名字，也与他的行动相当贴切，
因为"兰巴雷内"这个名字源自加洛斯语中的"Lembareni"，
意思是"我们想尝试一下"。[9]施韦泽的尝试，是在践行对全
世界都适用、在全世界都可以感受到的敬畏生命的世界观，并
且按他自己所说，这比他医院的存在更重要。他想用敬畏生命
的原则，来激发人们改变思想，对自己的行为作更多的道德反
思。但正是兰巴雷内，使施韦泽的灵性有了形象，使他服务于
人类的热情有了归宿，也使他成了 20 世纪最伟大的人物之一。

大事年表

1875 年 1 月 14 日	路德维希·菲利普·阿尔贝特·施韦泽作为牧师路易斯·施韦泽和他的妻子阿黛尔·施韦泽五个孩子中的第二个孩子在凯泽尔贝格（上阿尔萨斯）出生。
1880—1885 年	就读于京斯巴赫乡村小学和阿尔萨斯明斯特实科中学。
1883 年	第一次演奏管风琴。
1885—1893 年	就读于米尔豪森文理中学，完成高中毕业考试。
1893 年	在斯特拉斯堡大学学习神学和哲学。
1894/1895 年	在斯特拉斯堡服兵役。
1896 年	决定在 30 岁以后参加一项"直接为人类的服务"。
1897 年	第一次神学资格考试。
1898/1899 年	在巴黎和柏林学习。在巴黎向夏尔－玛丽·维多尔、伊西多尔·菲利普和玛丽·杰尔·特劳特曼学习音乐；在柏林向阿道夫·冯·哈纳克学习神学。
1899 年	凭借论文《康德宗教哲学从纯粹理性批判到仅在理性界限内的宗教》获得哲学博士学位。
1899/1900 年	在斯特拉斯堡任实习牧师。
1900 年	通过第二次神学考试，任助理牧师；用论文《关于 19 世纪科学研究和报道中的晚餐问题》获得神学博士学位。
1902 年	用论文《弥赛亚和受难的秘密》通过教授资格考试，任特斯拉斯堡大学神学系私人讲师。
1903—1906 年	任斯特拉斯堡圣托马斯教堂修道院神学系学生主管。
1903—1905 年	撰写巴赫传记。
1905 年	开始在斯特拉斯堡大学学医；法语版巴赫传记发行。
1906 年	发表他的主要神学著作《从赖马鲁斯到韦雷德：耶稣生平研究史》。
1908 年	德语版巴赫传记发行。
1910/1911 年	医学实习，通过国家医学考试，撰写《保罗研究史》。

1912 年	获取行医执照。6 月 18 日,与海伦妮·布雷斯劳(斯特拉斯堡中世纪史研究专家哈利·布雷斯劳的女儿)结婚。在斯特拉斯堡获得"允许授课"的教授正式头衔。
1912 年 12 月	用论文《对耶稣的精神病学评估》取得医学博士学位。
1912/1913 年	在巴黎补充学习热带医学。《从赖马鲁斯到韦雷德:耶稣生平研究史》以新标题《耶稣生平研究史》再次出版。
1913 年 3 月 21 日	出发前往兰巴雷内(加蓬)。
1913—1917 年	在非洲的第一次居留。
1915 年	表述"敬畏生命"的世界观。
1916 年 7 月 4 日	母亲阿黛尔·施韦泽因一匹受惊军马跌倒受伤去世。
1917—1918 年	被押往法国,关进上比利牛斯省加莱森和普罗旺斯圣雷米的拘留营。
1918 年 7 月	因病被释放,返回阿尔萨斯。
1918—1921 年	女性皮肤科病房助理医师,圣尼古拉教堂的助理传教士。1921 年 4 月放弃这两个职位。
1919 年 1 月 14 日	女儿蕾娜出生。
1920 年	施韦泽因《凡尔赛和约》成为法国公民。在苏黎世大学荣获第一个荣誉博士学位(神学)。
1920—1923 年	在瑞典举办音乐会和演讲,以后又在整个英国举办。
1921 年	出版《在水和原始丛林之间:一个医生在赤道非洲原始丛林中的经历和观察》。
1923 年	完成《文化哲学》第一卷《文化的衰落与重建》、第二卷《文化与伦理》,以及《基督教精神与世界宗教》。
1924 年 4 月	撰写《我的童年和青少年时代》。
1924 年	第二次前往兰巴雷内,海伦妮没有同行。
1924—1927 年	用此前通过音乐会和演讲旅行挣得的钱重建丛林医院。
1925 年 5 月 5 日	父亲路易斯·施韦泽去世。
1926 年 10 月 27 日	岳父哈利·布雷斯劳去世。
1925—1928 年	发表广受欢迎的《来自兰巴雷内的报道》,稿费用来资助医院开销。
1927—1929 年	为募集捐款,在欧洲举办音乐会和演讲。
1928 年	荣获(美因茨)法兰克福市的"歌德奖"和布拉格大学哲学荣誉博士学位。
1929 年	经阿道夫·冯·哈特曼提议被任命为普鲁士科学院荣

	誉会员。
1929—1931 年	第三次在兰巴雷内居留（二年）。海伦妮因健康原因不得不在 1930 年复活节离开那里回欧洲。
1930 年	拒绝莱比锡大学神学系提供的教师职位。出版《使徒保罗的神秘主义》。
1931 年	出版自传《我的生平和思想》。
1932 年	荣获圣安德鲁斯大学（法学）荣誉博士学位、牛津大学（神学）荣誉博士学位和爱丁堡大学（神学和音乐）荣誉博士学位。在（美因茨）法兰克福作纪念歌德逝世一百周年演说。
1933 年 4 月—1934 年 1 月	第四次居留兰巴雷内。
1934 年	在牛津大学和爱丁堡大学举办关于宗教哲学的希伯特讲座。
1935 年 2 月—8 月	第五次来到兰巴雷内，并在当年返回欧洲。
1936 年	在斯特拉斯堡灌录管风琴音乐会唱片。
1937 年 2 月—1939 年 1 月	第六次居留兰巴雷内。
1938 年	出版《非洲史》。
1939 年中—1948 年 10 月	第七次（也是最长的一次）居留兰巴雷内。1941 年 8 月海伦妮途经安哥拉到达兰巴雷内，并一直居住到 1946 年 8 月。
1949 年	第一次（也是唯一一次）前往美国，7 月 8 日，在科罗拉多州阿斯彭为纪念歌德 200 周年诞辰作演讲。荣获芝加哥大学（法学）荣誉博士学位。
1949 年 11 月—1951 年 5 月	第八次居留兰巴雷内，与海伦妮一起直到 1950 年 6 月。
1950 年	用美国之行得到的演讲费和捐款，开始建造"麻风村"。
1951 年	荣获德国书业和平奖。
1951 年 12 月—1952 年 7 月	第九次在兰巴雷内居留。
1952 年	由瑞典国王授予卡尔王子勋章。荣获"帕拉塞尔苏斯奖章"，表彰他作为医生的终身成就。荣获马尔堡大学（神学）荣誉博士学位。入选在巴黎的（法兰西）道德和政治科学院。
1952 年 12 月—1954 年 5 月	第十次居留兰巴雷内。
1953 年 10 月	（在他本人缺席的情况下）荣获 1952 年诺贝尔和平奖。1954 年亲自前往奥斯陆领取，作"当今世界的和平问题"演讲。奖金主要用来建造"麻风村"。
1954 年	在斯特拉斯堡最后一次为公众演奏管风琴音乐会。
1955 年	被授予由普鲁士弗雷德里克二世国王创立的官兵最高

	英勇奖的勒·普莱尔·梅里特功绩勋章（和平等级）。成为美国艺术与科学院荣誉成员。
1954 年 12 月—1955 年 7 月	第十一次居留兰巴雷内，与海伦妮一起。
1955 年	荣获剑桥大学和开普敦大学法学荣誉博士学位，由英国女王伊丽莎白二世授予功绩勋章。
1955 年 12 月—1957 年 7 月	第十二次在兰巴雷内居留，与海伦妮一起。
1957 年 4 月	通过奥斯陆广播电台发表《向全人类的呼吁》。
1957 年 6 月 1 日	海伦妮·施韦泽·布雷斯劳在苏黎世去世。
1957 年 12 月	第十三次前往非洲。
1958 年	与其他 9234 位科学家一起签署《反对核试验》请愿书，递交联合国。
1958 年 4 月	通过奥斯陆广播电台发表三份关于"抵制核试验威胁"的呼吁。
1959 年	最后一次访问欧洲，第十四次出发前往兰巴雷内；荣获图宾根埃伯哈德·卡尔斯大学神学荣誉博士学位。
1960 年	荣获东柏林洪堡大学人类医学荣誉博士学位。
1961 年	荣获不伦瑞克工业大学工程学和建筑学荣誉博士学位。
1963 年 4 月	庆祝在非洲 50 周年。
1965 年 9 月 4 日	阿尔贝特·施韦泽因心肺循环衰竭在兰巴雷内去世。安葬在他妻子墓边。

注　释

文献或档案名缩写

AS-HB　*Albert Schweitzer – Helene Bresslau. Die Jahre vor Lamba-*
　　　　rene. Briefe 1902–1912, hg. von Rhena Schweitzer Miller und
　　　　Gustav Woytt, München 1992
GA　　Albert Schweitzer-Zentral-Archiv Günsbach
GW　　*Albert Schweitzer, Gesammelte Werke in fünf Bänden*, hg. von
　　　　Rudolf Grabs, München/Berlin/Zürich 1974
HSB　　Verena Mühlstein, *Helene Schweitzer Bresslau. Ein Leben für*
　　　　Lambarene, München 1998
TPB　　Albert Schweitzer, *Theologischer und philosophischer Brief-*
　　　　wechsel 1900–1965, hg. von Werner Zager in Verbindung mit
　　　　Erich Gräßer unter Mitarbeit von Markus Aellig, Clemens
　　　　Frey, Roland Wolf und Dorothea Zager, München 2006

前　言

1　L. von Ranke, *Sämtliche Werke*, Bd. 33, 3. Aufl., Leipzig 1885, S. VII.
2　Albert Schweitzer – Mythos des 20. Jahrhunderts, in: *Der Spiegel*,
　　Nr. 52 vom 21. 12. 1960, S. 50–61 (50).
3　W. Quenzer, Zu Schweitzers autobiographischen Schriften, in:
　　H. W. Bähr, *Albert Schweitzer. Sein Denken und sein Weg*, Tübingen
　　1962, S. 236–239 (238).
4　S. Zweig/J. Feschotte/R. Grabs, *Albert Schweitzer. Genie der Mensch-*
　　lichkeit, Hamburg 1955.
5　*Reverence for life*, Titelgeschichte des *Time Magazine* vom 11. 7. 1949.
6　E. Gräßer, *Albert Schweitzer als Theologe*, Tübingen 1979; M. Hauskel-
　　ler (Hg.), *Ethik des Lebens. Albert Schweitzer als Philosoph*, Zug 2006;
　　L. Simmank, *Der Arzt. Wie Albert Schweitzer Not linderte*, Berlin 2008.
7　A. Schweitzer, Nochmals Falkenjägerei, in: *Atlantis*, März 1932;
　　A. Schweitzer, *Afrikanische Geschichten*, Leipzig 1938; A. Schweitzer/
　　A. Wildikann, *Ein Pelikan erzählt aus seinem Leben*, Hamburg 1950.
　　Für Schweitzer war das Verfassen populärer Erzählungen und Episoden
　　eines der effizientesten Mittel der Spendeneinwerbung. So schrieb er
　　die Geschichte über seine Lambarener Pelikane, weil seine aus dem
　　Baltikum stammende jüdische Ärztin, Dr. Anna Wildikann, für ihre
　　künftige Arbeit in Israel ein Auto brauchte.

8 Laut Angabe des Albert Schweitzer-Zentral-Archivs Günsbach. Die zum Großteil unveröffentlichten Briefe von und an Albert Schweitzer befinden sich vor allem im Albert Schweitzer-Zentral-Archiv Günsbach. Dort sind die abgesandten Briefe nicht nach Personen, sondern zuerst nach Themen geordnet. So enthält der Ordner «T» die theologische Korrespondenz, der Ordner «PH» die philosophische, der Ordner «AT» die Korrespondenz zur Atomwaffenproblematik und der Ordner «GO» *(Gouvernement)* Schweitzers Briefe an Politiker. Die Briefe an Schweitzer finden sich in den Ordnern *Régnants 1926–1959* und *Régnants 1959–1965.*

9 Albert Schweitzer – Mythos des 20. Jahrhunderts, in: *Der Spiegel*, Nr. 52 vom 21. 12. 1960, S. 50–61 (61).

1 对神圣事业的兴趣——从牧师公馆到学习神学
（1875 — 1905）

1 G. Jahn, *Presentation Speech for the Nobel Peace Prize 1952*, in: www. nobelprize.org. Aufgerufen am 17. 12. 2008.

2 Albert Schweitzer – Mythos des 20. Jahrhunderts, in: *Der Spiegel*, Nr. 52 vom 21. 12. 1960, S. 50–61 (58).

3 H. Steffahn, *Albert Schweitzer*, 12. Aufl., Hamburg 1996, S. 25.

4 F. W. Kantzenbach, *Albert Schweitzer. Wirklichkeit und Legende*, Göttingen 1969, S. 22.

5 J. Bentley, *Albert Schweitzer. Eine Biographie*, Düsseldorf 2001, S. 166.

6 *GW I*, S. 79.

7 Zit. in: Albert Schweitzer – Mythos des 20. Jahrhunderts, in: *Der Spiegel*, Nr. 52 vom 21. 12. 1960, S. 50–61 (52).

8 *GW I*, S. 261.

9 *GW I*, S. 263.

10 *GW I*, S. 276.

11 *GW I*, S. 285.

12 *GW I*, S. 284.

13 *GW I*, S. 285.

14 A. Schweitzer, *Aus meinem Leben und Denken*, Leipzig 1931, S. 9. Darin nimmt Schweitzer Bezug auf seine erste Veröffentlichung aus dem Jahre 1898: *Eugène Munch 1857–1898*, Mülhausen 1898. Die 28 Seiten publizierte Schweitzer anonym.

15 *GW I*, S. 272.

16 *GW I*, S. 265.

17 *GW I*, S. 286.

18 *GW I*, S. 283.

19 *GW I*, S. 272.

20 F. W. Kantzenbach, *Albert Schweitzer. Wirklichkeit und Legende*, S. 102.

21 *GW I*, S. 24.

22 *GW I*, S. 262 f.

23   J. Brabazon, *Albert Schweitzer. A Biography*, 2. Aufl., Syracuse 2000, S. 24 f.
24   *GW I*, S. 260 f.
25   *GW I*, S. 263.
26   *GW I*, S. 271.
27   *GW I*, S. 278.
28   *GW I*, S. 302.
29   *GW I*, S. 283.
30   *GW I*, S. 283 f.
31   *GW I*, S. 297.
32   *GW I*, S. 296.
33   *GW I*, S. 289.
34   J. Brabazon, *Albert Schweitzer. A Biography*, 2. Aufl., S. 22.
35   Ebd., S. 28.
36   *GW I*, S. 98 f.
37   J. Brabazon, *Albert Schweitzer. A Biography*, 2. Aufl., S. 37.
38   W. Munz, *Albert Schweitzer im Gedächtnis der Afrikaner und in meiner Erinnerung. Albert-Schweitzer-Studien 3*, Bern/Stuttgart 1991, S. 270.
39   Interview mit Gerald Götting am 29. 10. 2008 in Berlin-Köpenick.
40   Interview mit Sonja Poteau, Leiterin des Schweitzer-Archivs, am 29. 7. 2008 in Günsbach.
41   *GW I*, S. 114.
42   *GW I*, S. 113 f.
43   *GW I*, S. 27.
44   *GW I*, S. 27.
45   *GW I*, S. 31.
46   *GW I*, S. 31.
47   *GW I*, S. 34.
48   F. W. Kantzenbach, *Albert Schweitzer. Wirklichkeit und Legende*, S. 26.
49   Vgl. *GW I*, S. 40.
50   *GW I*, S. 39.
51   H. Steffahn, *Albert Schweitzer*, 12. Aufl., S. 62. Harald Steffahn rekurriert in seiner positiven Beurteilung von Schweitzers philosophischer Dissertation im Wesentlichen auf H. Groos, *Albert Schweitzer. Größe und Grenzen*, München/Basel 1974, S. 606–636.
52   *GW I*, 40 f.; H. Steffahn, *Albert Schweitzer*, 12. Aufl., S. 62. Nach H. J. Meyer war Schweitzers Endergebnis, dass Kant den religionsphilosophischen Plan der Kritik der reinen Vernunft nie ausgeführt hat. Schweitzer stellt fest, dass die in der Kritik der praktischen Vernunft entwickelte Religionsphilosophie der drei Postulate Gott, Freiheit und Unsterblichkeit nicht die in der Kritik der reinen Vernunft in Aussicht gestellte ist, sondern einen Kompromiss darstellt zwischen dem religionsphilosophischen Plan der transzendentalen Dialektik und dem ursprünglichen Plan der Kritik der praktischen Vernunft. H. J. Meyer, Albert Schweitzers Doktorarbeit über Kant, in: H. W. Bähr (Hg.), *Albert Schweitzer. Sein Denken und sein Weg*, Tübingen 1962, S. 66–74 (69).

53 H. J. Meyer, Albert Schweitzers Doktorarbeit über Kant, in: H. W. Bähr (Hg.), *Albert Schweitzer: Sein Denken und sein Weg*, S. 66–74 (69 f.).

54 Albert Schweitzer an Helene Bresslau, Straßburg, den 30. 4. 1904, in: *AS-HB*, S. 67.

55 *GW I*, S. 40.

56 *GW I*, S. 41.

57 Albert Schweitzer an Rudolf Grabs, Lambarene, den 12. 4. 1951, in: *TPB*, S. 244.

58 Albert Schweitzer an Fritz Buri, Lambarene, den 22. 12. 1950, in: A. U. Sommer (Hg.), *Albert Schweitzer – Fritz Buri. Existenzphilosophie und Christentum. Briefe 1935–1964*, München 2000, S. 132 f.

59 A. Schweitzer, *Kulturphilosophie. Band I: Verfall und Wiederaufbau der Kultur*, München 2007, S. 19 f.

60 E. Gräßer, *Albert Schweitzer als Theologe*, S. 13. Theobald Ziegler (1846–1918) galt als einer der «führenden Köpfe» des Historismus und Positivismus, der für die Verbindung einer theologischen und philosophischen Tradition im Geiste des Tübinger Stifts stand, deren Repetent er war. Theologisch beeinflusst war er vor allem durch David Friedrich Strauß. Der Neukantianer Wilhelm Windelband (1848–1915) war als Schüler Hermann Lotzes und Gründer der «Südwestdeutschen Schule» ein Wegbereiter der Wertphilosophie, wie sie sein Schüler Heinrich Rickert entwickelte.

61 *GW I*, S. 40–44.

62 Adolf von Harnack an die Preußische Akademie der Wissenschaften, Berlin, den 7. 3. 1929, in: TPB, S. 294. Hervorhebungen im Original.

63 Albert Schweitzer an Geheimrat Planck bei der Preußischen Akademie der Wissenschaften, Königsfeld, den 11. 7. 1929, in: Ordner T (Korrespondenz mit Adolf von Harnack), GA.

64 Albert Schweitzer an Familie Harnack, Günsbach, den 19. 7. 1930, in: Ordner T, GA.

65 *GW I*, S. 42.

66 *GW I*, S. 158 f.

67 Albert Schweitzer an Hans Walter Bähr, Lambarene, den 2. 1. 1962, in: *TPB*, S. 38 f.

68 *GW I*, S. 160.

69 *GW I*, S. 161.

70 J. Brabazon, *Albert Schweitzer. A Biography*, 2. Aufl., S. 78.

71 Interview mit Rhena Schweitzer Miller am 7. 5. 2005 in Pacific Palisades, Los Angeles.

72 T. A. Edison in: *Harper's Monthly*, September 1932.

73 J. Gollomb, *Albert Schweitzer. Genius in der Wildnis*, Stuttgart 1957.

74 J. Brabazon, *Albert Schweitzer. A Biography*, 2. Aufl., S. 78.

75 *GW I*, S. 49.

76 *GW I*, S. 47.

77 Interview mit Sonja Poteau, Leiterin des Schweitzer-Archivs, am 29. 7. 2008 in Günsbach.

78 *GW I*, S. 47.

79   *GW I*, S. 46.

80   Albert Schweitzer – Mythos des 20. Jahrhunderts, in: *Der Spiegel*, Nr. 52 vom 21. 12. 1960, S. 50–61 (54).

81   G. Sauter, *Einführung in die Eschatologie*, Darmstadt 1995, S. 31.

82   J. Weiß, *Die Predigt Jesu vom Reiche Gottes*, Göttingen 1892; G. Sauter, *Einführung in die Eschatologie*, S. 32.

83   Albert Schweitzer an Hugo Gerdes, Lambarene, den 5. 5. 1953, in: Ordner T, GA.

84   G. Sauter, *Einführung in die Eschatologie*, S. 33.

85   Ebd., S. 49 f.

86   *GW III*, S. 873.

87   *GW III*, S. 886.

88   M. Lönnebo, *Das ethisch-religiöse Ideal Albert Schweitzers*, Stockholm 1964, S. 331.

89   H. Groos, *Albert Schweitzer. Größe und Grenzen*, S. 464.

90   Albert Schweitzer – Mythos des 20. Jahrhunderts, in: *Der Spiegel*, Nr. 52 vom 21. 12. 1960, S. 50–61 (50 f.).

91   Albert Schweitzer an Helene Bresslau, Straßburg, den 28. 10. 1906, in: *AS-HB*, S. 155 f.

92   Albert Schweitzer an Rudolf Grabs, Königsfeld, den 19. 3. 1949, in: *TPB*, S. 239.

93   *Christian Register*, Band 126 (1947), S. 324.

94   G. Altner, Albert Schweitzer, in: M. Greschat (Hg.), *Gestalten der Kirchengeschichte. Die neueste Zeit III*, Stuttgart/Berlin/Köln/Mainz 1985, S. 271–286 (271).

95   A. Schweitzer, *Das Abendmahl im Zusammenhang mit dem Leben Jesu und der Geschichte des Urchristentums*, Tübingen/Leipzig 1901. Erstes Heft [Dissertation 1900]: *Das Abendmahlsproblem auf Grund der wissenschaftlichen Forschungen des 19. Jahrhunderts und der historischen Berichte*, 62 Seiten. Zweites Heft [Habilitationsschrift 1902]: *Das Messianitäts- und Leidensgeheimnis. Eine Skizze des Lebens Jesu*, 109 Seiten.

96   H. Groos, *Albert Schweitzer. Größe und Grenzen*, S. 81.

97   *GW I*, S. 53 f.

98   Albert Schweitzer an Rudolf Grabs, Königsfeld, den 19. 3. 1949, in: *TPB*, S. 239.

99   Neutestamentliche Rezensionen des Jahres 1902 von H. Weinel, in: *Theologische Rundschau* 5 (1902), S. 231–245 (244).

100 W. Wrede, *Das Messiasgeheimnis in den Evangelien. Zugleich ein Beitrag zum Verständnis des Markus-Evangeliums*, Göttingen 1901.

101 Zu Holtzmanns Thesen vgl. H. J. Holtzmann, *Die synoptischen Evangelien. Ihr Ursprung und geschichtlicher Charakter*, Leipzig 1863.

102 H. J. Holtzmann, Die Marcus-Kontroverse in ihrer heutigen Gestalt, in: *Archiv für Religionswissenschaft*, Band 10, 1907, S. 18–40; 161–200 (191).

103 *GW I*, S. 59.

104 *GW I*, S. 59 f.

105 Albert Schweitzer an Helene Bresslau, Straßburg, den 26.11.1903, in: *AS-HB*, S.51.

106 *GW I*, S.59.

107 A. Schweitzer, *Von Reimarus zu Wrede. Eine Geschichte der Leben-Jesu-Forschung*, Tübingen 1906.

108 Vgl. zur exegetischen wie systematischen Diskussionslage um 1900 J. H. Claußen, *Die Jesus-Deutung von Ernst Troeltsch im Kontext der liberalen Theologie*, Tübingen 1997, S.78 ff.

109 A. Schweitzer, *Kultur und Ethik*, München 1990, S.69 f.

110 H. Groos, *Albert Schweitzer. Größe und Grenzen*, S.439.

111 A. Schweitzer, *Die Weltanschauung der Ehrfurcht vor dem Leben. Kulturphilosophie. Band III. Dritter und vierter Teil*, S.380.

112 *GW IV*, S.25.

113 *GW IV*, S.28.

114 *GW IV*, 20 f.

115 *GW IV*, 509 f.

116 Rudolf Bultmann an Albert Schweitzer, Marburg, den 28.8.1930, in: *TPB*, S.181 f.

117 A. Schweitzer, *Das Abendmahl im Zusammenhang mit dem Leben Jesu und der Geschichte des Urchristentums*, Tübingen/Leipzig 1901. Erstes Heft [Dissertation 1900]: *Das Abendmahlsproblem auf Grund der wissenschaftlichen Forschungen des 19. Jahrhunderts und der historischen Berichte*, 62 Seiten. Zweites Heft [Habilitationsschrift 1902]: *Das Messianitäts- und Leidensgeheimnis. Eine Skizze des Lebens Jesu*, 109 Seiten.

118 Neutestamentliche Rezensionen des Jahres 1902 von H. Weinel, in: *Theologische Rundschau* 5 (1902), S.231–245 (245).

119 Ebd., S.244 f.

120 Albert Schweitzer an Helene Bresslau, Straßburg, den 20.5.1905, in: *AS-HB*, S.93.

2 拯救整个羊群——从神学到巴赫再到医学

（1905—1912）

1 K. Eidam, *Das wahre Leben des Johann Sebastian Bach*, München/Zürich 1999, S.13.

2 Adolf von Harnack an die Preußische Akademie der Wissenschaften, Berlin, den 7.3.1929, in: *TPB*, S.293. Hervorhebung im Original.

3 *GW I*, S.82.

4 *GW I*, S.83.

5 *HSB*, S.270; Interview mit Sonja Poteau, Leiterin des Schweitzer-Archivs, am 29.7.2008 in Günsbach.

6 A. Schweitzer, *J. S. Bach*, Leipzig 1947, S.3.

7 K. Eidam, *Das wahre Leben des Johann Sebastian Bach*, S.1.

8 H. Keller, Das Bach-Buch Albert Schweitzers, in: H. W. Bähr (Hg.), *Albert Schweitzer. Sein Denken und sein Weg*, S.294–298 (294).

9 A. Schweitzer, *Jean-Sébastien Bach, le musicien-poète*, Paris 1905.
10 A. Schweitzer, *Selbstdarstellung*, Leipzig 1929, S. 1 f.
11 *GW I*, S. 86 f.
12 J. Müller-Blattau, Albert Schweitzers Weg zur Bach-Orgel und zu einer neuen Bach-Auffassung, in: H. W. Bähr (Hg.), *Albert Schweitzer. Sein Denken und sein Weg*, S. 243–261 (245 f.).
13 *GW I*, S. 143; A. Schweitzer, *J. S. Bach*, S. 273 f.
14 *GW I*, S. 94.
15 *GW I*, S. 87.
16 *GW V*, S. 443.
17 A. Schweitzer, Brief aus Lambarene, in: W. Gurlitt (Hg.), *Bericht über die Freiburger Tagung für Deutsche Orgelkunst vom 27. Juli bis 30. Juli 1926*, Kassel 1926, S. 10.
18 *GW V*, S. 440.
19 *GW V*, S. 444.
20 *GW I*, S. 91.
21 *GW I*, S. 91.
22 *GW I*, S. 93 f.
23 *GW I*, S. 94.
24 C. M. Widor/A. Schweitzer, Über die Wiedergabe der Präludien und Fugen für Orgel von J. S. Bach, in: *Die Orgel*, 1910, S. 217–220; 245–249.
25 C. M. Widor, Vorrede, in: A. Schweitzer, *J. S. Bach*, S. VII.
26 J. Müller-Blattau, Albert Schweitzers Weg zur Bach-Orgel und zu einer neuen Bach-Auffassung, in: H. W. Bähr (Hg.), *Albert Schweitzer. Sein Denken und sein Weg*, S. 243–261 (256).
27 C. M. Widor, Vorrede, in: A. Schweitzer, *J. S. Bach*, S. VIII; J. Brabazon, *Albert Schweitzer. A Biography*, 2. Aufl., S. 164.
28 *GW I*, S. 77.
29 *GW I*, S. 77 f.
30 *GW I*, S. 82.
31 *GW I*, S. 78.
32 A. Schweitzer, *J. S. Bach*, S. VI.
33 L. Schrade, Die Ästhetik Albert Schweitzers – eine Interpretation J. S. Bachs, in: H. W. Bähr (Hg.), *Albert Schweitzer. Sein Denken und sein Weg*, S. 262–280 (264).
34 *GW I*, S. 82.
35 H. Keller, Das Bach-Buch Albert Schweitzers, in: H. W. Bähr (Hg.), *Albert Schweitzer. Sein Denken und sein Weg*, S. 294–298 (297).
36 L. Schrade, Die Ästhetik Albert Schweitzers – eine Interpretation J. S. Bachs, in: H. W. Bähr (Hg.), *Albert Schweitzer. Sein Denken und sein Weg*, S. 262–280 (264).
37 *AS-HB*, S. 65.
38 *AS-HB*, S. 70.
39 *AS-HB*, S. 73.
40 *AS-HB*, S. 87.
41 E. R. Jacobi, *Albert Schweitzer und die Musik*, Wiesbaden 1975, S. 21.
42 *GW I*, S. 81.

43 *GW I*, S. 81.
44 *GW I*, S. 79.
45 *GW I*, S. 79 f.
46 *GW I*, S. 81.
47 *GW I*, S. 84 f.
48 A. Schweitzer, Erinnerungen an Cosima und Siegfried Wagner (1955), in: S. Hanheide (Hg.), *Albert Schweitzer. Aufsätze zur Musik*, S. 204–215 (205); *GW I*, S. 50.
49 *GW I*, S. 32 f.
50 *GW I*, S. 192.
51 Zit. in: E. R. Jacobi, *Albert Schweitzer und Richard Wagner. Eine Dokumentation*, Tribschen 1977, S. 17.
52 A. Schweitzer, *J. S. Bach*, S. 421.
53 Ebd.
54 A. Schweitzer, in: *Die Musik*, 5. Jahr 1905–06/Heft 1, S. 75 f., zit. in: E. R. Jacobi, *Albert Schweitzer und die Musik*, S. 30–32.
55 *GW I*, S. 142 f.
56 G. Marshall/D. Poling, *Schweitzer. A Biography*, London 1971, S. 32; E. R. Jacobi, *Albert Schweitzer und die Musik*, S. 26 f.
57 G. Bret, Bach, Schweitzer und die Pariser Bach-Gesellschaft, in: H. W. Bähr (Hg.), *Albert Schweitzer. Sein Denken und sein Weg*, S. 287–293 (289); E. R. Jacobi, *Albert Schweitzer und die Musik*, S. 11.
58 H. Schützeichel, *Die Konzerttätigkeit Albert Schweitzers*, Bern/Stuttgart 1991; *GW I*, S. 113.
59 A. Schweitzer, *Aus meinem Leben und Denken*, S. 92.
60 *GW I*, S. 98 f.
61 W. G. Kümmel/C.-H. Ratschow, *Albert Schweitzer als Theologe. Zwei akademische Reden*, S. 33.
62 Albert Schweitzer an Gustav von Lüpke, Straßburg, den 10. 6. 1908, zit. in: H. Steffahn (Hg.), *Das Albert Schweitzer Lesebuch*, 4. Aufl., München 2009, S. 119.
63 H. Steffahn, *Albert Schweitzer*, 12. Aufl., S. 65.
64 *AS-HB*, S. 15.
65 B. M. Nossik, *Albert Schweitzer. Ein Leben für die Menschlichkeit*, Leipzig 1978, S. 102.
66 E. Gräßer, *Albert Schweitzer als Theologe*, S. 19.
67 F. Meinecke, *Straßburg, Freiburg, Berlin. Erinnerungen 1901–1919*, Stuttgart 1949, S. 25 f.
68 *GW I*, S. 113.
69 *GW I*, S. 77.
70 *GW I*, S. 108.
71 *GW I*, S. 98.
72 *GW I*, S. 101 f.
73 N. O. Oermann, *Mission, church and state relations in South West Africa under German Rule (1884–1915)*, Stuttgart 1999; T. Altena, ‹Ein Häuflein Christen mitten in der Heidenwelt des dunklen Erdteils›. Zum Selbst- und Fremdverständnis protestantischer Missionare im

kolonialen Afrika 1884–1918, Münster 2003; U. van der Heyden/ H. Stoecker (Hg.), *Mission und Macht im Wandel politischer Orientierungen. Europäische Missionsgesellschaften in politischen Spannungsfeldern in Afrika und Asien zwischen 1800 und 1945*, Stuttgart 2005.

74　Albert Schweitzer an Helene Bresslau, Straßburg, den 20. 5. 1905, in: *AS-HB*, S. 93.

75　Albert Schweitzer an Helene Bresslau, Straßburg, den 3. 3. 1903, in: *AS-HB*, S. 35.

76　Albert Schweitzer an Helene Bresslau, Straßburg, den 27. 2. 1906, in: *AS-HB*, S. 129.

77　Albert Schweitzer an Helene Bresslau, Straßburg, den 26. 11. 1903, in: *AS-HB*, S. 50 f. Hervorhebung im Original.

78　Zit. in: H. Steffahn, *Albert Schweitzer*, 12. Aufl., S. 70.

79　*GW I*, S. 98.

80　Interview mit Sonja Poteau, Leiterin des Schweitzer-Archivs, am 29. 7. 2008 in Günsbach.

81　Albert Schweitzer an Alfred Bogner, Straßburg, den 9. 7. 1905, in: H. W. Bähr (Hg.): Albert Schweitzer. Leben, Werk und Denken mitgeteilt in seinen Briefen, S. 11 f. Im handschriftlichen französischen Original abgedruckt in: S. Poteau/G. Leser, *Albert Schweitzer. Homme de Gunsbach et Citoyen du Monde*, Mülhausen 1994, S. 30 f.

82　Ebd.

83　Ebd.

84　Albert Schweitzer an Helene Bresslau, Straßburg, den 9. 7. 1905, in: *AS-HB*, S. 100.

85　Albert Schweitzer an Helene Bresslau, Paris, den 12. 10. 1905, in: *AS-HB*, S. 115 f.

86　H. Steffahn, *Albert Schweitzer*, 12. Aufl., S. 71.

87　*GW I*, S. 112.

88　*GW I*, S. 120.

89　*GW I*, S. 118 f.

90　E. R. Jacobi, *Albert Schweitzer und die Musik*, S. 20.

91　Albert Schweitzer an Helene Bresslau, Straßburg, den 18. 4. 1908, in: *AS-HB*, S. 202.

92　Albert Schweitzer an Helene Bresslau, Santa Margherita, den 25. 4. 1908, in: *AS-HB*, S. 203.

93　*GW I*, S. 120.

94　W. Augustiny, *Albert Schweitzer und Du*, 4. Aufl., Witten 1959, S. 83.

95　*GW I*, S. 122.

96　J. Brabazon, *Albert Schweitzer. A Biography*, 2. Aufl., S. 201.

97　Albert Schweitzer an Theodor Heuss, Günsbach, den 23. 9. 1949, in: Ordner GO, GA.

98　Zit. in: I. Kleberger, *Albert Schweitzer. Das Symbol und der Mensch*, Berlin/München 1989, S. 63.

99　A. Schweitzer, *Straßburger Vorlesungen*, S. 692–723 (723).

100　A. Schweitzer, *Die psychiatrische Beurteilung Jesu. Darstellung und*

Kritik, 2. Aufl., Tübingen 1933 (1. Aufl. 1913). Als Datum der medizinischen Promotion wird neben Dezember 1912 vermehrt auch Februar 1913 angegeben. Dem Lebenslauf zufolge, der von Schweitzer für die Aufnahme in die Preußische Akademie der Wissenschaften vorgelegt werden musste, wurde Schweitzer im Dezember 1912 promoviert. Vgl. Eigenhändiger Lebenslauf Albert Schweitzer aus dem Nachlass Adolf von Harnacks, übersandt an Schweitzer durch Axel von Harnack, Tübingen, den 9.1.1960, in: Ordner T, GA.

101 I. Kleberger, *Albert Schweitzer. Das Symbol und der Mensch*, S. 67.
102 G. de Loosten, *Jesus Christus vom Standpunkte des Psychiaters*, Bamberg 1905; W. Hirsch, *Religion und Civilisation vom Standpunkte des Psychiaters*, München 1910; E. Rasmussen, *Jesus. Eine vergleichende psychopathologische Studie*, Leipzig 1905.
103 A. Schweitzer, *Die psychiatrische Beurteilung Jesu. Darstellung und Kritik*, 2. Aufl., S. V.
104 Ebd.
105 J. Brabazon, *Albert Schweitzer. A Biography*, 2. Aufl., S. 219.
106 Ebd.
107 *AS-HB*, München 1992; *HSB*, München 1998.
108 Interview mit Rhena Schweitzer Miller am 7.5.2005 in Pacific Palisades, Los Angeles.
109 *AS-HB*, S. 20.
110 Zur Kurzvita vgl. den Lebenslauf, den Helene Bresslau im Jahre 1910 für die Zulassung zum Krankenschwesterexamen in Frankfurt am Main eingereicht hat, in: *AS-HB*, S. 16.
111 *HSB*, S. 29; 274.
112 *HSB*, S. 43.
113 *HSB*, S. 47.
114 Albert Schweitzer an Helene Bresslau, Straßburg, den 2.3.1901, in: *AS-HB*, S. 21.
115 Zit. in: *HSB*, S. 49.
116 Albert Schweitzer an Helene Bresslau, Günsbach, im August 1906 (ohne genaues Datum), in: *AS-HB*, S. 148.
117 *HSB*, S. 52 f.
118 Albert Schweitzer an Helene Bresslau, Straßburg, den 3.11.1902, in: *AS-HB*, S. 29.
119 *HSB*, S. 53.
120 *AS-HB*, S. 84.
121 *HSB*, S. 61.
122 M. Fleischhack, *Helene Schweitzer. Stationen ihres Lebens*, Berlin 1969, S. 22.
123 Albert Schweitzer an Helene Bresslau, Straßburg, den 4.7.1903, in: *AS-HB*, S. 38.
124 *HSB*, S. 67.
125 *HSB*, S. 69.
126 Albert Schweitzer an Helene Bresslau, Straßburg, den 31.10.1903, in: *AS-HB*, S. 48.

127 *HSB*, S. 73.
128 Helene Bresslau an Albert Schweitzer, Berlin, den 17. 12. 1903, in: *AS-HB*, S. 52. Hervorhebungen im Original.
129 Albert Schweitzer an Helene Bresslau, Straßburg, den 19. 1. 1904, in: *AS-HB*, S. 58.
130 *HSB*, S. 80.
131 *HSB*, S. 91.
132 *HSB*, S. 108.
133 M. Fleischhack, *Helene Schweitzer. Stationen ihres Lebens*, S. 16.
134 *HSB*, S. 117.
135 *HSB*, S. 123.
136 S. Oswald, *Mein Onkel Bery. Erinnerungen an Albert Schweitzer*, 2. Aufl., Zürich/Stuttgart 1972, S. 127.
137 *HSB*, S. 125.
138 *HSB*, S. 131.
139 Albert Schweitzer an Helene Bresslau, Straßburg, den 1. 1. 1912, in: *AS-HB*, S. 343.
140 *GW I*, S. 126.
141 B. M. Nossik, *Albert Schweitzer. Ein Leben für die Menschlichkeit*, S. 92.
142 Albert Schweitzer – Mythos des 20. Jahrhunderts, in: *Der Spiegel*, Nr. 52 vom 21. 12. 1960, S. 50–61 (60).
143 Interview mit Claus Jacobi in Hamburg am 16. 10. 2008.
144 Zit. in: F. W. Kantzenbach, *Albert Schweitzer. Wirklichkeit und Legende*, S. 11.

3 一个思想冒险者——从斯特拉斯堡到原始丛林
再回到欧洲（1912—1917）

1 H. Steffahn (Hg.), *Das Albert Schweitzer Lesebuch*, 4. Aufl., S. 125.
2 Sitzungsprotokoll der Société des Missions Evangéliques de Paris vom 4. 12. 1911, zit. in: *HSB*, S. 139.
3 *GW I*, S. 126 f.
4 H. Steffahn (Hg.), *Das Albert Schweitzer Lesebuch*, 4. Aufl., S. 126.
5 S. Oswald, *Mein Onkel Bery. Erinnerungen an Albert Schweitzer*, 2. Aufl., S. 55.
6 G. Woytt, Albert Schweitzer scheidet aus dem Lehrkörper der Strassburger Universität aus, in: R. Brüllmann (Hg.), *Albert-Schweitzer-Studien 2*, Bern 1991, S. 138–149 (144 f.).
7 Albert Schweitzer an Adolf von Harnack, Günsbach, den 5. 5. 1921, in: *TPB*, S. 276.
8 M. Fleischhack, *Helene Schweitzer. Stationen ihres Lebens*, S. 31.
9 *GW I*, S. 323.
10 *GW I*, S. 333.
11 Zit. in: M. Fleischhack, *Helene Schweitzer. Stationen ihres Lebens*, S. 34.
12 *GW I*, S. 339.

13 A. Schweitzer, *Zwischen Wasser und Urwald. Erlebnisse und Beobachtungen eines Arztes im Urwalde Äquatorialafrikas*, Bern 1926.

14 *GW I*, S. 339.

15 *GW I*, S. 340.

16 *GW I*, S. 340.

17 A. Schweitzer, *Afrikanische Geschichten*, S. 11.

18 *HSB*, S. 145.

19 *GW I*, S. 347.

20 *GW I*, S. 403–417.

21 *HSB*, S. 160.

22 Helene Schweitzer an ihre Eltern, Lambarene, den 29. 4. 1915, in: *HSB*, S. 171.

23 A. Schweitzer/A. Wildikann, *Ein Pelikan erzählt aus seinem Leben*, Hamburg 1950.

24 *GW I*, S. 332.

25 C. R. Joy/M. Arnold, *Bei Albert Schweitzer in Afrika*, München 1948, S. 28.

26 *GW I*, S. 518.

27 R. Schütz, *Anekdoten um Albert Schweitzer*, München/Esslingen 1966, S. 57.

28 J. Brabazon, *Albert Schweitzer. A Biography*, 2. Aufl., S. 246.

29 Ebd., S. 247.

30 *GW I*, S. 518.

31 *GW I*, S. 518 f.

32 *GW I*, S. 350.

33 *GW I*, S. 349.

34 B. M. Nossik, *Albert Schweitzer. Ein Leben für die Menschlichkeit*, S. 319.

35 Zit. in: *HSB*, S. 158.

36 *HSB*, S. 163.

37 J. Bentley, *Albert Schweitzer. Eine Biographie*, S. 163.

38 Albert Schweitzer an Jean Bianquis, 30. 10. 1914, zit. in: *HSB*, S. 164.

39 *GW I*, S. 448.

40 J. Bentley, *Albert Schweitzer. Eine Biographie*, S. 164.

41 Albert Schweitzer an Louis Schweitzer, [Lambarene], den 15. 8. 1916, zit. in: S. Oswald, *Mein Onkel Bery. Erinnerungen an Albert Schweitzer*, 2. Aufl., S. 89.

42 *GW V*, S. 183; *GW I*, S. 175.

43 Handschriftliche Anmerkung Albert Schweitzers in Martin Niemöllers Schreiben, Darmstadt, den 21. 5. 1958: «Später erfuhr ich, dass Niemöller dieses U-Boot [U 151] kommandierte.» In seinem Brief vom 11. 1. 1961 teilt Niemöller zudem mit, dass die Kirchenleitung der Evangelischen Kirche von Hessen-Nassau zum 85. Geburtstag Schweitzers einen Betrag von 10 000 DM für dessen Arbeit in Lambarene spenden wollte, in: Ordner T, GA.

4 善就是: 维护生命——阿尔贝特·施韦泽的
文化哲学

1   *GW I*, S. 167–169.

2   *GW I*, S. 173.

3   A. Schweitzer, *Straßburger Vorlesungen*, S. 692–723 (693). Hervorhebung im Original.

4   In *Wir Epigonen* zitiert Schweitzer häufiger aus dem Werk seines philosophischen Lehrers W. Windelband, *Geschichte der Philosophie*, 6. Aufl., Tübingen 1916, sowie aus F. Jodl, *Geschichte der Ethik als philosophischer Wissenschaft*, 2. Bd., 2. Aufl., Stuttgart 1912.

5   *HSB*, S. 176.

6   A. Schweitzer, *Kulturphilosophie. Band I: Verfall und Wiederaufbau der Kultur, Band II: Kultur und Ethik*, München 2007.

7   A. Schweitzer, *Wir Epigonen. Kultur und Kulturstaat*, S. 22 f.

8   H. Groos, *Albert Schweitzer. Größe und Grenzen*, S. 65.

9   A. Schweitzer, *Predigten 1898–1948*, München 2001, S. 1269; A. Schweitzer, *Was sollen wir tun? 12 Predigten über ethische Probleme*, Heidelberg 1974, S. 77 f. Hervorhebungen im Original.

10 A. Schweitzer, *Was sollen wir tun?*, S. 113. Hervorhebung im Original.

11 Claus Günzler, *Nachwort*, in: A. Schweitzer, *Kulturphilosophie*, S. 348.

12 A. Schweitzer, *Die Weltanschauung der Ehrfurcht vor dem Leben. Kulturphilosophie. Band III*, hg. von C. Günzler und J. Zürcher; *Erster und zweiter Teil*, München 1999; *Dritter und vierter Teil*, München 2000.

13 C. Günzler, *Albert Schweitzer. Einführung in sein Denken*, S. 28.

14 A. Schweitzer, *Kulturphilosophie. Band III, Zweiter Teil*, S. 223.

15 J. Brabazon, *Albert Schweitzer. A Biography*, 2. Aufl., S. 326.

16 Albert Schweitzer an Oswald Spengler, Lambarene, den 28. 11. 1932, in: Ordner PH, GA.

17 A. Schweitzer, *Kultur und Ethik in den Weltreligionen*, S. 234.

18 A. Schweitzer, *Wir Epigonen*, S. 66–70.

19 Ebd., S. 77.

20 Ebd., S. 236.

21 Ebd., S. 292; 308 f.

22 Das gesamte Originalmanuskript *Wir Epigonen* in der Niederschrift von 1915/16 liegt dem Verlag C. H. Beck in Abschrift vor. Das Kapitel «Kulturstaaten und Kolonien» bildet als X. Kapitel den Abschluss des ursprünglichen Manuskripts.

23 A. Schweitzer, *Die Weltanschauung der Ehrfurcht vor dem Leben. Kulturphilosophie. Band III. Dritter und vierter Teil*, S. 386.

24 A. Schweitzer, *Wir Epigonen*, S. 27.

25 *GW I*, S. 419.

26 C. Günzler, *Albert Schweitzer. Einführung in sein Denken*, S. 58.

27 A. Schweitzer, *Goethe. Vier Reden*, München 1950.

28 A. Schweitzer, Ansprache bei der Verleihung des Goethepreises der Stadt Frankfurt am Main am 28. 8. 1928, in: A. Schweitzer, *Goethe*.

Vier Reden, S. 11; *GW V*, S. 471.

29 J. W. Goethe, *Wilhelm Meisters Wanderjahre*, Zweites Buch, 1. Kapitel, S. 154–157, in: Goethe, Werke. Hamburger Ausgabe in 14 Bänden, Hamburg 1948 ff., Band 8.

30 A. Schweitzer, *Predigten 1898–1948*, S. 978; 1034.

31 *GW V*, S. 532 f.

32 J. W. Goethe, *Faust I*, 1237.

33 *GW V*, S. 537.

34 *GW V*, S. 173–175.

35 A. Schweitzer, *Wir Epigonen*, S. 153.

36 Ebd., S. 153, Fn. 256.

37 Albert Schweitzer an Helene Bresslau, Straßburg, den 6. 9. 1903, in: *AS-HB*, S. 42.

38 A. Schweitzer, *Straßburger Vorlesungen*, S. 692–723 (704). Hervorhebungen im Original.

39 T. Kleffmann, *Nietzsches Begriff des Lebens und die evangelische Theologie. Eine Interpretation Nietzsches und Untersuchungen zu seiner Rezeption bei Schweitzer, Tillich und Barth*, Tübingen 2003, S. 337.

40 A. Schweitzer, Gedenkrede gehalten bei der Feier der 100. Wiederkehr von Goethes Todestag in seiner Vaterstadt Frankfurt a. M. am 22. 3. 1932, in: A. Schweitzer, *Goethe. Vier Reden*, S. 41 f; *GW V*, S. 498 f.

41 *GW V*, S. 158.

42 G. Altner, Albert Schweitzer, in: M. Greschat (Hg.), *Gestalten der Kirchengeschichte. Die neueste Zeit III*, S. 271–286 (282).

43 *GW I*, S. 169.

44 *GW I*, S. 169 f.

45 *GW I*, S. 170.

46 *GW I*, S. 171.

47 *GW I*, S. 171.

48 *GW I*, S. 172.

49 N. O. Oermann/J. Zachhuber, *Einigkeit und Recht und Werte. Der Verfassungsstreit um das Schulfach LER in der öffentlichen und wissenschaftlichen Diskussion*, Münster/Hamburg/London 2001, S. 116–120.

50 F. Nietzsche, *Zur Genealogie der Moral* I 2, in: *Kritische Studienausgabe*, hg. v. G. Colli/M. Montinari, Bd. 5, 2. Aufl., München 1999, S. 253, S. 7–12.

51 Ebd., S. 18–25.

52 Ebd., S. 268, S. 2–5.

53 F. Nietzsche, *Jenseits von Gut und Böse*, Leipzig 1886.

54 A. Schweitzer, *Die Weltanschauung der Ehrfurcht vor dem Leben. Kulturphilosophie. Band. III. Dritter und vierter Teil*, S. 120 f.

55 *GW I*, S. 161.

56 A. Schweitzer, *Die Weltanschauung der Ehrfurcht vor dem Leben. Kulturphilosophie. Band III. Dritter und vierter Teil*, S. 388.

57 Ebd., S. 376.

58 Albert Schweitzer an Oskar Kraus, Günsbach, den 2. 1. 1924, in: *TPB*, S. 431; G. Seaver, *Albert Schweitzer als Mensch und Denker*, 8. Aufl.,

Göttingen 1956, S. 355 f.; T. Kleffmann, *Nietzsches Begriff des Lebens*, S. 391.

59   T. Kleffmann, *Nietzsches Begriff des Lebens*, S. 391.

60   Zit. in: H. Groos, *Albert Schweitzer. Größe und Grenzen*, S. 599.

61   A. Schweitzer, *Kulturphilosophie. Band II: Kultur und Ethik*, S. 146.

62   Albert Schweitzer − Mythos des 20. Jahrhunderts, in: *Der Spiegel*, Nr. 52 vom 21.12.1960, S. 50−61 (60); A. Schweitzer, *Die Weltanschauung der indischen Denker. Mystik und Ethik*, 2. Aufl., München 1965; Albert Schweitzer, *Geschichte des chinesischen Denkens*, hg. von B. Kaempf und J. Zürcher, München 2002.

63   M. Basse, «Ehrfurcht vor dem Leben». Karl Barths Auseinandersetzung mit Albert Schweitzer in den 1920er Jahren, in: *Evangelische Theologie 65* (2005), S. 211−225 (215).

64   K. Barth, *Einführung in die Evangelische Theologie*, 2. Aufl., Zürich 1977, S. 111.

65   Albert Schweitzer an Herbert Bahr, Lambarene, den 1.6.1958, in: Ordner T, GA.

66   A. Schweitzer, *Die Weltanschauung der Ehrfurcht vor dem Leben. Kulturphilosophie. Band III. Dritter und vierter Teil*, S. 386.

67   Ebd., S. 387.

68   A. Schweitzer, *Kulturphilosophie, Band II: Kultur und Ethik*, S. 243.

69   *GW I*, S. 171.

70   Helene Schweitzer an ihre Eltern, Lambarene, den 29.4.1915, in: *HSB*, S. 171.

71   *GW II*, S. 388.

72   *GW V*, S. 27−39.

73   *GW I*, S. 667.

74   *GW I*, S. 446.

75   P. Ernst, *Ehrfurcht vor dem Leben: Versuch der Aufklärung einer aufgeklärten Kultur. Ethische Vernunft und christlicher Glaube im Werk Albert Schweitzers*, Frankfurt a. M. 1991, S. 36.

76   A. Schweitzer, Nochmals Falkenjägerei, in: *Atlantis*, März 1932, S. 175, zit. in: A. Schweitzer, *Ehrfurcht vor den Tieren*, hg. von E. Gräßer, München 2006, S. 108−112.

77   A. Schweitzer, *Ehrfurcht vor den Tieren*, S. 109.

78   Ebd.

79   Ebd., S. 112 f.

80   A. Schweitzer, Leserbrief in *Christ und Welt*, Nr. 4 vom 22.1.1965, in: A. Schweitzer, *Ehrfurcht vor den Tieren*, S. 115 f.

5   铁门打开了——危机和突破

（1917—1932）

1   *GW I*, S. 176 f.

2   J. Bentley, *Albert Schweitzer. Eine Biographie*, S. 171.

3   H. Steffahn, *Albert Schweitzer*, 12. Aufl., S. 57.

4 *GW I*, S. 181.
5 *GW I*, S. 185.
6 *GW I*, S. 185.
7 Interview mit Rhena Schweitzer Miller am 2. 4. 2008 in Pacific Palisades, Los Angeles.
8 Eigenhändiger Lebenslauf Albert Schweitzer aus dem Nachlass Adolf von Harnacks, übersandt an Schweitzer durch Axel von Harnack, Tübingen, den 9. 1. 1960, in: Ordner T, GA.
9 S. Oswald, *Mein Onkel Bery. Erinnerungen an Albert Schweitzer,* 2. Aufl., S. 98.
10 *GW I*, S. 191.
11 http://www.zb.uzh.ch/sondersa/hands/nachlass/schweitzer/schweitzerteil2-sacs.pdf, aufgerufen am 12. 8. 2008. In: Sondersammlung Albert Schweitzer im Archiv der Universität Zürich.
12 *GW I*, S. 191.
13 *GW I*, S. 195.
14 A. Schweitzer, *Kultur und Ethik in den Weltreligionen*, S. 159; *GW I*, S. 195.
15 Nathan Söderblom an Albert Schweitzer, Uppsala, den 5. 12. 1919, in: *TPB*, S. 627 f.
16 G. Marshall/D. Poling, *Schweitzer. A Biography*, S. 151.
17 Albert Schweitzer an Hans Walter Bähr, Lambarene, den 2. 1. 1962 («Ganz persönlich»), in: *TPB*, S. 39.
18 Zit. in: *TPB*, S. 626; *GW I*, S. 195 f.; *GW V*, S. 185 f.
19 Albert Schweitzer an Nathan Söderblom, Günsbach, den 27. 6. 1921, in: Ordner T, GA. In diesem Brief schreibt Schweitzer: «Ich frage mich, ob Sie bei dieser Einladung [nach Oxford] nicht die Hand im Spiel hatten? Ihre Güte und Ihre Macht halten sich ja die Waage.»
20 Albert Schweitzer an Anna Söderblom, Lambarene, den 31. 8. 1931, in: *TPB*, S. 642.
21 Privatbrief Albert Schweitzer an Greta Lagerfelt, Lambarene, den 17. 8. 1938, in: Privatsammlung Schweitzer, GA. Eine Kurzfassung dieses Briefes wurde von der Archivleiterin Sonja Poteau erstellt, der ich dafür herzlich danke.
22 *GW I*, S. 197.
23 *GW I*, S. 198.
24 A. Schweitzer, *Die Mystik des Apostels Paulus*, Tübingen 1930, S. V.
25 *GW I*, S. 196.
26 *GW I*, S. 207.
27 A. Schweitzer, *Kulturphilosophie. Band I: Verfall und Wiederaufbau der Kultur. Band II: Kultur und Ethik*, München 2007.
28 A. Schweitzer, *Das Christentum und die Weltreligionen*, München 1924, 59 Seiten.
29 *GW I*, S. 212; A. Schweitzer, *Aus meiner Kindheit und Jugendzeit*, Bern/München 1924, 64 Seiten.
30 *TPB*, S. 559 f., Fn. 4.

31 Oskar Pfister an Albert Schweitzer, Biel, den 8.5.1922, in: *TPB*, S.568 f.

32 *GW I*, S.213; J.Bentley, *Albert Schweitzer. Eine Biographie*, S.15 f.

33 Interview mit Rhena Schweitzer Miller am 2.4.2008 in Pacific Palisades, Los Angeles.

34 *HSB*, S.207.

35 *GW I*, S.214.

36 K.Stoevesandt, Albert Schweitzer als Arzt und Helfer der Menschheit, in: *Evangelische Theologie 15* (1955), S.97–114 (102 f.).

37 A.Schweitzer, *Mitteilungen aus Lambarene. Erstes Heft (Frühjahr 1924 bis Herbst 1924)*, Bern 1925. *Zweites Heft (Herbst 1924 bis Herbst 1925)*, Bern 1926, *Drittes Heft (Herbst 1925 bis Sommer 1927)*, München 1928. Die *Mitteilungen aus Lambarene* waren so erfolgreich, dass C.H.Beck sie 1955 unter dem Titel *Briefe aus Lambarene 1924–1927* neu auflegte, vgl. *GW I*, S.477–685.

38 *GW I*, S.501 f.

39 *GW I*, S.622.

40 *GW V*, S.27–48.

41 *GW I*, S.220 f.

42 G.Seaver, *Albert Schweitzer als Mensch und Denker*, S.130.

43 A.Schweitzer, *Die Mystik des Apostels Paulus*, Tübingen 1930.

44 *GW I*, S.222.

45 *GW I*, S.226.

46 *HSB*, S.224.

47 Zit. in: *HSB*, S.225.

48 Zit. in: *TPB*, S.626; *GW I*, S.195 f.; *GW V*, S.185 f.

49 *GW I*, S.122.

50 Unveröffentlichter Brief an Margit Jacobi, zit. in: H.Steffahn, *Albert Schweitzer*, 12.Aufl., S.74.

51 Interview mit Sonja Poteau, Leiterin des Schweitzer-Archivs, am 13.2.2009 in Günsbach.

52 Interview mit Sonja Poteau, Leiterin des Schweitzer-Archivs, am 13.2.2009 in Günsbach.

53 Albert Schweitzer, Die Beziehungen zwischen den weißen und farbigen Rassen [o.D., wahrscheinlich 1927], in: A.Schweitzer, *Wir Epigonen*, S.325–348 (335).

54 Ebd., S.335; 337.

55 *GW I*, S.419.

56 Albert Schweitzer an Helene Bresslau, Pfarrhaus Rothau, den 2.9.1905, in: *AS-HB*, S.110.

57 Helene Bresslau an Albert Schweitzer, aus England, den 28.8.1905, in: *AS-HB*, S.108.

58 *GW I*, S.419.

59 *GW I*, S.420.

60 *GW I*, S.423.

61 *GW I*, S.424 f.

62 *GW I*, S.428 f.

63 Interview mit Sonja Poteau, Leiterin des Schweitzer-Archivs, am 13.2.2009 in Günsbach.

64 A. Schweitzer, *Wir Epigonen*, S. 16 f., 308.

65 *GW I*, S. 610.

66 W. Picht, *Albert Schweitzer. Wesen und Bedeutung*, Hamburg 1960, S. 159.

67 N. Cousins, *Albert Schweitzer und sein Lambarene*, Stuttgart 1961, S. 48.

68 Albert Schweitzer – Mythos des 20. Jahrhunderts, in: *Der Spiegel*, Nr. 52 vom 21.12.1960, S. 50–61 (50).

69 *GW I*, S. 338 f.

70 *GW I*, S. 435.

71 *GW I*, S. 435 f.

72 *GW I*, S. 439.

73 J. Gunther, *Inside Africa*, New York 1955, S. 713; Albert Schweitzer – Mythos des 20. Jahrhunderts, in: *Der Spiegel*, Nr. 52 vom 21.12.1960, S. 50–61 (60).

74 Obituary Albert Schweitzer (1875–1965), in: *New York Times* vom 5.9.1965. Hervorhebungen im Original. Übersetzung durch den Autor.

75 Interview mit Claus Jacobi in Hamburg am 16.10.2008.

76 *GW I*, S. 437.

77 J. Cameron, *Point of Departure*, London 2006, S. 175.

78 Albert Schweitzer an Herbert Bahr, Lambarene, den 3.5.1951, in: Ordner T, GA.

79 Zit. in: J. Cameron, *Point of Departure*, S. 167.

80 J. Brabazon, *Albert Schweitzer. A Biography*, 2. Aufl., S. 438.

81 Eine auf Grundlage der Lambarener Operationsbücher erstellte Statistik über die behandelten Patienten, über Geburten und Todesfälle von 1924 bis 1966 findet sich in: J. Munz/W. Munz, *Mit dem Herzen einer Gazelle und der Haut eines Nilpferds. Albert Schweitzer in seinen letzten Lebensjahren und die Entwicklung seines Spitals bis zur Gegenwart*, Frauenfeld/Stuttgart/Wien 2005, S. 199.

82 A. Schweitzer zit. in: C. R. Joy/M. Arnold, *Bei Albert Schweitzer in Afrika*, S. 154.

83 Albert Schweitzer, Die Beziehungen zwischen den weißen und farbigen Rassen [o. D., wahrscheinlich 1927], in: A. Schweitzer, *Wir Epigonen*, S. 325–348 (338).

6　来自中非的问候——在“第三帝国”时代

（1933 — 1945）

1 A. Schweitzer, *Goethe. Vier Reden*, S. 21 f., 47, 49 f.; *GW V*, S. 479 f., 504 f., 506 f.

2 A. Schweitzer, *Goethe. Vier Reden*, S. 50; *GW V*, S. 507 f.

3 G. Seaver, *Albert Schweitzer als Mensch und Denker*, S. 165.

4 Zit. in: *HSB*, S. 222.

5 *HSB*, S. 224.

6 *HSB*, S. 227 f.

7 Zit. in: *HSB*, S. 228.

8 Zit. in: *HSB*, S. 229.

9 M. Born, *Mein Leben. Die Erinnerungen des Nobelpreisträgers*, München 1975, S. 330.

10 Ebd.

11 Albert Schweitzer an Margit und Eugen Jacobi am 16. 9. 1930, in: *HSB*, S. 231.

12 J. Munz/W. Munz, *Mit dem Herzen einer Gazelle und der Haut eines Nilpferds*, S. 199.

13 H. Steffahn (Hg.), *Das Albert Schweitzer Lesebuch*, 4. Aufl., S. 334 f.

14 G. Marshall/D. Poling, *Schweitzer. A Biography*, S. 194; B. M. Nossik, *Albert Schweitzer. Ein Leben für die Menschlichkeit*, S. 273; G. Seaver, *Albert Schweitzer als Mensch und Denker*, S. 167.

15 G. Marshall/D. Poling, *Schweitzer. A Biography*, S. 197 f.

16 Börsenverein des Deutschen Buchhandels (Hg.), *Friedenspreis des Deutschen Buchhandels. Reden und Würdigungen 1951–1960*, S. 21.

17 G. Seaver, *Albert Schweitzer. Als Mensch und Denker*, S. 171.

18 *HSB*, S. 232.

19 B. M. Nossik, *Albert Einstein. Ein Leben für die Menschlichkeit*, S. 283.

20 *GWV*, S. 60.

21 *HSB*, S. 234.

22 Interview mit Rhena Schweitzer Miller am 7. 5. 2005 in Pacific Palisades, Los Angeles.

23 *GWV*, S. 55.

24 Ladislas Goldschmid war vom 2. 4. 1933 bis 9. 8. 1935, vom 1. 7. 1936 bis Juli 1938, vom 22. 12. 1938 bis 15. 6. 1947 als Arzt in Lambarene tätig. Vgl. *TPB*, S. 665.

25 *GWV*, S. 55; 57. Anna Wildikann arbeitete von 1935 bis 1937 und von 1940 bis 1945 in Lambarene und danach in Israel. Vgl. *TPB*, S. 145.

26 *HSB*, S. 242.

27 Helene Schweitzer an Luise Bresslau-Hoff am 18. 11. 1940, in: *HSB*, S. 242.

28 Ebd., S. 245.

29 *GWV*, S. 57. P. H. Freyer, *Albert Schweitzer. Ein Lebensbild*, 3. Aufl., Berlin 1982, S. 206.

30 J. Munz/W. Munz, *Mit dem Herzen einer Gazelle und der Haut eines Nilpferds*, S. 199.

31 *GWV*, S. 53.

32 *GWV*, S. 56.

33 *GWV*, S. 59.

34 J. Brabazon, *Albert Schweitzer. A Biography*, 2. Aufl., S. 391.

35 J. Pierhal, *Albert Schweitzer*, Frankfurt a. M. 1982, S. 234.

36 J. Brabazon, *Albert Schweitzer. A Biography*, 2. Aufl., S. 394.

37 Helene Schweitzer an Luise Bresslau-Hoff am 30. 4. 1945, in: *HSB*,

　　　S. 250.
38　Zit. in: *GW V*, S. 72.
39　*GW V*, S. 75.
40　J. Munz/W. Munz, *Mit dem Herzen einer Gazelle und der Haut eines Nilpferds*, S. 199.
41　E. R. Jacobi, *Albert Schweitzer und die Musik*, S. 15.

7　驱逐核武器战争的幽灵——冷战中的施韦泽

（1945 — 1957）

1　G. Marshall/D. Poling, *Schweitzer. A Biography*, S. 217.
2　Ebd., S. 217–222.
3　Helene Schweitzer Bresslau an Luise Bresslau-Hoff am 2. 8. 1948, zit. in: *HSB*, S. 252.
4　G. Marshall/D. Poling, *Schweitzer. A Biography*, S. 293.
5　Albert Schweitzer – Jungle Philosopher, in: *Life Magazine* vom 6. 10. 1947.
6　Albert Schweitzer an Albert Einstein, Lambarene, den 30. 4. 1948, in: *TPB*, S. 216 f.
7　*Reverence for Life*, Titelgeschichte des *Time Magazine* am 11. 7. 1949.
8　Zit. in: *HSB*, S. 254.
9　J. Bentley, *Albert Schweitzer. Eine Biographie*, S. 196.
10　J. Brabazon, *Albert Schweitzer. A Biography*, 2. Aufl, S. 405.
11　E. R. Jacobi, *Albert Schweitzer und die Musik*, S. 5.
12　*HSB*, S. 254; J. Bentley, *Albert Schweitzer. Eine Biographie*, S. 195.
13　A. Schweitzer, *Goethe. Vier Reden*, S. 101; *GW V*, S. 554.
14　Zit. in: J. Brabazon, *Albert Schweitzer. A Biography*, 2. Aufl, S. 409.
15　R. Schütz, *Anekdoten über Albert Schweitzer*, S. 57; P. H. Freyer, *Albert Schweitzer. Ein Lebensbild*, S. 216.
16　R. Schütz, *Anekdoten um Albert Schweitzer*, S. 57.
17　Albert Schweitzer – Mythos des 20. Jahrhunderts, in: *Der Spiegel*, Nr. 52 vom 21. 12. 1960, S. 50–61 (58).
18　Titelseite des *Time Magazine* vom 11. 7. 1949: «Albert Schweitzer – He that lives his life shall find it.»
19　*Reverence for life*, Titelgeschichte des *Time Magazine* vom 11. 7. 1949.
20　In *Breakfast at Tiffany's* (1961) nennt Holly Golightly alias Audrey Hepburn Albert Schweitzer, Nero und Leonard Bernstein als ihre idealen Heiratskandidaten. Im Bestseller *Fahrenheit 451* (1953) nennt Ray Bradbury Albert Schweitzer zusammen mit Albert Einstein. Vgl. R. Bradbury, *Fahrenheit 451*, New York 1987, S. 151.
21　S. Poteau/G. Leser, *Albert Schweitzer. Homme de Gunsbach et Citoyen du monde*, S. 282.
22　J. Brabazon, *Albert Schweitzer. A Biography*, 2. Aufl., S. 423.
23　M. Tau, *Das Leben lieben. Max Tau in Briefen und Dokumenten 1945–1976*, hg. von H. Däumling, Würzburg 1988, S. 123.
24　Zit. in: M. Tau, *Auf dem Weg zur Versöhnung*, Hamburg 1968, S. 170.

25 M. Tau, *Das Leben lieben. Max Tau in Briefen und Dokumenten 1945–1976*, S. 125.
26 M. Tau, *Auf dem Weg zur Versöhnung*, S. 170–172.
27 Zit. in: S. Oswald, *Mein Onkel Bery. Erinnerungen an Albert Schweitzer*, 2. Aufl., S. 125.
28 *HSB*, S. 263.
29 M. Tau, *Das Leben lieben. Max Tau in Briefen und Dokumenten 1945–1976*, S. 130; M. Tau, *Auf dem Weg zur Versöhnung*, S. 176.
30 Zit. in: M. Tau, *Auf dem Weg zur Versöhnung*, S. 173.
31 Zit. ebd., S. 175.
32 E. R. Jacobi, *Albert Schweitzer und die Musik*, S. 6 f.
33 *HSB*, S. 260 f.
34 J. Brabazon, *Albert Schweitzer. A Biography*, 2. Aufl., S. 446; Interview mit Rhena Schweitzer Miller am 7. 5. 2005 in Pacific Palisades, Los Angeles.
35 Zit. in: S. Oswald, *Mein Onkel Bery. Erinnerungen an Albert Schweitzer*, 2. Aufl., S. 124.
36 Zit. ebd., S. 125.
37 Albert Schweitzer – Mythos des 20. Jahrhunderts, in: *Der Spiegel*, Nr. 52 vom 21. 12. 1960, S. 50–61 (58).
38 H. Bertlein, *Das Selbstverständnis der Jugend heute. Eine empirische Untersuchung über ihre geistigen Probleme, ihre Leitbilder und ihr Verhältnis zu den Erwachsenen*, 2. Aufl., Hannover 1964, S. 153, 177.
39 Ebd., S. 178.
40 Ebd., S. 177.
41 Ebd., S. 178.
42 J. Pierhal, *Albert Schweitzer. Das Leben eines guten Menschen*, München 1955.
43 *Revue*, Nr. 54 vom 13. 11. 1954 [mit Photos von Erica Anderson].
44 Zit. in: J. Brabazon, *Albert Schweitzer. A Biography*, 2. Aufl., S. 432; J. Cameron, *Point of Departure*, S. 167.
45 Zit. in: J. Brabazon, *Albert Schweitzer. A Biography*, 2. Aufl., S. 433.
46 J. Cameron, *Point of Departure*, S. 174 f.
47 N. Cousins, *Albert Schweitzer und sein Lambarene*, S. 45.
48 J. Brabazon, *Albert Schweitzer. A Biography*, 2. Aufl., S. 485 f.
49 Obituary Albert Schweitzer (1875–1965), in: *New York Times* vom 5. 9. 1965.
50 Albert Schweitzer. An Anachronism, in: *Time Magazine* vom 21. 6. 1963.
51 A. Audoynaud, *Le docteur Schweitzer et son hôpital à Lambaréné. L'envers d'un mythe*, Paris 2005. Dem ehemaligen Direktor des *Hôpital Administratif* von Lambarene (1963–1966), André Audoynaud, geht es in seinem Buch ganz offenbar darum, seinen ehemaligen «Konkurrenten» Schweitzer vom Sockel zu stürzen, ihn zu entmystifizieren. Er will nachweisen, dass die Schweitzer-Legende mit dessen Leben und Wirken nicht in Einklang zu bringen ist (S. 11). Audoynaud spricht Schweitzers Hospitalführung die Originalität ab, sich von anderen da-

maligen Krankenhäusern grundlegend unterschieden zu haben
(S. 205), und weist darauf hin, dass auch bei Albert Schweitzer die Pa-
tienten für die Behandlung bezahlen mussten (S. 201). Richtig daran
ist, dass Schweitzer von den Patienten, denen dies tatsächlich möglich
war, Bezahlung in Form von Geld, Naturalien oder Arbeitsleistung
erbat. Audoynauds kaum mit Fakten unterlegte Fundamentalkritik
gipfelt jedoch in die Behauptung, der medizinische Standard in Lam-
barene sei hoffnungslos veraltet gewesen, weil es zwischen 1924 und
1965 überhaupt keine Erneuerungen gegeben habe (S. 85).

52 S. Oswald, *Mein Onkel Bery. Erinnerungen an Albert Schweitzer,*
    2. Aufl., S. 152.
53 J. Gunther, *Inside Africa,* S. 713.
54 Interview mit Claus Jacobi in Hamburg am 16.10.2008.
55 C. R. Joy/M. Arnold, *Bei Albert Schweitzer in Afrika,* S. 83.
56 N. Cousins, *Albert Schweitzer und sein Lambarene,* S. 46 f.
57 Ebd., S. 47 f. Hervorhebungen im Original.
58 C. Scipio, Is Schweitzer dead?, in: *The Atlantic Monthly,* vol. 218, 1966,
    Nr. 2, S. 41–44; C. C. O'Brien, Africa's answer to Schweitzer, in: *The
    Atlantic Monthly,* vol. 217, 1966, Nr. 3, S. 68–71; M. M. Davenport, The
    moral paternalism of Albert Schweitzer, in: *Ethics,* vol. 84, 1973–1974,
    S. 116–127.
59 S. Poteau/Gerard Leser, *Albert Schweitzer. Homme de Gunsbach et
    Citoyen du Monde,* S. 320.
60 O. Spear, *Albert Schweitzers Ethik. Ihre Grundlinien in seinem Denken
    und Leben,* Hamburg 1978, S. 27.
61 *GW V,* S. 373.
62 *TPB,* S. 501; J. Brabazon, *Albert Schweitzer. A Biography,* 2. Aufl., S. 443 f.
63 *TPB,* S. 215.
64 Zit. in: A. Herrmann, *Einstein. Der Weltweise und sein Jahrhundert.
    Eine Biographie,* München/Zürich 1994, S. 359.
65 Albert Schweitzer an Theodor Heuss, Lambarene, den 17.5.1958, in:
    TPB, S. 337.
66 Ebd., S. 337 f.
67 Albert Schweitzer an Albert Einstein, Lambarene, den 20.2.1955, in:
    TPB, S. 221 f.
68 R. Jungk, Der Menschenfreund gegen die Atomversuche, in: J. Pierhal,
    Albert Schweitzer, S. 252–260 (253).
69 Zit. in: J. Brabazon, *Albert Schweitzer. A Biography,* 2. Aufl., S. 445.
70 A. Schweitzer, An den *Daily Herald,* in: G. Fischer (Hg.), *Menschlich-
    keit und Friede. Kleine philosophisch-ethische Texte,* Berlin 1991, S. 133–
    134 (133).
71 N. Cousins, *Albert Schweitzer und sein Lambarene,* S. 95.
72 H. Steffahn, *Albert Schweitzer,* 12. Aufl., S. 125.
73 Zit. in: J. Brabazon, *Albert Schweitzer. A Biography,* 2. Aufl., S. 445.
74 Zit. in O. Spear, *Albert Schweitzers Ethik. Ihre Grundlinien in seinem
    Denken und Leben,* S. 25.
75 TPB, S. 626–628; M. Fröhlich, *Dag Hammarskjöld und die Vereinten*

Nationen. *Die politische Ethik des UNO-Generalsekretärs*, Paderborn/
München/Wien 2002, S. 117.

76   Britt Engvall an Albert Schweitzer, Stockholm, den 18.10.1961, in:
Régnants 1960–1965, GA.

77   *GW I*, S. 197; Nathan Söderblom an Albert Schweitzer, Uppsala, den
5.12.1919, in: *TPB*, S. 628.

78   J. Brabazon, *Albert Schweitzer, A Biography*, 2. Aufl., S. 441 f.

79   M. Fröhlich, *Dag Hammarskjöld und die Vereinten Nationen. Die poli-
tische Ethik des UNO-Generalsekretärs*, S. 180.

80   H. W. Kahn, *Der Kalte Krieg, Band I: Spaltung und Wahn der Stärke
1945–1955*, Köln 1986, S. 240 f.

81   Ebd., S. 271 f.

82   J. Brabazon, *Albert Schweitzer. A Biography*, 2. Aufl., S. 445; H. W. Kahn,
Der Kalte Krieg, Band I: Spaltung und Wahn der Stärke 1945–1955,
S. 263.

83   H. Steffahn datiert diesen Besuch auf Ende 1956. H. Steffahn, *Albert
Schweitzer*, 12. Aufl., S. 128.

84   N. Cousins, *Albert Schweitzer und sein Lambarene*, S. 52 f.

85   Ebd., S. 115.

86   Ebd., S. 95.

87   Dwight D. Eisenhower an Albert Schweitzer, Washington DC, den
29.5.1957, in: Régnants 1926–1959, GA.

88   Zit. in: N. Cousins, *Albert Schweitzer und sein Lambarene*, S. 97.

89   Zit. ebd., S. 95.

90   Zit. ebd., S. 104 f.

91   Fritz Bopp, Max Born, Rudolf Fleischmann, Walther Gerlach, Otto
Hahn, Otto Haxel, Werner Heisenberg, Hans Kopfermann, Max von
Laue, Heinz Maier-Leibnitz, Josef Mattauch, Friedrich Adolf Paneth,
Wolfgang Paul, Wolfgang Riezler, Fritz Straßmann, Wilhelm Walcher,
Carl Friedrich von Weizsäcker und Karl Wirtz.

92   Abgedruckt in: K. Wagenbach (Hg.), *Vaterland, Muttersprache. Deut-
sche Schriftsteller und ihr Staat seit 1945*, 3. Aufl., Berlin 2004, S. 139.

93   B. Stöver, *Der Kalte Krieg 1947–1991. Geschichte eines radikalen Zeit-
alters*, München 2007, S. 221 f.

94   Albert Schweitzer an Konrad Adenauer, [ohne Ort], 15.6.1957, in: Ord-
ner GO, GA.

95   B. Stöver, *Der Kalte Krieg 1947–1991. Geschichte eines radikalen Zeit-
alters*, S. 222 f.

96   *GW V*, S. 564–577; A. Schweitzer, *Friede oder Atomkrieg. Vier Schriften*,
2. Aufl., München 1982, S. 33–49.

97   Albert Schweitzer an Theodor Heuss, Lambarene, den 17.5.1958, in:
TPB, S. 338.

98   H. W. Kahn, *Der Kalte Krieg, Band 2: Alibi für das Rüstungsgeschäft
1955–1973*, Köln 1987, S. 82.

99   J. Pierhal, *Albert Schweitzer*, S. 258.

100 *GW V*, S. 565 ff. Hervorhebungen im Original.

101 J. Brabazon, *Albert Schweitzer. A Biography*, 2. Aufl., S. 459.

102 Zit. in: W. Gerlach/D. Hahn, *Otto Hahn. Ein Forscherleben unserer Zeit*, Stuttgart 1984, S. 158.
103 Albert Schweitzer an Theodor Heuss, Lambarene, den 17. 5. 1958, in: *TPB*, S. 338 f.
104 Ebd., S. 339 und S. 501.
105 Albert Schweitzer an Martin Buber, Lambarene, den 3. 3. 1958, in: *TPB*, S. 147.
106 *GW V*, S. 578–611.
107 M. Tau, *Das Leben lieben. Max Tau in Briefen und Dokumenten 1945–1976*, S. 145 f.
108 *Neue Zürcher Zeitung* vom 10. 9. 1958.
109 Bisher unveröffentlichter Brief, GA.
110 Dag Hammarskjöld an Albert Schweitzer, New York, den 17. 3. 1961, in: Régnants 1960–1965, GA.
111 Ebd.
112 Profile: Dag Hammarskjöld, in: *The Oberserver* vom 5. 4. 1953.
113 *GW II*, S. 418 f.
114 *GW II*, S. 420.
115 A. Schweitzer, Friedensartikel für Dr. Wilhelm Kayser, in: *Menschlichkeit und Friede. Kleine philosophisch-ethische Texte*, S. 175–176 (176).
116 Albert Schweitzer an John F. Kennedy, Lambarene, den 20. 4. 1962, in: *TPB*, S. 420.
117 Zit. in: C. Wyss, Friede oder Atomkrieg. Albert Schweitzers Engagement gegen die Atombomben, in: Schweizer Hilfsverein für das Albert-Schweitzer-Spital in Lambarene (Hg.), *Berichte aus Lambarene*, Nr. 103, April 2007, S. 11–20 (14).
118 Albert Schweitzer an John F. Kennedy, Lambarene, den 24. 10. 1962, in: *TPB*, S. 423 f.
119 Albert Schweitzer an John F. Kennedy, Lambarene, den 23. 11. 1962, in: *TPB*, S. 426 f.
120 Zit. in: C. Wyss, Friede oder Atomkrieg. Albert Schweitzers Engagement gegen die Atombomben, in: Schweizer Hilfsverein für das Albert-Schweitzer-Spital in Lambarene (Hg.), *Berichte aus Lambarene*, Nr. 103, April 2007, S. 11–20 (14).
121 *GW V*, S. 614.
122 Albert Schweitzer an John F. Kennedy, Lambarene, im August 1963, in: *TPB*, S. 428.
123 C. Jacobi, Schweitzers Uhr geht anders, in: *Der Spiegel*, Nr. 52 vom 21. 12. 1960, S. 62–67 (63).
124 Gerald Götting an Albert Schweitzer, Berlin, den 14. 1. 1955, in: Régnants 1960–1965, GA.
125 Interview mit Gerald Götting am 29. 10. 2008 in Berlin-Köpenick.
126 Bundesarchiv Berlin-Lichterfelde (BArch), Zulassungsprotokolle DEFA, in: FA O. 2242; AU II.8–040159/08Z.
127 G. Götting, *Begegnung mit Albert Schweitzer*, Berlin 1961.
128 Gerald Götting bestätigt im Interview am 26. 10. 2008 in Berlin-Köpenick, dass der Besuch des Friedensrates eindeutig das Ziel hatte,

Schweitzer für die DDR und ihre Politik zu gewinnen.

129 G. Götting, *Begegnung mit Albert Schweitzer*, S. 10.

130 Interview mit Gerald Götting am 29. 10. 2008 in Berlin-Köpenick.

131 Zulassungsprotokoll DEFA Nr. 0171/60 vom 9. 4. 1960, in: FA O. 2242, BArch.

132 MfS-Mitarbeiter «Fidelio» zu Gerald Götting, Generalsekretär, in: Ministerium für Staatssicherheit, AP 11730/92 Gerald Götting, S. 133, Archiv der Zentralstelle der Bundesbeauftragten für die Unterlagen des Staatssicherheitsdienstes der ehemaligen Deutschen Demokratischen Republik (BStU).

133 Leutnant Busch, Information der Hauptabteilung V/3, Berlin, den 17. 12. 1959, in: Ministerium für Staatssicherheit, AP 11730/192 Gerald Götting, S. 133, Archiv der BStU.

134 Leutnant Busch, Information der Hauptabteilung V/3, Berlin, den 17. 12. 1959, in: Ministerium für Staatssicherheit, AP 11730/92 Gerald Götting, S. 133 und AP 13722/92 Gerald Götting, S. 41, Archiv der BStU.

135 B. M. Nossik, *Albert Schweitzer. Ein Leben für die Menschlichkeit*, S. 347.

136 Robert Havemann an Albert Schweitzer, Lambarene, im Januar 1960, in: Ordner C, GA, abgedruckt in: G. Götting/S.-H. Günther: *Was heißt Ehrfurcht vor dem Leben? Begegnung mit Albert Schweitzer*, Berlin 2005, S. 124 f.

137 Albert Schweitzer an Robert Havemann, Lambarene, den 9. 8. 1961, in: Ordner C, GA.

138 Robert Havemann an Albert Schweitzer, Berlin, den 6. 4. 1964, in: Ordner C, GA.

139 Albert Schweitzer an Robert Havemann, Lambarene, den 22. 4. 1964, in: Ministerium für Staatssicherheit, AOP 54689/89, Band IV, S. 351, Archiv der BStU.

140 Stellvertreter des Ministers, AG Auswertung, Berlin, den 1. 4. 1964, in: in: Ministerium für Staatssicherheit, AOP 54689/89, Band IV, S. 199, Archiv der BStU.

141 Gerald Götting an Albert Schweitzer, Berlin, den 5. 5. 1964, in: Ordner GO, GA.

142 Gerald Götting an Albert Schweitzer, Berlin, den 5. 4. 1962, in: Régnants 1960–1965, GA; Gerald Götting an Albert Schweitzer, Berlin, den 17. 3. 1962, in: Régnants 1960–1965, GA.

143 Gerald Götting an Nils Ole Oermann, Berlin, den 26. 2. 2009, in: Privatarchiv Oermann.

144 Walter Ulbricht an Albert Schweitzer, Berlin den 20. 7. 1961, in: Régnants 1960–1965, GA.

145 Albert Schweitzer an Walter Ulbricht, Lambarene den 9. 8. 1961, in: Ordner GO (ursprünglich Nachlass Kottmann), GA.

146 Willy Brandt an Albert Schweitzer, Berlin, den 19. 5. 1959, in: Régnants 1926–1959, GA.

147 Zit. in: N. Cousins, *Albert Schweitzer und sein Lambarene*, S. 98.

148 J. Brabazon, *Albert Schweitzer. A Biography*, 2. Aufl., S. 479.

149 Gerald Götting an Albert Schweitzer, Berlin, den 21. 8. 1961, in: Rég-

nants 1960–1965, GA.

150 Albert Schweitzer an Gerald Götting, Lambarene, den 25. 3. 1962, in: Régnants 1960–1965, GA; Gerald Götting an Albert Schweitzer, Berlin, den 10. 7. 1962, in: Régnants 1960–1965, GA.

151 Gerald Götting an Albert Schweitzer, Berlin, den 16. 10. 1962, in: Régnants 1960–1965, GA.

152 Gerald Götting an Albert Schweitzer, Berlin, den 25. 2. 1964, in: Régnants 1960–1965, GA.

153 Ebd.

154 Walter Ulbricht an Albert Schweitzer, Berlin, den 14. 1. 1965, in: Régnants 1960–1965, GA.

155 A. Schweitzer, *Kultur und Ethik in den Weltreligionen*, S. 234.

156 Walter Ulbricht an Albert Schweitzer, Berlin, den 28. 3. 1962, in: Régnants 1960–1965, GA.

157 B. M. Nossik, *Albert Schweitzer. Ein Leben für die Menschlichkeit*, S. 348 f., 351.

158 Albert Schweitzer an den Minister für Post- und Fernmeldewesen, Lambarene, den 12. 11. 1964, in: *Erinnerungsblatt Albert Schweitzer zu Ehren herausgegeben aus Anlaß der Vollendung seines 90. Lebensjahres*, Exemplar Nr. 1497, Privatarchiv Oermann.

159 J. Brabazon, *Albert Schweitzer. A Biography*, 2. Aufl., S. 447 f.

160 Interview mit Walter Munz am 4. 4. 2009 in Lambarene.

161 Willy Brandt an Albert Schweitzer, Berlin, den 10. 3. 1965, in: Régnants 1960–1965, GA.

162 F. Walter, Geheimnis der Machtmenschen. Warum Politiker nicht die Klügsten sind, in: *Spiegel-Online* vom 22. 2. 2009 im Verweis auf: F. Walter, *Charismatiker und Effizienzen. Porträts aus 60 Jahren Bundesrepublik*, Frankfurt a. M. 2009.

163 Börsenverein des Deutschen Buchhandels (Hg.), *Friedenspreis des Deutschen Buchhandels. Reden und Würdigungen 1951–1960*, S. 20.

164 *GW I*, S. 280.

165 *GW I*, S. 281.

166 F. W. Kantzenbach, *Albert Schweitzer. Wirklichkeit und Legende*, S. 100.

167 Albert Schweitzer an Gerald Götting, Lambarene, den 3. 5. 1963, in: Régnants 1960–1965, GA.

168 Albert Schweitzer – Mythos des 20. Jahrhunderts, in: *Der Spiegel*, Nr. 52 vom 21. 12. 1960, S. 50–61 (57).

169 Senator Helmut Schmidt an Albert Schweitzer, Hamburg, den 4. 4. 1962, in: Régnants 1960–1965, GA. Hervorhebung im Original.

170 Kontext ist die Marokkokrise des Jahres 1911, vgl. K. Hildebrand, *Das vergangene Reich. Deutsche Außenpolitik von Bismarck bis Hitler*, Stuttgart 1995, S. 303–13.

171 Helene Bresslau an Albert Schweitzer, Schwartau, den 26. 8. 1911, in: *AS-HB*, S. 319 f. Hervorhebungen im Original.

172 Albert Schweitzer an Helene Bresslau am 28. 8. 1911 im Zug nach Colmar, in: *AS-HB*, S. 320 f.

173 J. Munz/W. Munz, *Mit dem Herzen einer Gazelle und der Haut eines Nilpferds*, S. 159.

174 A. Schweitzer, *Leben, Werk und Denken 1905–1965. Mitgeteilt in seinen Briefen*, hg. von H. W. Bähr, Heidelberg 1987, S. 322, zit. in: E. Gräßer, Das Prinzip ‹Ehrfurcht vor dem Leben›. Albert Schweitzers Ethik für unsere Zeit, in: R. Brüllmann (Hg.), *Albert-Schweitzer-Studien* 2, S. 43–57 (43).

175 Ulf Schmidt, *Hitlers Arzt Karl Brandt. Medizin und Macht im Dritten Reich*, 2. Aufl., Berlin 2009, S. 76–82.

8 多么美好! ——最后那几年

（1957—1965）

1 Léon Mba an Albert Schweitzer, Libreville, den 26.12.1961, in: Régnants 1960–1965, GA.

2 J. Brabazon, *Albert Schweitzer. A Biography*, 2. Aufl., S. 477.

3 B. M. Nossik, *Albert Schweitzer. Ein Leben für die Menschlichkeit*, S. 357 f.

4 Albert Schweitzer an Linus Pauling, Lambarene, den 11.4.1965, in: *TPB*, S. 557.

5 *TPB*, S. 558.

6 F. W. Kantzenbach, *Albert Schweitzer. Wirklichkeit und Legende*, S. 100.

7 J. Brabazon, *Albert Schweitzer. A Biography*, 2. Aufl., S. 492.

8 Zit. ebd., S. 492 f.

9 Ebd., S. 487 f.

10 J. Munz/W. Munz, *Mit dem Herzen einer Gazelle und der Haut eines Nilpferds*, S. 199.

11 Ebd., S. 199 f.

12 H. Steffahn (Hg.), *Das Albert Schweitzer Lesebuch*, 4. Aufl., S. 394 f.

13 Interview mit Walter Munz am 4.4.2009 in Lambarene.

14 *HSB*, S. 270; Interview mit Sonja Poteau, Leiterin des Schweitzer-Archivs, am 29.7.2008 in Günsbach.

15 F. W. Kantzenbach, *Albert Schweitzer. Wirklichkeit und Legende*, S. 101.

16 Interview mit Christoph Wyss und Roland Wolf am 3.4.2009 in Lambarene.

17 S. Oswald, *Mein Onkel Bery. Erinnerungen an Albert Schweitzer*, 2. Aufl., S. 196.

结束语　神话与现实

1 Albert Schweitzer – Mythos des 20. Jahrhunderts, in: *Der Spiegel*, Nr. 52 vom 21.12.1960, S. 50–61 (52).

2 N. Cousins, *Albert Schweitzer und sein Lambarene*, S. 131.

3 F. W. Kantzenbach, *Albert Schweitzer. Wirklichkeit und Legende*, S. 7–9.

4 H. Christaller, *Albert Schweitzer. Ein Leben für andere*, Stuttgart 1954, S. 6 f.

5 E. Bauermann, *Das Menschenbild Albert Schweitzers*, Aachen 1984, S. 13 f.

6 Albert Schweitzer – Mythos des 20. Jahrhunderts, in: *Der Spiegel*, Nr. 52 vom 21. 12. 1960, S. 50–61 (61).

7 S. Poteau/D. Mougin/C. Wyss, *Albert Schweitzer. Von Günsbach nach Lambarene*, Günsbach 2008, S. 26; 28; 50; 248; 300.

8 Interview mit Christiane Engel, der Enkelin Albert Schweitzers, am 7. 4. 2009 in Lambarene.

9 W. Munz, *Albert Schweitzer im Gedächtnis der Afrikaner und in meiner Erinnerung. Albert- Schweitzer-Studien 3*, S. 211.

参考文献

档　案

Schweitzer Zentralarchiv Günsbach (GA)
Ordner GO
Ordner T
Ordner PHIL
Ordner ATOM
Régnants 1926–1959
Régnants 1959–1965

Bundesarchiv Berlin-Lichterfelde (BArch)
Zulassungsprotokolle DEFA, FA O. 2242
AU II.8 – 040159/08Z

Archiv der Zentralstelle der Bundesbeauftragten für die Unterlagen des Staatssicherheitsdienstes der ehemaligen Deutschen Demokratischen Republik (BStU)
MfS AP 11730/92 Gerald Götting
MfS AP 13722/92 Gerald Götting
MfS AOP 54689/89

Archiv der Universität Zürich
Sondersammlung Albert Schweitzer Online abrufbar unter: http://www.zb.uzh.ch/sondersa/hands/nachlass/schweitzer/schweitzerteil2-sacs.pdf, aufgerufen am 12.8.2008

采　访

Christiane Engel am 7. April 2009 in Lambarene
Gerald Götting am 29. Oktober 2008 in Berlin-Köpenick
Claus Jacobi am 16. Oktober 2008 in Hamburg
Walter Munz am 4. April 2009 in Lambarene
Sonja Poteau am 29. Juli 2008 und am 13. Februar 2009 in Günsbach
Rhena Schweitzer Miller am 7. Mai 2005 und am 2. April 2008 in Pacific Palisades, Los Angeles
Roland Wolf am 3. April 2009 in Lambarene
Christoph Wyss am 3. April 2009 in Lambarene

网络资料

www.nobelprize.org, aufgerufen am 17. Dezember 2008

关于阿尔贝特·施韦泽的部分出版物
（按出版时间排序）

1898: *Eugène Munch 1857–1898*, Mülhausen.

1899: *Die Religionsphilosophie Kants von der Kritik der reinen Vernunft bis zur Religion innerhalb der Grenzen der bloßen Vernunft*, Tübingen.

1901: *Das Abendmahl im Zusammenhang mit dem Leben Jesu und der Geschichte des Urchristentums.* Erstes Heft: *Das Abendmahlsproblem auf Grund der wissenschaftlichen Forschungen des 19. Jahrhunderts und der historischen Berichte*, Tübingen/Leipzig.

1901: *Das Abendmahl im Zusammenhang mit dem Leben Jesu und der Geschichte des Urchristentums.* Zweites Heft: *Das Messianitäts- und Leidensgeheimnis. Eine Skizze des Lebens Jesu*, Tübingen/Leipzig.

1905: *Jean-Sébastien Bach, le musicien-poète*, Leipzig. Deutsche Ausgabe: *J. S. Bach*, Leipzig 1908.

1906: *Deutsche und französische Orgelbaukunst und Orgelkunst*, Leipzig.

1906: *Von Reimarus zu Wrede. Eine Geschichte der Leben-Jesu-Forschung*, Tübingen. Neuauflage 1913 unter dem Titel *Geschichte der Leben-Jesu-Forschung*.

1911: *Geschichte der Paulinischen Forschung von der Reformation bis auf die Gegenwart*, Tübingen.

1913: *Geschichte der Leben-Jesu-Forschung*, Tübingen.

1913: *Die psychiatrische Beurteilung Jesu. Darstellung und Kritik*, Tübingen.

1921: *Zwischen Wasser und Urwald. Erlebnisse eines Arztes im Urwalde Äquatorialafrikas*, Bern.

1923: *Das Christentum und die Weltreligionen*, München.

1923: *Kulturphilosophie. Band I: Verfall und Wiederaufbau der Kultur*, München.

1923: *Kulturphilosophie. Band II.: Kultur und Ethik*, München.

1924: *Aus meiner Kindheit und Jugendzeit*, Bern/München.

1929: *Selbstdarstellung*, Leipzig.

1930: *Die Mystik des Apostels Paulus*, Tübingen.

1931: *Aus meinem Leben und Denken*, Bern/Leipzig.

1935: *Die Weltanschauung der indischen Denker. Mystik und Ethik*, München.

1937: *Afrikanische Geschichten*, Leipzig.

1948: *Das Spital im Urwald*, München.

1950: *Goethe. Vier Reden*, München.

1950 (mit A. Wildikann): *Ein Pelikan erzählt aus seinem Leben*, Hamburg.

1954: *Das Problem des Friedens in der heutigen Welt*, München.

1955: *Briefe aus Lambarene 1924–1927*, München. Zuerst publiziert unter dem Titel *Mitteilungen aus Lambarene* in drei Heften, Bern 1925–1928.

1958: *Friede oder Atomkrieg*, München/Bern.

1974: *Was sollen wir tun? 12 Predigten über ethische Probleme*, Heidelberg.

1988: Einführung in das Schaffen Bachs (1929), in: *A. Schweitzer: Aufsätze zur Musik*, hg. von S. Hanheide, Kassel/Basel, S. 85–98.

1988: Erinnerungen an Cosima und Siegfried Wagner (1955), in: *Albert Schweitzer: Aufsätze zur Musik*, hg. von S. Hanheide, Kassel/Basel, S. 204–215.

1991: Friedensartikel für Dr. Wilhelm Kayser, in: G. Fischer (Hg.), *Menschlichkeit und Friede. Kleine philosophisch-ethische Texte*, Berlin 1991, S. 175 f.

阿尔贝特·施韦泽著作全集

Albert Schweitzer Gesamtausgabe, japanisch, 19 Bde., Tokio 1956–1961. (Erste Gesamtausgabe weltweit.)

Albert Schweitzer: *Gesammelte Werke in fünf Bänden*, hg. von Rudolf Grabs, München/Berlin/Zürich 1974. *Bd. 1:* Aus meinem Leben und Denken; Aus meiner Kindheit und Jugendzeit; Zwischen Wasser und Urwald; Briefe aus Lambarene 1924–1927. *Bd. 2:* Verfall und Wiederaufbau der Kultur; Kultur und Ethik; Die Weltanschauung der indischen Dichter; Das Christentum und die Weltreligionen. *Bd. 3:* Geschichte der Leben-Jesu-Forschung. *Bd. 4:* Die Mystik des Apostels Paulus; Reich Gottes und Christentum. *Bd. 5:* Aus Afrika; Kulturphilosophie und Ethik; Religion und Theologie; Deutsche und französische Orgelbaukunst und Orgelkunst; Goethe. Vier Reden; Ethik und Völkerfrieden.

阿尔贝特·施韦泽遗作

Hg. von Richard Brüllmann, Erich Gräßer, Claus Günzler, Bernard Kaempf, Ulrich Körtner, Ulrich Luz, Johann Zürcher.

Reich Gottes und Christentum, hg. von Ulrich Luz, Ulrich Neuenschwander und Johann Zürcher, München 1995.

Straßburger Vorlesungen, hg. von Erich Gräßer und Johann Zürcher, München 1998.

Die Weltanschauung der Ehrfurcht vor dem Leben. Kulturphilosophie. Band III. Erster und zweiter Teil, hg. von Claus Günzler und Johann Zürcher, München 1999.

Die Weltanschauung der Ehrfurcht vor dem Leben. Kulturphilosophie. Band III. Dritter und vierter Teil, hg. von Claus Günzler und Johann Zürcher, München 2000.

Predigten 1898–1948, hg. von Richard Brüllmann und Erich Gräßer, München 2001.

Kultur und Ethik in den Weltreligionen, hg. von Ulrich Körtner und Johann Zürcher, München 2001.

Geschichte des chinesischen Denkens, hg. von Bernard Kaempf und Johann Zürcher. Mit einem Nachwort von Heiner Roetz, München 2002.

Vorträge, Vorlesungen, Aufsätze, hg. von Claus Günzler, Ulrich Luz und Johann Zürcher, München 2003.

Wir Epigonen. Kultur und Kulturstaat, hg. von Ulrich Körtner und Johann Zürcher, München 2005.

Theologischer und philosophischer Briefwechsel 1900–1965, hg. von Werner Zager in Verbindung mit Erich Gräßer unter Mitarbeit von Markus Aellig, Clemens Frey, Roland Wolf und Dorothea Zager, München 2006.

阿尔贝特·施韦泽书信集

Bähr, H. W. (Hg.), *Albert Schweitzer. Leben, Werk und Denken mitgeteilt in seinen Briefen*, Heidelberg 1987.

Schweitzer Miller, R./Woytt, G. (Hg.): *Albert Schweitzer – Helene Bresslau. Die Jahre vor Lambarene. Briefe 1902–1912*, München 1992.

Sommer, A. U. (Hg.): *Albert Schweitzer – Fritz Buri. Existenzphilosophie und Christentum. Briefe 1935–1964*, München 2000.

Spiegelberg, H. (Hg.), *The Correspondence between Bertrand Russell and Albert Schweitzer*, in: *International Studies in Philosophy* 12 (1980), S. 1–45.

C.H.Beck 出版社已出版的阿尔贝特·施韦泽著作

Aus meiner Kindheit und Jugendzeit, 2. Aufl., München 2006.

Briefe aus Lambarene, München 2009.

Das Albert Schweitzer Lesebuch, hg. von H. Steffahn, 4. Aufl., München 2009.

Das Christentum und die Weltreligionen. 2 Aufsätze zur Religionsphilosophie. Mit einer Einführung von U. Neuenschwander, 4. Aufl., München 2001.

Die Ehrfurcht vor dem Leben. Grundtexte aus fünf Jahrzehnten, 9. Aufl., München 2009.

Ehrfurcht vor den Tieren, hg. von Erich Gräßer, München 2006.

Friede oder Atomkrieg. Vier Schriften. Mit einem Vorwort von E. Eppler, 3. Aufl., München 1984.

Gespräche über das Neue Testament, hg. von W. Döbertin, 2. Aufl., München 1994.

Kulturphilosophie. Band I: Verfall und Wiederaufbau der Kultur; Band II: Kultur und Ethik, München 2007.

Straßburger Predigten, hg. von U. Neuenschwander, 3. Aufl., München 1993.

Zwischen Wasser und Urwald, 2. Aufl., München 2008.

其他文献（部分）

Altena, T.: «*Ein Häuflein Christen mitten in der Heidenwelt des dunklen Erdteils*». *Zum Selbst- und Fremdverständnis protestantischer Missionare im kolonialen Afrika 1884–1918*, Münster 2003.

Altner, G.: Albert Schweitzer, in: M. Greschat (Hg.), *Gestalten der Kirchengeschichte. Die neueste Zeit III*, Stuttgart/Berlin/Köln/Mainz 1985, S. 271–286.

Audoynaud, A.: *Le docteur Schweitzer et son hôpital à Lambaréné. L'envers d'un mythe*, Paris 2005.

Augustiny, W.: *Albert Schweitzer und Du*, 4. Aufl., Witten 1959.

Bähr, H. W./Minder, R. (Hg.): *Begegnung mit Albert Schweitzer*, München 1965.

Barth, K.: *Einführung in die Evangelische Theologie*, 2. Aufl., Zürich 1977.

Basse, M.: «Ehrfurcht vor dem Leben». Karl Barths Auseinandersetzung mit Albert Schweitzer in den 1920er Jahren, in: *Evangelische Theologie* 65 (2005), S. 211–225.

Bauermann, E.: *Das Menschenbild Albert Schweitzers*, Aachen 1984.

Bentley, J.: *Albert Schweitzer. Eine Biographie*, Düsseldorf 2001.

Bertlein, H.: *Das Selbstverständnis der Jugend heute. Eine empirische Untersuchung über ihre geistigen Probleme, ihre Leitbilder und ihr Verhältnis zu den Erwachsenen*, 2. Aufl., Hannover 1964.

Blume, F.: *J. S. Bach im Wandel der Geschichte*, Kassel 1947.

Börsenverein des Deutschen Buchhandels (Hg.): *Friedenspreis des Deutschen Buchhandels. Reden und Würdigungen 1951–1960*, Frankfurt a. M. 1961.

Born, M.: *Mein Leben. Die Erinnerungen des Nobelpreisträgers*, München 1975.

Brabazon, J.: *Albert Schweitzer. A Biography*, 2. Aufl., Syracuse 2000.

Bradbury, R.: *Fahrenheit 451*, New York 1987.

Bret, G.: Bach, Schweitzer und die Pariser Bach-Gesellschaft, in: H. W. Bähr (Hg.), *Albert Schweitzer. Sein Denken und sein Weg*, S. 287–293.

Brüllmann, R. (Hg.): *Albert-Schweitzer-Studien 2*, Bern 1991.

Cameron, J.: *Point of Departure*, London 2006.

Cesbron, G.: *Albert Schweitzer. Begegnungen*, Berlin 1957.

Christaller, H.: *Albert Schweitzer. Ein Leben für andere*, Stuttgart 1954.

Claußen, J. H.: *Die Jesus-Deutung von Ernst Troeltsch im Kontext der liberalen Theologie*, Tübingen 1997.

Cousins, N.: *Albert Schweitzer und sein Lambarene*, Stuttgart 1961.

Cullmann, O.: Albert Schweitzers Auffassung der urchristlichen Reichsgotteshoffnung im Lichte der heutigen neutestamentlichen Forschung, in: *Evangelische Theologie* 25 (1965), S. 643–656.

Davenport, M. M.: The moral paternalism of Albert Schweitzer, in: *Ethics* 84 (1973–1974), S. 116–127.

Eidam, K.: *Das wahre Leben des Johann Sebastian Bach*, München/Zürich 1999.

Ernst, P.: *Ehrfurcht vor dem Leben. Versuch der Aufklärung einer aufgeklärten Kultur. Ethische Vernunft und christlicher Glaube im Werk Albert*

Schweitzers, Frankfurt a. M. 1991.

Fleischhack, M.: *Helene Schweitzer. Stationen ihres Lebens*, Berlin 1969.

Freyer, P. H.: *Albert Schweitzer. Ein Lebensbild*, 3. Aufl., Berlin 1982.

Fröhlich, M.: *Dag Hammarskjöld und die Vereinten Nationen. Die politische Ethik des UNO-Generalsekretärs*, Paderborn/München/Wien 2002.

Götting, G.: *Begegnung mit Albert Schweitzer*, Berlin 1961.

Götting, G./Günther, S.-H.: *Was heißt Ehrfurcht vor dem Leben? Begegnung mit Albert Schweitzer*, Berlin 2005.

Gollomb, J.: *Albert Schweitzer. Genius in der Wildnis*, Stuttgart 1957.

Gräßer, E.: *Albert Schweitzer als Theologe*, Tübingen 1979.

Groos, H.: *Albert Schweitzer. Größe und Grenzen*, München/Basel 1974.

Gunther, J.: *Inside Africa*, New York 1955.

Günzler, C.: *Albert Schweitzer. Einführung in sein Denken*, München 1996.

Gurlitt, W. (Hg.): *Bericht über die Freiburger Tagung für Deutsche Orgelkunst vom 27. Juli bis 30. Juli 1926*, Kassel 1926.

Hauskeller, M. (Hg.): *Ethik des Lebens. Albert Schweitzer als Philosoph*, Zug 2006.

Heyden, U. van der/H. Stoecker (Hg.): *Mission und Macht im Wandel politischer Orientierungen. Europäische Missionsgesellschaften in politischen Spannungsfeldern in Afrika und Asien zwischen 1800 und 1945*, Stuttgart 2005.

Hildebrand, K.: *Das vergangene Reich. Deutsche Außenpolitik von Bismarck bis Hitler*, Stuttgart 1995.

Hirsch, W.: *Religion und Civilisation vom Standpunkte des Psychiaters*, München 1910.

Holtzmann, H. J.: *Die Marcus-Kontroverse in ihrer heutigen Gestalt*, Archiv für Religionswissenschaft, Band 10, 1907.

Hygen, J. B.: *Albert Schweitzers Kulturkritik*, Göttingen 1955.

Jacobi, C.: Schweitzers Uhr geht anders, in: *Der Spiegel*, Nr. 52 vom 21. 12. 1960, S. 62−67.

Jacobi, E. R.: *Albert Schweitzer und die Musik*, Wiesbaden 1975.

Jacobi, E. R.: *Albert Schweitzer und Richard Wagner. Eine Dokumentation*, Tribschen 1977.

Jodl, F.: *Geschichte der Ethik als philosophischer Wissenschaft*, 2. Bd., 2. Aufl., Stuttgart 1912.

Joy, C. R./M. Arnold: *Bei Albert Schweitzer in Afrika*, München 1948.

Jungk, R.: Der Menschenfreund gegen die Atomversuche, in: J. Pierhal: *Albert Schweitzer*, Frankfurt a. M. 1982, S. 252−260.

Kahn, H. W.: *Der Kalte Krieg, Band 1: Spaltung und Wahn der Stärke 1945−1955*, Köln 1986; *Band 2: Alibi für das Rüstungsgeschäft 1955−1973*, Köln 1987.

Kantzenbach, F. W.: *Albert Schweitzer. Wirklichkeit und Legende*, Göttingen 1969.

Keller, H.: Das Bach-Buch Albert Schweitzers, in: H. W. Bähr (Hg.): *Albert Schweitzer. Sein Denken und sein Weg*, Tübingen 1962, S. 294−298.

Kleberger, I.: *Albert Schweitzer. Das Symbol und der Mensch*, Berlin/München 1989.

Kleffmann, T.: *Nietzsches Begriff des Lebens und die evangelische Theologie. Eine Interpretation Nietzsches und Untersuchungen zu seiner Rezeption bei Schweitzer, Tillich und Barth*, Tübingen 2003.

Kümmel, W. G./Ratschow, C.-H.: *Albert Schweitzer als Theologe. Zwei akademische Reden*, Marburg 1966.

Lönnebo, M.: *Das ethisch-religiöse Ideal Albert Schweitzers*, Stockholm 1964.

Loosten, G. de: *Jesus Christus vom Standpunkte des Psychiaters*, Bamberg 1905.

Marshall, G./Poling, D.: *Schweitzer. A Biography*, London 1971.

Meyer, H. J.: Albert Schweitzers Doktorarbeit über Kant, in: H. W. Bähr (Hg.), *Albert Schweitzer. Sein Denken und sein Weg*, Tübingen 1962, S. 66–74.

Monestier, M.: *Der grosse weisse Doktor Albert Schweitzer*, 5. Aufl., Bern 1954.

Mühlstein, V.: *Helene Schweitzer Bresslau. Ein Leben für Lambarene*, München 1998.

Müller-Blattau, J.: Albert Schweitzers Weg zur Bach-Orgel und zu einer neuen Bach-Auffassung, in: H. W. Bähr (Hg.), *Albert Schweitzer. Sein Denken und sein Weg*, S. 243–261.

Munz, W.: *Albert Schweitzer im Gedächtnis der Afrikaner und in meiner Erinnerung. Albert-Schweitzer-Studien 3*, Bern/Stuttgart 1991.

Munz, J./W. Munz: *Mit dem Herzen einer Gazelle und der Haut eines Nilpferds. Albert Schweitzer in seinen letzten Lebensjahren und die Entwicklung seines Spitals bis zur Gegenwart*, Frauenfeld/Stuttgart/Wien 2005.

Nietzsche, F.: *Zur Genealogie der Moral I 2*, in: Kritische Studienausgabe, hg. v. G. Colli/M. Montinari, Bd. 5, 2. Aufl., München 1999.

Nietzsche, F.: *Jenseits von Gut und Böse*, Leipzig 1886.

Nossik, B. M.: *Albert Schweitzer. Ein Leben für die Menschlichkeit*, Leipzig 1978.

O'Brien, C. C.: Africa's answer to Schweitzer, in: *The Atlantic Monthly* 217 (1966), Nr. 3, S. 68–71.

Oermann, N. O.: *Mission, church and state relations in South West Africa under German Rule (1884–1915)*, Stuttgart 1999.

Oswald, S.: *Mein Onkel Bary. Erinnerungen an Albert Schweitzer*, 2. Aufl., Zürich/Stuttgart 1972.

Picht, W.: *Albert Schweitzer. Wesen und Bedeutung*, Hamburg 1960.

Pierhal, J.: *Albert Schweitzer. Das Leben eines guten Menschen*, München 1955.

Pierhal, J.: *Albert Schweitzer*, Frankfurt a. M. 1982.

Poteau, S./G. Leser: *Albert Schweitzer. Homme de Gunsbach et Citoyen du Monde*, Mülhausen 1994.

Poteau, S./D. Mougin/C. Wyss: *Albert Schweitzer. Von Günsbach nach Lambarene*, Günsbach 2008.

Quenzer, W.: Zu Schweitzers autobiographischen Schriften, in: H. W. Bähr (Hg.), *Albert Schweitzer. Sein Denken und sein Weg*, Tübingen 1962, S. 236–239.

Rasmussen, E.: *Jesus. Eine vergleichende psychopathologische Studie*, Leipzig, 1905.

Sauter, G.; *Einführung in die Eschatologie*, Darmstadt 1995.

Schmidt, U.: *Hitlers Arzt Karl Brandt. Medizin und Macht im Dritten Reich*, 2. Aufl., Berlin 2009.

Schorlemmer, F.: *Genie der Menschlichkeit. Albert Schweitzer*, Berlin 2009.

Schrade, L.: Die Ästhetik Albert Schweitzers – eine Interpretation J. S. Bachs, in: H. W. Bähr (Hg.), *Albert Schweitzer. Sein Denken und sein Weg*, S. 262–280.

Schütz, R.: *Anekdoten um Albert Schweitzer*, München/Esslingen 1966.

Schützeichel, H.: *Die Konzerttätigkeit Albert Schweitzers*, Bern/Stuttgart 1991.

Scipio, C.: Is Schweitzer dead?, in: *The Atlantic Monthly* 218 (1966), Nr. 2, S. 41–44.

Seaver, G.: *Albert Schweitzer als Mensch und Denker*, 8. Aufl., Göttingen 1956.

Simmank, L.: *Der Arzt. Wie Albert Schweitzer Not linderte*, Berlin 2008.

Spear, O.: *Albert Schweitzers Ethik. Ihre Grundlinien in seinem Denken und Leben*, Hamburg 1978.

Steffahn, H.: *Albert Schweitzer*, 12. Aufl., Hamburg 1996.

Steffahn, H. (Hg.): *Das Albert Schweitzer Lesebuch*, 4. Aufl., München 2009.

Stöver, B.: *Der Kalte Krieg 1947–1991. Geschichte eines radikalen Zeitalters*, München 2007.

Stoevesandt, K.: Albert Schweitzer als Arzt und Helfer der Menschheit, in: *Evangelische Theologie* 15 (1955), S. 97–114.

Tau, M.: *Auf dem Weg zur Versöhnung*, Hamburg 1968.

Tau, M., *Das Leben lieben. Max Tau in Briefen und Dokumenten 1945–1976*, hg. von H. Däumling, Würzburg 1988.

Thomas, M. Z.: *Unser grosser Freund Albert Schweitzer*, München 1960.

Wagenbach, K. (Hg.): *Vaterland, Muttersprache. Deutsche Schriftsteller und ihr Staat von 1945*, 3. Aufl., Berlin 2004.

Weinel, H.: Neutestamentliche Rezensionen des Jahres 1902, in: *Theologische Rundschau* 5 (1902), S. 231–245.

Weiß, J.: *Die Predigt Jesu vom Reiche Gottes*, Göttingen 1892.

Windelband, W.: Geschichte der Philosophie, 6. Aufl., Tübingen 1916.

Winnubst, B.: *Das Friedensdenken Albert Schweitzers*, Amsterdam 1974.

Wrede, W.: *Das Messiasgeheimnis in den Evangelien. Zugleich ein Beitrag zum Verständnis des Markus-Evangeliums*, Göttingen 1901.

Zweig, S./J. Feschotte/R. Grabs: *Albert Schweitzer. Genie der Menschlichkeit*, Hamburg 1955.

图片来源

akg-images（图21）
Archiv für Philatelie der Museumsstiftung Post und Kommunikation（图43）
Bettmann/Corbis（图33）
Bundesarchiv, Signatur Plak 005-031-016（图44）
Der Spiegel（图30）
Verlagsarchiv C. H. Beck（图22）

图片说明文字引自：

Anderson, Erica: Die Welt Albert Schweitzers, Berlin/Frankfurt a. M.: S. Fischer, 1955（图36、38）
—: The Schweitzer Album. A Portrait in Words and Pictures, New York/London: Harper & Row, 1965（图3、5、7、8、9、35、46、48）
Fischer, Gerhard: Albert Schweitzer. Leben, Werk und Wirkung. Eine Bilddokumentation, Berlin (Ost): Union, 1977（图10、41、42）
Mühlstein, Verena: Helene Schweitzer Bresslau. Ein Leben für Lambarene, 2. Aufl., München: C. H. Beck, 2001（图14）
Munz, Jo und Walter: Mit dem Herzen einer Gazelle und der Haut eines Nilpferds. Albert Schweitzer in seinen letzten Lebensjahren und die Entwicklung seines Spitals bis zur Gegenwart, Frauenfeld: Huber Verlag, 2005（图45）
Oswald, Suzanne: Mein Onkel Bery. Erinnerungen an Albert Schweitzer, 2. Aufl., Zürich/Stuttgart: Rotapfel Verlag, 1972（图16）
Poteau, Sonja, u. a.: Albert Schweitzer. Von Günsbach nach Lamberene, Günsbach 2008（图1、2、4、6、11、12、13、15、17、18、19、20、23、24、25、27、29、31、32、34、37、39、47）
Reichenbecher, Almut und Hermann: Emma Haussknecht 1895–1956. 30 Jahre mit Albert Schweitzer in Lambaréné, Berlin: Pro Business, 2007（图28）
Steffahn, Harald: Albert Schweitzer mit Selbstzeugnissen und Bilddokumenten, Reinbek: Rowohlt, 1983（图26、40、49）

人名索引

（此部分页码为德文原书页码，即本书页边码）

图书在版编目（CIP）数据

阿尔贝特·施韦泽：1875—1965 /（德）尼尔斯·
奥勒·厄尔曼著；王旭译. -- 北京：社会科学文献出
版社，2024.7
　　书名原文：Albert Schweitzer，1875-1965 Eine
Biographie
　　ISBN 978-7-5228-3339-2

　　Ⅰ.①阿…　Ⅱ.①尼…②王…　Ⅲ.①施韦策(
Schweitzer, Albert 1875-1965) - 传记　Ⅳ.
①K835.656.2

中国国家版本馆CIP数据核字（2024）第050654号

阿尔贝特·施韦泽：1875—1965

著　　者 / 〔德〕尼尔斯·奥勒·厄尔曼（Nils Ole Oermann）
译　　者 / 王　旭

出 版 人 / 冀祥德
组稿编辑 / 段其刚
责任编辑 / 陈嘉瑜
文稿编辑 / 许文文
责任印制 / 王京美

出　　版 / 社会科学文献出版社·教育分社（010）59367151
　　　　　地址：北京市北三环中路甲29号院华龙大厦　邮编：100029
　　　　　网址：www.ssap.com.cn
发　　行 / 社会科学文献出版社（010）59367028
印　　装 / 北京盛通印刷股份有限公司

规　　格 / 开　本：889mm×1194mm　1/32
　　　　　印　张：12.125　字　数：291千字
版　　次 / 2024年7月第1版　2024年7月第1次印刷
书　　号 / ISBN 978-7-5228-3339-2
著作权合同
登 记 号 / 图字01-2019-3606号
定　　价 / 89.00元

读者服务电话：4008918866